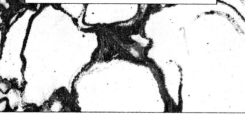

CICERO'S
VERRINE
ORATION
II.4

CLASSICAL STUDIES
Pedagogy Series

GENERAL EDITOR

Norma Goldman
Wayne State University

ADVISORY EDITORS

Herbert W. Benario
Emeritus, Emory University

Sally Davis
Wakefield High School
Arlington, Virginia

Judith Lynn Sebesta
University of South Dakota

Meyer Reinhold
Boston University

Finley Hooper
Wayne State University

BOOKS IN THIS SERIES

Caesaris Augusti Res Gestae et Fragmenta, second edition,
revised and enlarged by Herbert W. Benario, 1990

Roman Letters: History from a Personal Point of View,
by Finley Hooper and Matthew Schwartz, 1990

Cicero's Verrine Oration II.4: With Notes and Vocabulary,
by Sheila K. Dickison, 1992

CICERO'S
VERRINE
ORATION
II.4

WITH NOTES
AND
VOCABULARY

Sheila K. Dickison

Wayne State University Press   Detroit

Library of Congress Cataloging-in-Publication Data

Cicero, Marcus Tullius.
  [In verrem. Liber 4]
  Cicero's Verrine oration II.4 : with notes and vocabulary / Sheila
K. Dickison.
    p. cm. — (Classical studies pedagogy series)
  Includes bibliographical references.
  ISBN 0-8143-2382-0 (pbk. : alk. paper)
  1. Speeches, addresses, etc., Latin.   2. Sicily (Italy)—Politics
and government—To 1282.   I. Dickison, Sheila K. (Sheila
Kathryn), 1942-   .   II. Title.   III. Series.
PA6282.A56   1992
875'.01—dc20
                                                            92-9058
                                                            CIP

DESIGNER: MARY KRZEWINSKI

SPECIAL ACKNOWLEDGMENT:
THE TEXT USED IS THAT OF *CICERO ORATIONES* VOL. 3, EDITED
BY SIR WILLIAM PETERSON (OXFORD UNIVERSITY PRESS:
OXFORD, 1917, SECOND EDITION). PERMISSION HAS BEEN
RECEIVED FROM OXFORD UNIVERSITY PRESS TO
REPRODUCE IT HERE.

IN MEMORY
OF
MY BROTHER JAMES,
HIS WIFE ANNE,
AND THEIR SON LEE

atque in perpetuum ave atque vale

CONTENTS

Preface

THE *VERRINES* II.4 (ALSO KNOWN AS *DE SIGNIS*, "THE STATUES") IS AN enjoyable piece of Latin prose for a number of reasons: the light it sheds on life in Rome's oldest province; the information it provides on a Roman governor's tenure in office; the description it gives of Verres' passion for "collecting" expensive works of art; and the insight it offers on Cicero's skill as an orator. Although the text of the *De Signis* is presented here in its entirety, individual episodes may also be chosen for examination, should time not allow for extensive reading.

The aim of this commentary is to allow students with even a modest knowledge of Latin to read the text without experiencing undue frustration. Hence, generous help is provided with identifying constructions as well as vocabulary and forms. As a result the discussion of stylistic elements in the text has had to be kept to a minimum, although clearly such information is important to the appreciation of Cicero's talent as an orator.

As in most projects, many people have provided both assistance and inspiration. I would especially like to thank the following Latin majors and graduate students at the University of Florida who made helpful suggestions on an early draft: Caroline Willis, Susan Harper, Juan Alvarez, Paul Kores, Debbie Williams, and Alexis Bugnolo. I owe special thanks to Juan Carlos Garcia not only for drawing the first version of the maps but also for invaluable help along the way with problem solving and proofreading. Appreciation is also owed to Jan Coyne, Cartographer in the Department of Geography, for her professional work on the maps. For careful examination of the commentary and fine suggestions I am indebted to Julia Gaisser of Bryn Mawr College and David Traill of the University of California at Davis. Lastly, *maximae et carissimae gratiae* to David A. Campbell for initiating me into the intriguing world of computers.

3

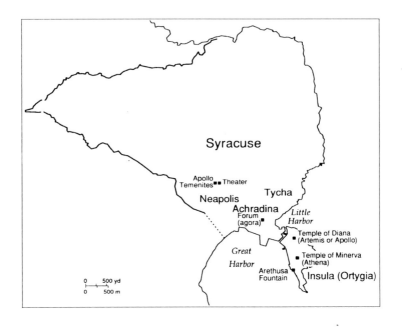

Syracuse

Apollo
Temenites ■ ■ Theater

Tycha

Neapolis

Achradina

Forum
(agora) ■

Little
Harbor

Temple of Diana
(Artemis or Apollo) ■

Temple of Minerva
(Athena) ■

Great

Harbor

Arethusa
Fountain ■

Insula (Ortygia)

0   500 yd
0   500 m

CAST OF CHARACTERS

Gaius Verres	Former governor of Sicily. Friend of other powerful Romans such as the Metelli. Sicilians have brought an action against him to recover monies embezzled from Sicily.
M. Tullius Cicero	The prosecuting attorney. A new man in Roman politics.
Q. Hortensius	The most powerful lawyer of his day and rival of Cicero. Lawyer for the defense. Would be consul in 69 B.C.
Jury	Senatorial members chosen by lot and challenge. The names of twelve or thirteen jurors are known.
L. Caecilius Metellus	Verres' successor as governor of Sicily.

CICERO AND VERRES

GAIUS VERRES' TERM AS GOVERNOR OF SICILY WAS SCARCELY OVER IN 71 B.C. when representatives of the important cities of Sicily (except for Messana and Syracuse) were already in Rome demanding he be brought to trial on charges of extortion (*de repetundis*) for his systematic looting of the province. M. Tullius Cicero, a rising lawyer, was asked to undertake the prosecution of the case: he had spent a year in Sicily as quaestor in 75 B.C. and had made and maintained important contacts there.

Verres' supporters then engaged in a complicated series of maneuvers to have Cicero removed from the case. After prevailing against a rival prosecutor (*In Q. Caecilium Oratio Quae Divinatio Dicitur*), Cicero asked for and got 110 days to prepare the case. In half the time allotted, Cicero toured Sicily, collected evidence, and secured witnesses. On his return to Rome he found the lawyer for the defense, Hortensius, trying to postpone the trial till the following year when he would be consul and the courts more favorably disposed. Cicero prevailed almost against all odds and the trial began on 5 August, 70 B.C. In a move to speed up proceedings Cicero delivered a short, incisive opening speech (*Actio Prima*) that exposed the machinations of the opposition to delay or postpone the trial. He then proceeded immediately to call his witnesses and interrogate them, which took up the next nine days.

There is some evidence to suggest that Verres left town before the second part of the trial and that Cicero later published the rest of the speeches he would have given as the *Actio Secunda*. The first speech (II.1) reviews Verres' career; the other four deal with his misbehavior in Sicily (II.2: his corrupt administration of justice; II.3: his harsh exactions of the corn tithe owed to Rome; II.4: his theft of works of art (*De Signis*);

7

II.5: his conduct during slave uprisings and pirate incursions and illegal treatment of Roman citizens). With only one side of the case still extant, it is impossible to ascertain to what extent Verres was guilty of the charges against him.

Recent scholarship has raised the possibility that Verres may have stayed in Rome well after the *Actio Prima* and put up an effort to refute the charges. What we do know is that at some point in the trial Verres fled into exile to Massilia (Marseilles) with his loot and lived there until his murder in 43 B.C. Like Cicero he was proscribed by Mark Antony, purportedly because he refused to hand over his art collection.

As a result of the trial Cicero boosted his own reputation as a prosecutor and a politician. In 70 B.C. he was *aedile*-elect and for 66 B.C. he would be elected praetor. Remarkably, the *novus homo* was on his way to a consulship in 63 B.C., the pinnacle of a Roman career.

8

EPISODES THAT MAY BE
READ AS A UNIT

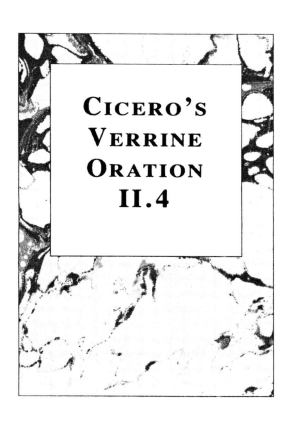

Cicero's
Verrine
Oration
II.4

SIGLA PER LIBROS IV–V

R = Regius Parisinus 7774 (A), saecl. ix.

S = Parisinus 7775, saecl. xiii.

H = Excerpta quae praebet codex Harleianus 2682, olim Coloniensis Basilicanus, saecl. xi. (*v. Journal of Philology* xviii. 35 : A. C. Clark).

Praeter hos citantur hic illic, ut per priores libros, alii eiusdem familiae codices, e. g. Par. 7823 (D), G_1, G_2, Harl. 4852 (Z), Harl. 4105 (K), Leidensis (L). Hos omnis communi, ut antea, siglo insignivi Ψ. $RG_1 G_2 L = G^3$.

V = Fragmenta Palimpsesti Vaticani (Reginensis 2077), saecl. iii/iv. Continet iv, §§ 6–9 *ho*spes esset Heiorum . . . nihildum etiam : §§ 16–19 domi suae non esse . . . negent isti onerariam : v, §§ 71–72 propter hanc causam . . . crudelissimo- que : §§ 80–85 -dio verum etiam . . . vide quid inter tu- : §§ 94–99 sagum sumit . . . milites aratorum : §§ 104–109 *dis*solutus qui solus . . . domi reliquisses : §§ 114-119 isto praetore in Sic. . . . Atque ipsi etiam adulescentes : §§ 120-136 loquebantur . . . Tu in prov. P. R. cum tibi.

π = consensus codicum *pqr*.

  p = Parisinus 7776, saecl. xi.

  q = Mediceus plut. xlviii, cod. 29 s. Lagomarsinianus 29, saecl. xv.

  r = Harleianus 2687, saecl. xv.

k = Parisinus 4588, saecl. xiii.

δ = codd. deteriores.

M. TVLLI CICERONIS
ACTIONIS IN C. VERREM
SECVNDAE

LIBER QVARTVS

QVI INSCRIBITVR DE SIGNIS

VENIO nunc ad istius, quem ad modum ipse appellat, **I**
studium, ut amici eius, morbum et insaniam, ut Siculi, **I**
latrocinium ; ego quo nomine appellem nescio ; rem vobis
proponam, vos eam suo non nominis pondere penditote.
5 Genus ipsum prius cognoscite, iudices ; deinde fortasse non
magno opere quaeretis quo id nomine appellandum putetis.
Nego in Sicilia tota, tam locupleti, tam vetere provincia, tot
oppidis, tot familiis tam copiosis, ullum argenteum vas,
ullum Corinthium aut Deliacum fuisse, ullam gemmam aut
10 margaritam, quicquam ex auro aut ebore factum, signum
ullum aeneum, marmoreum, eburneum, nego ullam picturam
neque in tabula neque in textili quin conquisierit, inspexerit,
quod placitum sit abstulerit. Magnum videor dicere : **2**
attendite etiam quem ad modum dicam. Non enim verbi
15 neque criminis augendi causa complector omnia : cum dico
nihil istum eius modi rerum in tota provincia reliquisse,
Latine me scitote, non accusatorie loqui. Etiam planius :
nihil in aedibus cuiusquam, ne in hospitis quidem, nihil in

6 magno opere R (v, §§ 107, 174; *cf.* iv, § 17 tanto opere RV) :
magnopere SHp (*Act. Fr.* § 23; i, § 108)   7 locupleti $RSHp$: locuplete δ (§§ 29, 46 *infra*)   9 nego ullam p : nullam K (*ut Serv. ad
Verg. Aen.* i. 655, *et Lactantius Placidus ad Stat. Theb.* vi. 63)   12
neque in textili G_1L : neque textili RSH : neque textilem fuisse $p\delta$
18 hospitis *Jeep* : oppidis *codd.*

locis communibus, ne in fanis quidem, nihil apud Siculum,
nihil apud civem Romanum, denique nihil istum, quod ad
oculos animumque acciderit, neque privati neque publici
neque profani neque sacri tota in Sicilia reliquisse.

3   Vnde igitur potius incipiam quam ab ea civitate quae 5
tibi una in amore atque in deliciis fuit, aut ex quo potius
numero quam ex ipsis laudatoribus tuis? Facilius enim
perspicietur qualis apud eos fueris qui te oderunt, qui ac-
cusant, qui persequuntur, cum apud tuos Mamertinos inveniare improbissima ratione esse praedatus. 10

2   C. Heius est Mamertinus — omnes hoc mihi qui
Messanam accesserunt facile concedunt—omnibus rebus
illa in civitate ornatissimus. Huius domus est vel optima
Messanae, notissima quidem certe et nostris hominibus
apertissima maximeque hospitalis. Ea domus ante istius 15
adventum ornata sic fuit ut urbi quoque esset ornamento;
nam ipsa Messana, quae situ moenibus portuque ornata sit,
ab his rebus quibus iste delectatur sane vacua atque nuda
4 est. Erat apud Heium sacrarium magna cum dignitate
in aedibus a maioribus traditum perantiquum, in quo signa 20
pulcherrima quattuor summo artificio, summa nobilitate,
quae non modo istum hominem ingeniosum et intellegentem, verum etiam quemvis nostrum, quos iste idiotas
appellat, delectare possent, unum Cupidinis marmoreum
Praxiteli; nimirum didici etiam, dum in istum inquiro, 25
artificum nomina. Idem, opinor, artifex eiusdem modi
Cupidinem fecit illum qui est Thespiis, propter quem
Thespiae visuntur; nam alia visendi causa nulla est.
Atque ille L. Mummius, cum Thespiadas, quae ad aedem
Felicitatis sunt, ceteraque profana ex illo oppido signa 30
tolleret, hunc marmoreum Cupidinem, quod erat consecratus, non attigit.

9-10 inveniere *p, fort. recte*   12 concedent *pδ*   29 L. *falso*
in R *deesse dicitur*

Verum ut ad illud sacrarium redeam, signum erat hoc
quod dico Cupidinis e marmore, ex altera parte Hercules
egregie factus ex aere. Is dicebatur esse Myronis, ut
opinor, et certe. Item ante hos deos erant arulae, quae
5 cuivis religionem sacrari significare possent. Erant aenea
duo praeterea signa, non maxima verum eximia venustate,
virginali habitu atque vestitu, quae manibus sublatis sacra
quaedam more Atheniensium virginum reposita in capitibus
sustinebant ; Canephoroe ipsae vocabantur ; sed earum arti-
10 ficem—quem ? quemnam ? recte admones—Polyclitum
esse dicebant. Messanam ut quisque nostrum venerat, haec
visere solebat ; omnibus haec ad visendum patebant cotidie ; domus erat non domino magis ornamento quam civitati. C. Claudius, cuius aedilitatem magnificentissimam 6
15 scimus fuisse, usus est hoc Cupidine tam diu dum forum dis
immortalibus populoque Romano habuit ornatum, et, cum
hospes esset Heiorum, Mamertini autem populi patronus,
ut illis benignis usus est ad commodandum, sic ipse diligens fuit ad reportandum. Nuper homines nobilis eius
20 modi, iudices,—sed quid dico ' nuper ' ? immo vero modo
ac plane paulo ante vidimus, qui forum et basilicas non
spoliis provinciarum sed ornamentis amicorum, commodis
hospitum non furtis nocentium ornarent ; qui tamen signa
atque ornamenta sua cuique reddebant, non ablata ex urbi-
25 bus sociorum atque amicorum quadridui causa, per simu-
lationem aedilitatis, domum deinde atque ad suas villas

4 et certe codd. (ad Att. vi. 3, 8) : del. Jacoby : et recte Bait., et
recte quidem A. Eberhard, et certe ita est ed. Basil. 1534, et certe item
antiqua erat religione K. Busche   Item om. π : del. Nohl. De hoc loco,
in quo nihil mutari debet, v. quae scripsi in Cl. Rev. xviii, pp. 208-9   9
earum rerum Quint. ix. 2. 61 ; Donatus ad Ter. Eun. v. 3. 2   9-11
artificem—quem . . . admones—Polyclitum esse dic. sic distinxi   10
quem om. pδ   12 cottidie Zielinski, p. 185   17 hospes esset VSDK :
esset hospes Rp rell. (Cl. Rev. xviii, p. 209)   19 eius modi Vπδ (i,
§§ 17, 151 ; iii, §§ 60, 69) : huius modi RSΨ   20 sed quid Halm :
et quid VG₃ : et quod RSpδ   25 sociorum atque amicorum V :
sociorum rell. (Amer. J. Ph. xxvi. 430)   causa pδ : causam VRS

15

7 auferebant. Haec omnia quae dixi signa, iudices, ab Heio
e sacrario Verres abstulit ; nullum, inquam, horum reliquit
neque aliud ullum tamen praeter unum pervetus ligneum,
Bonam Fortunam, ut opinor ; eam iste habere domi suae
noluit.   5

4   Pro deum hominumque fidem ! quid hoc est ? quae haec
causa est, quae ista impudentia ? Quae dico signa, antequam abs te sublata sunt, Messanam cum imperio nemo
venit quin viserit. Tot praetores, tot consules in Sicilia
cum in pace tum etiam in bello fuerunt, tot homines cuius- 10
que modi—non loquor de integris, innocentibus, religiosis
—tot cupidi, tot improbi, tot audaces, quorum nemo sibi
tam vehemens, tam potens, tam nobilis visus est qui ex illo
sacrario quicquam poscere aut tollere aut attingere auderet :
Verres quod ubique erit pulcherrimum auferet ? nihil ha- 15
bere cuiquam praeterea licebit ? tot domus locupletissimas
istius domus una capiet ? Idcirco nemo superiorum attigit
ut hic tolleret ? ideo C. Claudius Pulcher rettulit ut C.
Verres posset auferre ? At non requirebat ille Cupido lenonis
domum ac meretriciam disciplinam ; facile illo sacrario 20
patrio continebatur ; Heio se a maioribus relictum esse
sciebat in hereditate sacrorum, non quaerebat meretricis
heredem.

8   Sed quid ego tam vehementer invehor ? verbo uno repel-
lar. 'Emi,' inquit. Di immortales, praeclaram defensio- 25
nem ! Mercatorem in provinciam cum imperio ac securibus
misimus, omnia qui signa, tabulas pictas, omne argentum,
aurum, ebur, gemmas coemeret, nihil cuiquam relinqueret !
Haec enim mihi ad omnia defensio patefieri videtur, emisse.

2 e *RS* : de *Vpδ* (ii, § 24)   8 nemo Messanam *Vpδ*   9
viserit *Bait.* : viderit *codd.*   10 cuiusque *p* : cuiusce *RS* : eiusce
sive huiusce *rell.*   16 cuiquam praeterea *VRπ* : praet. cuiq. *SD*ᴠ
17 istius domus *V* (*Zielinski, p.* 196) : domus istius *RSDp, Nonius*
24 iam uno *pδ et* (*ut videtur*) *V*   25 di *R*, dii *S* : o di *p*. O *supra*
lineam habet R² (*item supra voc.* iudices § 6 *supra* ; §§ 10, 30 *infra*) :
in V est incertum

Primum, si id quod vis tibi ego concedam, ut emeris, — quoniam in toto hoc genere hac una defensione usurus es, —
quaero cuius modi tu iudicia Romae putaris esse, si tibi
hoc quemquam concessurum putasti, te in praetura atque
5 imperio tot res tam pretiosas, omnis denique res quae
alicuius preti fuerint, tota ex provincia coemisse?

Videte maiorum diligentiam, qui nihildum etiam istius
modi suspicabantur, verum tamen ea quae parvis in rebus
accidere poterant providebant. Neminem qui cum pote-
10 state aut legatione in provinciam esset profectus tam amentem fore putaverunt ut emeret argentum, dabatur enim de
publico ; ut vestem, praebebatur enim legibus ; mancipium
putarunt, quo et omnes utimur et non praebetur a populo :
sanxerunt ne quis emeret nisi in demortui locum. Si qui
15 Romae esset demortuus ? immo, si quis ibidem ; non enim
te instruere domum tuam voluerunt in provincia, sed illum
usum provinciae supplere. Quae fuit causa cur tam dili- 10
genter nos in provinciis ab emptionibus removerent ?
Haec, iudices, quod putabant ereptionem esse, non emp-
20 tionem, cum venditori suo arbitratu vendere non liceret.
In provinciis intellegebant, si is qui esset cum imperio ac
potestate quod apud quemque esset emere vellet, idque ei
liceret, fore uti quod quisque vellet, sive esset venale sive
non esset, quanti vellet auferret.
25 Dicet aliquis : 'Noli isto modo agere cum Verre, noli
eius facta ad antiquae religionis rationem exquirere ; concede ut impune emerit, modo ut bona ratione emerit, nihil
pro potestate, nihil ab invito, nihil per iniuriam.' Sic
agam : si, quod venale habuit Heius, id quanti aestimabat
30 tanti vendidit, desino quaerere cur emeris.

6 fuerunt *RS*   8 pravis temporibus *Schwabe, Eberhard* (*Cl. Rev.*
xviii. 210)   16 ipsum usum *Nohl*   27 modo ut *Sb* : modo ut
in *Rp* : modo *Meusel, Nohl*   29 si quod venale habuit eius (Heius)
id quanti *RS* : si quid (quod *p*) ven. hab. Heius si id quanti *p*, *vulg.*
30 cur *codd.* : iurene *Eberh.*, quo iure *Meyer*

6
II
Quid igitur nobis faciendum est? num argumentis utendum in re eius modi? Quaerendum, credo, est Heius iste
num aes alienum habuerit, num auctionem fecerit; si fecit,
num tanta difficultas eum rei nummariae tenuerit, tanta
egestas, tanta vis presserit ut sacrarium suum spoliaret, ut 5
deos patrios venderet. At hominem video auctionem
fecisse nullam, vendidisse praeter fructus suos nihil umquam, non modo in aere alieno nullo, sed in suis nummis
multis esse et semper fuisse; si haec contra ac dico essent
omnia, tamen illum haec, quae tot annos in familia sacra- 10
rioque maiorum fuissent, venditurum non fuisse. ' Quid, si
magnitudine pecuniae persuasum est?' Veri simile non est
ut ille homo tam locuples, tam honestus, religioni suae
12 monumentisque maiorum pecuniam anteponeret. 'Sunt
ista; verum tamen abducuntur homines non numquam 15
etiam ab institutis suis magnitudine pecuniae.' Videamus
quanta ista pecunia fuerit quae potuerit Heium, hominem
maxime locupletem, minime avarum, ab humanitate, a pie-
tate, ab religione deducere. Ita iussisti, opinor, ipsum in
tabulas referre: ' Haec omnia signa Praxiteli, Myronis, 20
Polycliti HS sex milibus quingentis Verri vendita.' Sic
rettulit. Recita. EX TABVLIS. Iuvat me haec praeclara
nomina artificum, quae isti ad caelum ferunt, Verris aestimatione sic concidisse. Cupidinem Praxiteli HS MDC!
Profecto hinc natum est, ' Malo emere quam rogare.' 25
7
13
Dicet aliquis: 'Quid? tu ista permagno aestimas?' Ego
vero ad meam rationem usumque meum non aestimo;
verum tamen a vobis ita arbitror spectari oportere, quanti
haec eorum iudicio qui studiosi sunt harum rerum aestimentur, quanti venire soleant, quanti haec ipsa, si palam 30
libereque venirent, venire possent, denique ipse Verres

12 persuasum est ei *pδ*: ei persuasum est *Lamb., Heraeus*   19
ab *πδ*: *om. RS*   21 quingentis *Hotom. ex* § 38: III∞ *RS*   Sic
VHπδ: sed *RS*   22 iuvant *codd.*   25 emere *p*: *om. RS*

18

quanti aestimet.   Numquam enim, si denariis cccc Cupidinem illum putasset, commisisset ut propter eum in sermonem
hominum atque in tantam vituperationem veniret.   Quis 14
vestrum igitur nescit quanti haec aestimentur ?   In auctione
5 signum aeneum non maximum HS X̅L̅ venire non vidimus ?
Quid ? si velim nominare homines qui aut non minoris aut
etiam pluris emerint, nonne possum ?   Etenim qui modus
est in his rebus cupiditatis, idem est aestimationis ; difficile
est finem facere pretio nisi libidini feceris.   Video igitur
10 Heium neque voluntate neque difficultate aliqua temporis
nec magnitudine pecuniae adductum esse ut haec signa
venderet, teque ista simulatione emptionis vi, metu, imperio,
fascibus ab homine eo quem, una cum ceteris sociis, non
solum potestati tuae sed etiam fidei populus Romanus
15 commiserat eripuisse atque abstulisse.

   Quid mihi tam optandum, iudices, potest esse in hoc 15
crimine quam ut haec eadem dicat ipse Heius ?   Nihil profecto ; sed ne difficilia optemus.   Heius est Mamertinus ;
Mamertina civitas istum publice communi consilio sola
20 laudat ; omnibus iste ceteris Siculis odio est, ab his solis
amatur ; eius autem legationis quae ad istum laudandum
missa est princeps est Heius—etenim est primus civitatis : ne
forte, dum publicis mandatis serviat, de privatis iniuriis reticeat.   Haec cum scirem et cogitarem, commisi tamen, 16
25 iudices, Heio ; produxi prima actione, neque id tamen ullo
periculo feci.   Quid enim poterat Heius respondere, si
csset improbus, si sui dissimilis ? esse illa signa domi suae,
non esse apud Verrem ?   Qui poterat quicquam eius modi
dicere ?   Vt homo turpissimus esset impudentissimeque
30 mentiretur, hoc diceret, illa se habuisse venalia, eaque sese

   1 enim si *om.* RS (*ante signum* ·)·(: = denariis ; *cf. Cl. Rev.* xviii,
p. 210)   5 vidimus R²S *rell.* : videmus R¹   9 est enim *pδ*
nisi *πδ, Julius Victor, Zielinski* : si RS : si libidini non L (*e coni. Iord.*)
13 cum *om.* RS   24 tamen me *pδ*   25 produxi eum *pδ*   30
sese V*πδ*: se RS (*Amer. J. Ph.* xxvi, *p.* 430)

19

quanti voluerit vendidisse. Homo domi suae nobilissimus,
qui vos de religione sua ac dignitate vere existimare maxime
vellet, primo dixit se istum publice laudare, quod sibi ita
mandatum esset; deinde neque se habuisse illa venalia
neque ulla condicione, si utrum vellet liceret, adduci um- 5
quam potuisse ut venderet illa quae in sacrario fuissent
a maioribus suis relicta et tradita.

8

17 Quid sedes, Verres? quid exspectas? quid te a Centuripina
civitate, a Catinensi, ab Halaesina, a Tyndaritana, Hennensi,
Agyrinensi ceterisque Siciliae civitatibus circumveniri atque 10
opprimi dicis? Tua te altera patria, quem ad modum dicere
solebas, Messana circumvenit,—tua, inquam, Messana,
tuorum adiutrix scelerum, libidinum testis, praedarum ac
furtorum receptrix. Adest enim vir amplissimus eius civitatis legatus huius iudici causa domo missus, princeps lauda- 15
tionis tuae. qui te publice laudat,—ita enim mandatum
atque imperatum est; tametsi rogatus de cybaea tenetis
memoria quid responderit: aedificatam publicis operis publice coactis, eique aedificandae publice Mamertinum senatorem praefuisse. Idem ad vos privatim, iudices, confugit; 20
utitur hac lege qua iudicium est, communi arce sociorum.
Tametsi lex est de pecuniis repetundis, ille se negat pecuniam repetere, quam ereptam non tanto opere desiderat:
sacra se maiorum suorum repetere abs te dicit, deos penatis
18 te patrios reposcit. Ecqui pudor est, ecquae religio, Verres, 25
ecqui metus? Habitasti apud Heium Messanae, res illum
divinas apud eos deos in suo sacrario prope cotidiano
facere vidisti; non movetur pecunia, denique quae ornamenti causa fuerunt non requirit; tibi habe Canephoros,
deorum simulacra restitue. Quae quia dixit, quia tempore 30
dato modeste apud vos socius amicusque populi Romani

---

4 habuisse illa $V\pi\delta$: illa habuisse RS 9 a Tynd. V: a *om. RSp*
15 huius VRS: huiusce $p\delta$ 16 ita VRS: id $p\delta$ 22 de repet.
pec. $SG_2\lambda$ 24 te VRS: a te $pq\delta$ 27 cotidiano RS: cotidie
$VIIp\delta$

questus est, quia religioni suae non modo in dis patriis
repetendis sed etiam in ipso testimonio ac iure iurando
proximus fuit, hominem missum ab isto scitote esse Messanam de legatis unum,—illum ipsum qui navi istius aedifi-
5 candae publice praefuit,—qui a senatu peteret ut Heius
adficeretur ignominia.

Homo amentissime, quid putasti? impetraturum te? **9**
quanti is a civibus suis fieret, quanti auctoritas eius habe-   19
retur ignorabas? Verum fac te impetravisse, fac aliquid
10 gravius in Heium statuisse Mamertinos: quantam putas
auctoritatem laudationis eorum futuram, si in eum quem
constet verum pro testimonio dixisse poenam constituerint?
Tametsi quae est ista laudatio, cum laudator interrogatus
laedat necesse est? Quid? isti laudatores tui nonne testes
15 mei sunt? Heius est laudator: laesit gravissime. Pro-
ducam ceteros: reticebunt quae poterunt libenter, dicent
quae necesse erit ingratiis. Negent isti onerariam navem
maximam aedificatam esse Messanae? Negent, si possunt.
Negent ei navi faciundae senatorem Mamertinum publice
20 praefuisse? Vtinam negent! Sunt etiam cetera; quae
malo integra reservare, ut quam minimum dem illis temporis ad meditandum confirmandumque periurium. Iaec 20
tibi laudatio procedat in numerum? hi te homines auctoritate sua sublevent? qui te neque debent adiuvare si possint,
25 neque possunt si velint; quibus tu privatim iniurias plurimas
contumeliasque imposuisti, quo in oppido multas familias
totas in perpetuum infamis tuis stupris flagitiisque fecisti.
At publice commodasti. Non sine magno quidem rei publicae provinciaeque Siciliae detrimento. Tritici modium (21)

8 is *RSp*: om. *V*   10 quantam *Vpδ*: quam *RS*   13 ista
laudatio *VRp*: laud. ista *SDΨ, sed S cum levibus signis transpositionis*
14 nonne *Vpδ*: non *RS* (§ 84 *infra*; v, § 149)   17 ingratiis *Muell.*,
Zielinski: ingratis *codd., edd.*   19 faciundae *pδ*: om. *RS* (§ 23)
21 dem *Rp*: sit *S cum plerisque* (*Cl. Rev.* xviii. 210)   27 totas
om *p*   29 modios *RS*: m̃ *p*: mod. δ

LX empta populo Romano dare debebant et solebant: abs
te solo remissum est. Res publica detrimentum fecit quod
per te imperi iūs in una civitate imminutum est: Siculi,
quod ipsum non de summa frumenti detractum est, sed
translatum in Centuripinos et Halaesinos, immunis populos, 5
et hoc plus impositum quam ferre possent.

21   Navem imperare ex foedere debuisti; remisisti in triennium; militem nullum umquam poposcisti per tot annos.
Fecisti item ut praedones solent; qui cum hostes communes
sint omnium, tamen aliquos sibi instituunt amicos, quibus 10
non modo parcant verum etiam praeda quos augeant, et
eos maxime qui habent oppidum oportuno loco, quo saepe
10
(22) adeundum sit navibus. Phaselis illa, quam cepit P. Servilius, non fuerat urbs antea Cilicum atque praedonum;
Lycii illam, Graeci homines, incolebant. Sed quod erat 15
eius modi loco atque ita proiecta in altum ut et exeuntes e
Cicilia praedones saepe ad eam necessario devenirent, et,
cum se ex hisce locis reciperent, eodem deferrentur, adsciverunt sibi illud oppidum piratae primo commercio, deinde
22 etiam societate. Mamertina civitas improba antea non 20
erat; etiam erat inimica improborum, quae C. Catonis,
illius qui consul fuit, impedimenta retinuit. At cuius
hominis! Clarissimi ac potentissimi; qui tamen cum consul
fuisset, condemnatus est. Ita, C. Cato, duorum hominum
clarissimorum nepos, L. Pauli et M. Catonis, et P. Africani 25
sororis filius: quo damnato tum, cum severa iudicia fiebant,
HS VIII lis aestimata est. Huic Mamertini irati fuerunt,

     4 quod ipsum *RS*: quod hoc *pδ*: quod id ipsum *Richter*   7 ex
foed. debuisti *Rp*: deb. ex foed. *SDΨ*   10 sunt *RSp*   13 *Post*
navibus *addunt libri* non numquam etiam necessario, *ex insequenti
enuntiato: del. Schwabe*   24 Ita, C. Cato *hoc modo interpunxit*
O. Rossbach, Rh. Mus. liv. 284 (*cf. Pro Fonteio*, § 36): *delet haec tria
verba Luterbacher: alii post* sororis filius *excidisse nonnulla arbitrantur.*
Totum locum (Ita . . . aestimata est) *delevit inter alios Nohl*: ita . . .
filius *Ernesti*, qui tamen . . . aestimata est *Ortmann*   26 tum *π*: tunc
RS   severa *πδ* (§ 133 *infra*): om. *RS*   27 VIII *eRS* (*sic* Q II),
ut iii, § 184: XVIII *p*: *vulgo* IIII *ex Velleio* ii. 8   non fuerunt *pδ*

qui maiorem sumptum quam quanti Catonis lis aestimata
est in Timarchidi prandium saepe fecerunt. Verum haec 23
civitas isti praedoni ac piratae Siciliensi Phaselis fuit ; huc
omnia undique deferebantur, apud istos relinquebantur ;
5 quod celari opus erat, habebant sepositum et reconditum ;
per istos quae volebat clam imponenda, occulte exportanda
curabat ; navem denique maximam, quam onustam furtis
in Italiam mitteret, apud istos faciundam aedificandamque
curavit ; pro hisce rebus vacatio data est ab isto sumptus,
10 laboris, militiae, rerum denique omnium ; per triennium
soli non modo in Sicilia verum, ut opinio mea fert, his
quidem temporibus in omni orbe terrarum vacui, expertes,
soluti ac liberi fuerunt ab omni sumptu, molestia, munere.
Hinc illa Verria nata sunt, quod in convivium Sex. Co- 24
15 minium protrahi iussit, in quem scyphum de manu iacere
conatus est, quem obtorta gula de convivio in vincla atque
in tenebras abripi iussit ; hinc illa crux in quam iste civem
Romanum multis inspectantibus sustulit, quam non ausus
est usquam defigere nisi apud eos quibuscum omnia scelera
20 sua ac latrocinia communicavit.
Laudatum etiam vos quemquam venitis ? qua auctoritate ? 11
utrum quam apud senatum an quam apud populum Romanum habere debetis ?   Ecqua civitas est, non modo in 25
provinciis nostris verum in ultimis nationibus, aut tam
25 potens aut tam libera aut etiam tam immanis ac barbara,
rex denique ecquis est qui senatorem populi Romani tecto
ac domo non invitet ? qui honos non homini solum habetur,
sed primum populo Romano, cuius beneficio nos in hunc
ordinem venimus, deinde ordinis auctoritati, quae nisi
30 gravis erit apud socios et exteras nationes, ubi erit imperi
nomen et dignitas ?   Mamertini me publice non invitarunt.

8 faciendam aedificandamque *pS* : faciundamque *R*, -endamque *S* (*cf.*
§ 103)   14 quod *codd.* : cum *Richter-Eberhard*   20 communi-
cavisset *pq, prob. Nohl*   23 modo *πδ* : om. *RS*

Me cum dico, leve est : senatorem populi Romani si non
invitarunt, honorem debitum detraxerunt non homini sed
ordini. Nam ipsi Tullio patebat domus locupletissima et
amplissima Cn. Pompei Basilisci, quo, etiamsi esset invitatus a vobis, tamen devertisset ; erat etiam Percenniorum, 5
qui nunc item Pompeii sunt, domus honestissima, quo
Lucius frater meus summa illorum voluntate devertit.
Senator populi Romani, quod in vobis fuit, in vestro
oppido iacuit et pernoctavit in publico. Nulla hoc civitas
umquam alia commisit. 'Amicum enim nostrum in iudi- 10
cium vocabas.' Tu quid ego privatim negoti geram inter-
26 pretabere imminuendo honore senatorio? Verum haec
tum queremur si quid de vobis per eum ordinem agetur,
qui ordo a vobis adhuc solis contemptus est. In populi
Romani quidem conspectum quo ore vos commisistis? nec 15
prius illam crucem, quae etiam nunc civis Romani sanguine redundat, quae fixa est ad portum urbemque vestram,
revellistis neque in profundum abiecistis locumque illum
omnem expiastis, quam Romam atque in horum conventum
adiretis? In Mamertinorum solo foederato atque pacato 20
monumentum istius crudelitatis constitutum est. Vestrane
urbs electa est ad quam cum adirent ex Italia *cives* crucem
civis Romani prius quam quemquam amicum populi
Romani viderent? quam vos Reginis, quorum civitati
invidetis, itemque incolis vestris, civibus Romanis, ostendere 25
soletis, quo minus sibi adrogent minusque vos despiciant,
cum videant ius civitatis illo supplicio esse mactatum.

12
27
    Verum haec emisse te dicis. Quid? illa Attalica tota
Sicilia nominata ab eodem Heio [peripetasmata] emere
oblitus es? Licuit eodem modo ut signa. Quid enim actum 30
est? an litteris pepercisti? Verum hominem amentem hoc

3 et amplissima *pqδ* : *om. RS* (iii, § 52)   11 quod *Bake*   **22**
cum *codd.* (cum . . . cives Romani *Z*): qui *Lamb.* : quicumque *Muell.*
cives *ipse supplevi* (*Cl. Rev.* xviii, 210)   **29** peripetasmata *om.*
Halm, Nohl

fugit: minus clarum putavit fore quod de armario quam
quod de sacrario esset ablatum.   At quo modo abstulit?
Non possum dicere planius quam ipse apud vos dixit Heius.
Cum quaesissem num quid aliud de bonis eius pervenisset
5 ad Verrem, respondit istum ad se misisse ut sibi mitteret
Agrigentum peripetasmata.   Quaesivi misisset*ne*; respondit,
id quod necesse erat, se dicto audientem fuisse praetori,
misisse.   Rogavi pervenissentne Agrigentum; dixit perve-
nisse.   Quaesivi quem ad modum revertissent; negavit
10 adhuc revertisse.   Risus populi atque admiratio omnium
vestrum facta est.   Hic tibi in mentem non venit iubere ut 28
haec quoque referret HS vi milibus D se tibi vendidisse?
Metuisti ne aes alienum tibi cresceret, si HS vi milibus D
tibi constarent ea quae tu facile posses vendere HS ducentis
15 milibus?   Fuit tanti, mihi crede; haberes quod defenderes;
nemo quaereret quanti illa res esset; si modo te posses
dicere emisse, facile cui velles tuam causam et factum probares; nunc de peripetasmatis quem ad modum te expedias
non habes.

20   Quid? a Phylarcho Centuripino, homine locupleti ac 29
nobili, phaleras pulcherrime factas, quae regis Hieronis
fuisse dicuntur, utrum tandem abstulisti an emisti?   In
Sicilia quidem cum essem, sic a Centuripinis, sic a ceteris
audiebam,—non enim parum res erat clara: tam te has
25 phaleras a Phylarcho Centuripino abstulisse dicebant quam
alias item nobilis ab Aristo Panhormitano, quam tertias a
Cratippo Tyndaritano.   Etenim si Phylarchus vendidisset,
non ei, posteaquam reus factus es, redditurum te promisisses.   Quod quia vidisti pluris scire, cogitasti, si ei
30 reddidisses, te minus habiturum, rem nihilo minus testatam

6 misissetne *Schwabe*: amisisset *p*: an misisset δ: *in RS desunt*
verba peripetasmata, *l.* 6 . . . Agrigentum, *l.* 8   7 se *Hotom.*
Halm: scilicet *codd. fort. recte* fuisse, praet. misisse *Schwabe*   12
haec δ: hoc *RSp*   14 posses *p*: possis *RS*   17 dicere *RS* ·
docere *pδ*   20 locuplete *RS, ut semper* δ (§ 1 *supra*)

25

futuram : non reddidisti. Dixit Phylarchus pro testimonio
se, quod nosset tuum istum morbum, ut amici tui appellant,
cupisse te celare de phaleris ; cum abs te appellatus esset,
negasse habere sese ; apud alium quoque eas habuisse depositas, ne qua invenirentur ; tuam tantam fuisse sagacitatem 5
ut eas per illum ipsum inspiceres, ubi erant depositae ; tum
se deprensum negare non potuisse ; ita ab se invito phaleras
sublatas gratiis.

13
30   Iam, ut haec omnia reperire ac perscrutari solitus sit,
iudices, est operae pretium cognoscere. Cibyratae sunt 10
fratres quidam, Tlepolemus et Hiero, quorum alterum
fingere opinor e cera solitum esse, alterum esse pictorem.
Hosce opinor, Cibyrae cum in suspicionem venissent suis
civibus fanum expilasse Apollinis, veritos poenam iudici ac
legis domo profugisse. Quod Verrem artifici sui cupidum 15
cognoverant tum, cum iste, id quod ex testibus didicistis,
Cibyram cum inanibus syngraphis venerat, domo fugientes
ad eum se exsules, cum iste esset in Asia, contulerunt.
Habuit eos secum illo tempore et in legationis praedis
atque furtis multum illorum opera consilioque usus est. 20
31 Hi sunt illi quibus in tabulis refert sese Q. Tadius 'dedisse
iussu istius, Graecis pictoribus'. Eos iam bene cognitos
et re probatos secum in Siciliam duxit. Quo posteaquam
venerunt, mirandum in modum (canis venaticos diceres)
ita odorabantur omnia et pervestigabant ut, ubi quidque 25
esset, aliqua ratione invenirent. Aliud minando, aliud pollicendo, aliud per servos, aliud per liberos, per amicum aliud,
aliud per inimicum inveniebant ; quicquid illis placuerat,

2 ut amici tui appellant (§ 1 supra) secl. Schwabe, Eberh. : om. Nohl
5 tuam tantam pδ : istius tantam RS : apud illum tant. Schwabe,
penes illum t. Eberh.   7 deprensum R : deprehensum S et codd.
pler.   phaleras sublatas SDΨ : phalerasublatas R : phal. ablatas π,
Martianus Capella edd.   8 gratiis Halm, Zielinski : gratis vulg.
16 cum om. RS   17 profugientes δ   18 cum iste esset in Asia
del. Frn. Nohl   19 ab illo pδ   26 minitando δ

perdendum erat. Nihil aliud optabant quorum poscebatur
argentum nisi ut id Hieroni et Tlepolemo displiceret.
    Verum mehercule hoc, iudices, dicam. Memini Pam- **14**
philum Lilybitanum, amicum et hospitem meum, nobilem **32**
5 hominem, mihi narrare, cum iste ab sese hydriam Boethi
manu factam praeclaro opere et grandi pondere per potestatem abstulisset, se sane tristem et conturbatum domum
revertisse, quod vas eius modi, quod sibi a patre et a maioribus esset relictum, quo solitus esset uti ad festos dies,
10 ad hospitum adventus, a se esset ablatum. 'Cum sederem,'
inquit, 'domi tristis, accurrit Venerius; iubet me scyphos
sigillatos ad praetorem statim adferre. Permotus sum,'
inquit; 'binos habebam; iubeo promi utrosque, ne quid
plus mali nasceretur, et mecum ad praetoris domum ferri.
15 Eo cum venio, praetor quiescebat; fratres illi Cibyratae
inambulabant. Qui me ubi viderunt, "Vbi sunt, Pam-
phile," inquiunt, "scyphi?" Ostendo tristis; laudant.
Incipio queri me nihil habiturum quod alicuius esset preti
si etiam scyphi essent ablati. Tum illi, ubi me conturbatum
20 vident, "Quid vis nobis dare ut isti abs te ne auferantur?"
Ne multa, HS mille me,' inquit, 'poposcerunt; dixi me
daturum. Vocat interea praetor, poscit scyphos.' Tum
illos coepisse praetori dicere putasse se, id quod audissent,
alicuius preti scyphos esse Pamphili; luteum negotium esse,
25 non dignum quod in suo argento Verres haberet. Ait ille
idem sibi videri. Ita Pamphilus scyphos optimos aufert.

    Et mehercule ego antea, tametsi hoc nescio quid nugato- **33**
rium sciebam esse, ista intellegere, tamen mirari solebam
istum in his ipsis rebus aliquem sensum habere, quem
30 scirem nulla in re quicquam simile hominis habere. Tum **15**
primum intellexi ad eam rem istos fratres Cibyratas fuisse,
ut iste in furando manibus suis oculis illorum uteretur.

2 id *Rπ* : *om. S rell.*   8 a (*ante* maioribus) *om.* δ   21
Ne multa *Ciceronis non Pamphili esse verba credit Luterbacher, et scri-*
bendum esse Ne multa ; 'sestertios' etc.   poposcerant *RS* : *om.* p̄

At ita studiosus est huius praeclarae existimationis, ut putetur
in hisce rebus intellegens esse, ut nuper—videte hominis
amentiam : posteaquam est comperendinatus, cum iam pro
damnato mortuoque esset, ludis circensibus mane apud
L. Sisennam, virum primarium, cum essent triclinia strata 5
argentumque expositum in aedibus, cum pro dignitate
L. Sisennae domus esset plena hominum honestissimorum,
accessit ad argentum, contemplari unum quidque otiose et
considerare coepit. Mirari stultitiam alii, quod in ipso
iudicio eius ipsius cupiditatis cuius insimularetur suspicio- 10
nem augeret, alii amentiam, cui comperendinato, cum tam
multi testes dixissent, quicquam illorum veniret in mentem.
Pueri autem Sisennae, credo, qui audissent quae in istum
testimonia essent dicta, oculos de isto nusquam deicere
34 neque ab argento digitum discedere. Est boni iudicis 15
parvis ex rebus coniecturam facere unius cuiusque et cupiditatis et continentiae. Qui reus, et reus lege comperendinatus, re et opinione hominum paene damnatus, temperare
non potuerit maximo conventu quin L. Sisennae argentum
tractaret et consideraret, hunc praetorem in provincia quis- 20
quam putabit a Siculorum argento cupiditatem aut manus
abstinere potuisse ?

16
35　Verum ut Lilybaeum, unde digressa est oratio, revertamur, Diocles est, Pamphili gener, illius a quo hydria
ablata est, Popilius cognomine. Ab hoc abaci vasa omnia, 25
ut exposita fuerunt, abstulit. Dicat se licet emisse ; etenim
hic propter magnitudinem furti sunt, ut opinor, litterae
factae. Iussit Timarchidem aestimare argentum, quo modo
qui umquam tenuissime in donationem histrionum aesti-
mavit. Tametsi iam dudum ego erro qui tam multa de 30
tuis emptionibus verba faciam, et quaeram utrum emeris

8, 9 *Fort.* accesserit . . . coeperit　　16 et *om. RS*　　23 ut *RS* :
uti *p edd.*　　revertamur *Sp* ('*libri duo manuscr.*' *Lamb.*) : revertantur
R : revertatur δ *edd.* (v, § 59)　　29 aestimarit !　　30 tametsi ego
dudum erro π

necne et quo modo et quanti emeris, quod verbo transigere
possum. Ede mihi scriptum quid argenti in provincia
Sicilia pararis, unde quidque aut quanti emeris. Quid fit? 36
Quamquam non debebam ego abs te has litteras poscere ;
5 me enim tabulas/tuas habere et proferre oportebat. Verum
negas te horum annorum aliquot confecisse. Compone
hoc quod postulo de argento, de reliquo videro. ' Nec
scriptum habeo nec possum edere.' Quid futurum igitur
est ? quid existimas hosce iudices facere posse ? Domus
10 plena signorum pulcherrimorum iam ante praeturam, multa
ad villas tuas posita, multa deposita apud amicos, multa
aliis data atque donata ; tabulae nullum indicant emptum.
Omne argentum ablatum ex Sicilia est, nihil cuiquam quod
suum dici vellet relictum. Fingitur improba defensio, prae-
15 torem omne id argentum coemisse ; tamen id ipsum tabulis
demonstrari non potest. Si, quas tabulas profers, in his
quae habes quo modo habeas scriptum non est, horum
autem temporum cum te plurimas res emisse dicis tabulas
omnino nullas profers, nonne te et prolatis et non prolatis
20 tabulis condemnari necesse est ?

  Tu a M. Coelio, equite Romano, lectissimo adulescente, **17**
quae voluisti Lilybaei abstulisti, tu C. Cacuri, prompti 37
hominis et experientis et in primis gratiosi, supellectilem
omnem auferre non dubitasti, tu maximam et pulcherrimam
25 mensam citream a Q. Lutatio Diodoro, qui Q. Catuli beneficio ab L. Sulla civis Romanus factus est, omnibus scientibus Lilybaei abstulisti. Non tibi obicio quod hominem
dignissimum tuis moribus, Apollonium, Niconis filium,
Drepanitanum, qui nunc A. Clodius vocatur, omni argento
30 optime facto spoliasti ac depeculatus es ; taceo. Non enim
putat ille sibi iniuriam factam, propterea quod homini iam
perdito et collum in laqueum inserenti subvenisti, cum pupillis

  1-3 quod verbo . . . emeris *pδ : om. RS*   2 argenti *p rell. : om. q*
7 quod *om. p :* quod postulo *om. q*   de argento *secl. Richter,*
Jacoby   9 existimes *RS*   hosce *pδ :* hoc *RS :* hos *al.,* hic *Hahn*

Drepanitanis bona patria erepta cum illo partitus es ; gaudeo
etiam si quid ab eo abstulisti, et abs te nihil rectius factum
esse dico. A Lysone vero Lilybitano, primo homine, apud
quem deversatus es, Apollinis signum ablatum certe non
oportuit. Dices te emisse. Scio, HS mille. ' Ita opinor.' 5
Scio, inquam. ' Proferam litteras.' Tamen id factum non
oportuit. A pupillo Heio, cui C. Marcellus tutor est, a quo
pecuniam grandem eripueras, scaphia cum emblematis
Lilybaei utrum empta esse dicis an confiteris erepta ?

38   Sed quid ego istius in eius modi rebus mediocris iniurias 10
colligo, quae tantum modo in furtis istius et damnis eorum
a quibus auferebat versatae esse videantur ? Accipite, si
vultis, iudices, rem eius modi ut amentiam singularem et
furorem iam, non cupiditatem eius perspicere possitis.

18   Melitensis Diodorus est, qui apud vos antea testimonium 15
dixit. Is Lilybaei multos iam annos habitat, homo et
domi nobilis et apud eos quo se contulit propter virtutem
splendidus et gratiosus. De hoc Verri dicitur habere eum
perbona toreumata, in his pocula quaedam, quae Thericlia
nominantur, Mentoris manu summo artificio facta. Quod 20
iste ubi audivit, sic cupiditate inflammatus est non solum
inspiciendi verum etiam auferendi ut Diodorum ad se vo-
caret ac posceret. Ille, qui illa non invitus haberet, respondit Lilybaei se non habere, Melitae apud quendam pro-
39 pinquum suum reliquisse. Tum iste continuo mittit ho- 25
mines certos Melitam, scribit ad quosdam Melitensis ut ea
vasa perquirant, rogat Diodorum ut ad illum propinquum
suum det litteras ; nihil ei longius videbatur quam dum
illud videret argentum. Diodorus, homo frugi ac diligens,
qui sua servare vellet, ad propinquum suum scribit ut iis 30
qui a Verre venissent responderet illud argentum se paucis

---

3 a *Spδ*: ab *R*   12 versatae *Lamb.* : versata *codd.*   13 et
furorem *RS* : ut fur. *π*   14 iam non *RHp* (v, § 177): non iam
SDΨ   19 his *SR²Hp* : is *R¹*

illis diebus misisse Lilybaeum. Ipse interea recedit ; abesse
a domo paulisper maluit quam praesens illud optime factum
argentum amittere. Quod ubi iste audivit, usque eo commotus est ut sine ulla dubitatione insanire omnibus ac
5 furere videretur. Quia non potuerat eripere argentum ipse
Diodoro, erepta sibi vasa optime facta dicebat ; minitari
absenti Diodoro, vociferari palam, lacrimas interdum non
tenere. Eriphylam accepimus in fabulis ea cupiditate ut,
cum vidisset monile, ut opinor, ex auro et gemmis, pulchri-
10 tudine eius incensa salutem viri proderet. Similis istius
cupiditas, hoc etiam acrior atque insanior, quod illa cupie-
bat id quod viderat, huius libidines non solum oculis sed
etiam auribus excitabantur.

Conquiri Diodorum tota provincia iubet : ille ex Sicilia **19**
15 iam castra commoverat et vasa collegerat. Homo, ut aliquo **40**
modo in provinciam illum revocaret, hanc excogitat rationem, si haec ratio potius quam amentia nominanda est.
Apponit de suis canibus quendam qui dicat se Diodorum
Melitensem rei capitalis reum velle facere. Primo mirum
20 omnibus videri Diodorum reum, hominem quietissimum, ab
omni non modo facinoris verum etiam minimi errati suspicione remotissimum ; deinde esse perspicuum fieri omnia illa
propter argentum. Iste non dubitat iubere nomen referri,
et tum primum ut opinor istum absentis nomen recepisse.
25 Res clara Sicilia tota, propter caelati argenti cupiditatem **40**
reos fieri rerum capitalium, neque solum reos fieri, sed
etiam absentis. Diodorus Romae sordidatus circum pa-
tronos atque hospites cursare, rem omnibus narrare. Lit-

---

3 amitteret *Lg.* 42 (*prob. Hirschfelder*) 5 ipse Diodoro *RSH* :
ipse a Diodoro *rell., unde varie distinxerunt edd.* : ipse ⟨Diodoro⟩,
a Diodoro erepta sibi *Tiedka, Nohl* 6 facta dicebat optime *p¹* :
facta optime dic. *p¹qr* 7 Diodoro *secl. Kays., Halm, Nohl*
non *SD* (v, § 172) : vix πHδ *Serv. ad Aen.* v. 173 : *om. R* 8 fuisse
ut *Kays.* : *in S est rasura post* fabulis 12 videbat *H* 20 videri
fieri *Eberh.* 23 deferri *pδ* 24 ut opinor *RSH* : opinor *pδ edd.*
26 reos *RSHp* : reos praesentes, *vel* praesentes reos δ

terae mittuntur isti a patre vehementes, ab amicis item,
videret quid ageret de Diodoro, quo progrederetur; rem
claram esse et invidiosam; insanire hominem, periturum
hoc uno crimine, nisi cavisset.   Iste etiam tum patrem, si
non in parentis, at in hominum numero putabat; ad iudi- 5
cium nondum se satis instruxerat; primus annus erat provinciae, non *erat*, ut in Sthenio, iam refertus pecunia.   Itaque
furor eius paululum non pudore, sed metu ac timore repres-
sus est.   Condemnare Diodorum non audet absentem, de
reis eximit.   Diodorus interea praetore isto prope triennium 10
42 provincia domoque caruit.   Ceteri, non solum Siculi sed
etiam cives Romani, hoc statuerant, quoniam iste tantum
cupiditate progrederetur, nihil esse quod quisquam putaret
se, quod isti paulo magis placeret, conservare aut domi
20 retinere posse; postea vero quam intellexerunt isti virum 15
fortem, quem summe provincia exspectabat, Q. Arrium, non
succedere, statuerunt nihil se tam clausum neque tam reconditum posse habere quod non istius cupiditati apertissimum
promptissimumque esset.

Tum iste ab equite Romano splendido et gratioso, 20
Cn. Calidio, cuius filium sciebat senatorem populi Romani
et iudicem esse, eculeos argenteos nobilis, qui Q. Maximi
43 fuerant, aufert.   Imprudens huc incidi, iudices; emit enim,
non abstulit; nollem dixisse; iactabit se et in his equitabit
eculeis.   'Emi, pecuniam solvi.'   Credo.   'Etiam tabulae 25
proferentur.'   Est tanti; cedo tabulas.   Dilue sane crimen
hoc Calidianum, dum ego tabulas aspicere possim.   Verum
tamen quid erat quod Calidius Romae quereretur se, cum tot
annos in Sicilia negotiaretur, a te solo ita esse contemptum, ita
despectum ut etiam una cum ceteris Siculis despoliaretur, 30

7 erat *suppl.* *Schmalz, Thomas*; *post* refertus *Nohl*   homo
iam *Lehmann*   22 qui quinti maximi *p* : quique maxime *R* :
qq; maxime *S* : quique maximi *HDΨ Prisc.*   24 dixissem *δ, prob.*
Luterbacher   29 a te *RS* : abs te *pδ*

si emeras? Quid erat quod confirmabat se abs te argentum
esse repetiturum, si id tibi sua voluntate vendiderat? Tu
porro posses facere ut Cn. Calidio non redderes? praesertim
cum is L. Sisenna, defensore tuo, tam familiariter uteretur, et
5 cum ceteris familiaribus Sisennae reddidisses. Denique non 44
opinor negaturum esse te homini honesto, sed non gratio-
siori quam Cn. Calidius est, L. Curidio, te argentum per Potamonem, amicum tuum, reddidisse. Qui quidem ceterorum
causam apud te difficiliorem fecit. Nam cum te compluri-
10 bus confirmasses redditurum, posteaquam Curidius pro
testimonio dixit te sibi reddidisse, finem reddendi fecisti,
quod intellexisti praeda te de manibus emissa testimonium
tamen effugere non posse. Cn. Calidio, equiti Romano,
per omnis alios praetores licuit habere argentum bene
15 factum, licuit posse domesticis copiis, cum magistratum
aut aliquem superiorem invitasset, ornare et apparare convivium. Multi domi Cn. Calidi cum potestate atque imperio
fuerunt : nemo inventus est tam amens qui illud argentum
tam praeclarum ac tam nobile eriperet, nemo tam audax qui
20 posceret, nemo tam impudens qui postularet ut venderet.
Superbum est enim, iudices, et non ferendum dicere prae- 45
torem in provincia homini honesto, locupleti, splendido,
'Vende mihi vasa caelata'; hoc est enim dicere, 'Non
es dignus tu qui habeas quae tam bene facta sunt, meae
25 dignitatis ista sunt.' Tu dignior, Verres, quam Calidius?
qui, ut non conferam vitam neque existimationem tuam
cum illius—neque enim est conferenda ; hoc ipsum conferam quo tu te superiorem fingis ; quod HS $\overline{ccc}$ divisoribus ut praetor renuntiarere dedisti, trecenta accusatori ne
30 tibi odiosus esset, ea re contemnis equestrem ordinem et
despicis? ea re tibi indignum visum est quicquam, quod
tibi placeret, Calidium potius habere quam te?

1 si emeras ? Quid *Kayser, Zielinski* : Si emeras, quid *edd.*   2
id *om.* πδ   12 emissa *SD*Ψ : amissa *Rp*δ *edd.*   28 $\overline{ccc}$ *vulg.* :
ccc *RS* : LXXX milia *p*δ : $\overline{DCCC}$ *Nohl*

21
46   Iactat se iam dudum de Calidio, narrat omnibus emisse
se. Num etiam de L. Papinio, viro primario, locupleti
honestoque equite Romano, turibulum emisti? qui pro testimonio dixit te, cum inspiciendum poposcisses, evulso emblemate remisisse; ut intellegatis in homine intellegentiam esse 5
non avaritiam, artifici cupidum non argenti fuisse. Nec
solum in Papinio fuit hac abstinentia; tenuit hoc institutum in turibulis omnibus quaecumque in Sicilia fuerunt.
Incredibile est autem quam multa et quam praeclara
fuerint. Credo tum cum Sicilia florebat opibus et copiis 10
magna artificia fuisse in ea insula. Nam domus erat ante
istum praetorem nulla paulo locupletior qua in domo haec
non essent, etiamsi praeterea nihil esset argenti, patella
grandis cum sigillis ac simulacris deorum, patera qua
mulieres ad res divinas uterentur, turibulum,—haec autem 15
omnia antiquo opere et summo artificio facta, ut hoc liceret
suspicari, fuisse aliquando apud Siculos peraeque pro portione cetera, sed, quibus multa fortuna ademisset, tamen
47 apud eos remansisse ea quae religio retinuisset. Dixi, iudices,
multa fuisse fere apud omnis Siculos : ego idem confirmo 20
nunc ne unum quidem esse. Quid hoc est? quod hoc
monstrum, quod prodigium in provinciam misimus? Nonne
vobis id egisse videtur ut non unius libidinem, non suos
oculos, sed omnium cupidissimorum insanias, cum Romam
revertisset, expleret? Qui simul atque in oppidum quod- 25
piam venerat, immittebantur illi continuo Cibyratici canes,
qui investigabant et perscrutabantur omnia. Si quod erat
grande vas et maius opus inventum, laeti adferebant; si
minus eius modi quidpiam venari potuerant, illa quidem
certe pro lepusculis capiebantur, patellae, paterae, turibula. 30

2 L *p*: *om.* RS   14 patina RS   15 haec autem
*pk*3: autem haec RS: erant autem haec *Halm*   17 per ea
que RS, *corr. Turnebus*   20 fere fuisse π   21 est
hoc π   24 avarissimorum *p*²   25 quodpiam Z: quopiam
πH: copiam RSΨ

Hic quos putatis fletus mulierum, quas lamentationes fieri
solitas esse in hisce rebus? quae forsitan vobis parvae esse
videantur, sed magnum et acerbum dolorem commovent,
mulierculis praesertim, cum eripiuntur e manibus ea quibus
5 ad res divinas uti consuerunt, quae a suis acceperunt, quae
in familia semper fuerunt.

Hic nolite exspectare dum ego haec crimina agam ostia- **22**
tim, ab Aeschylo Tyndaritano istum pateram abstulisse, **48**
a Thrasone item Tyndaritano patellam, a Nymphodoro
10 Agrigentino turibulum. Cum testis ex Sicilia dabo, quem
volet ille eligat quem ego interrogem de patellis, pateris,
turibulis: non modo oppidum nullum, sed ne domus
quidem ulla paulo locupletior expers huius iniuriae repe-
rietur. Qui cum in convivium venisset, si quicquam cae-
15 lati aspexerat, manus abstinere, iudices, non poterat.
Cn. Pompeius est, Philo qui fuit, Tyndaritanus. Is cenam
isti dabat apud villam in Tyndaritano. Fecit quod
Siculi non audebant; ille, civis Romanus quod erat, impunius id se facturum putavit; adposuit patellam in qua
20 sigilla erant egregia. Iste continuo ut vidit, non dubitavit
illud insigne penatium hospitaliumque deorum ex hospitali
mensa tollere, sed tamen, quod ante de istius abstinentia
dixeram, sigillis avulsis reliquum argentum sine ulla avaritia
reddidit. Quid? Eupolemo Calactino, homini nobili, Lucul- 49
25 lorum hospiti ac perfamiliari, qui nunc apud exercitum cum
L. Lucullo est, non idem fecit? Cenabat apud eum;
argentum ille ceterum purum adposuerat, ne purus ipse
relinqueretur, duo pocula non magna, verum tamen cum
emblemate. Hic tamquam festivum acroama, ne sine corol-
30 lario de convivio discederet, ibidem convivis spectantibus
emblemata evellenda curavit.

Neque ego nunc istius facta omnia enumerare conor,
neque opus est nec fieri ullo modo potest: tantum unius

2 parva *Halm*   7 crimina inuagem *K. Busche*   11 de patellis,
pateris turibulis *del. Eberh., Nohl*   13 nulla *RS*   24 incol o-
rum *R*   32 furta *coni. Luterbacher*; *cf.* § 60, 97

cuiusque de varia improbitate generis indicia apud vos et
exempla profero. Neque enim ita se gessit in his rebus
tamquam rationem aliquando esset redditurus, sed prorsus
ita quasi aut reus numquam esset futurus, aut, quo plura
abstulisset, eo minore periculo in iudicium venturus esset ; 5
qui haec quae dico iam non occulte, non per amicos atque
interpretes, sed palam de loco superiore ageret pro imperio
et potestate.

23
50   Catinam cum venisset, oppidum locuples, honestum,
copiosum, Dionysiarchum ad se proagorum, hoc est sum- 10
mum magistratum, vocari iubet ; ei palam imperat ut omne
argentum quod apud quemque esset Catinae conquirendum
curaret et ad se adferendum. Phylarchum Centuripinum,
primum hominem genere, virtute, pecunia, non hoc idem
iuratum dicere audistis, sibi istum negotium dedisse at- 15
que imperasse ut Centuripinis, in civitate totius Siciliae
multo maxima et locupletissima, omne argentum conquireret et ad se comportari iuberet ? Agyrio similiter istius
imperio vasa Corinthia per Apollodorum, quem testem
51 audistis, Syracusas deportata sunt. Illa vero optima [est], 20
quod, cum Haluntium venisset praetor laboriosus et diligens,
ipse in oppidum noluit accedere, quod erat difficili ascensu
atque arduo, Archagathum Haluntinum, hominem non
solum domi, sed tota Sicilia in primis nobilem, vocari iussit.
Ei negotium dedit ut, quidquid Halunti esset argenti cae- 25
lati aut si quid etiam Corinthiorum, id omne statim ad mare
ex oppido deportaretur. Escendit in oppidum Archagathus.
Homo nobilis, qui a suis amari et diligi vellet,.ferebat graviter illam sibi ab isto provinciam datam, nec quid faceret
habebat ; pronuntiat quid sibi imperatum esset ; iubet 30
omnis proferre quod haberent. Metus erat summus ; ipse
enim tyrannus non discedebat longius ; Archagathum et

10, 11 hoc . . . magistratum *secl.* Bake, Jacoby   20 est *secl. aut*
om. edd. post Victorium : optima res est *Koch*   26 id *Hotom.* :
ut *codd.*   27 escendit *R¹p* : ascendit *R²Sqδ*

argentum in lectica cubans ad mare infra oppidum exspectabat. Quem concursum in oppido factum putatis, quem 52
clamorem, quem porro fletum mulierum ? qui videret
equum Troianum introductum, urbem captam diceret.
5 Efferri sine thecis vasa, extorqueri alia de manibus mulierum,
ecfringi multorum foris, revelli claustra. Quid enim putatis ?
Scuta si quando conquiruntur a privatis in bello ac tumultu,
tamen homines inviti dant, etsi ad salutem communem
dari sentiunt, ne quem putetis sine maximo dolore argen-
10 tum caelatum domo, quod alter eriperet, protulisse. Omnia
deferuntur. Cibyratae fratres vocantur ; pauca improbant ;
quae probarant, iis crustae aut emblemata detrahebantur.
Sic Haluntini excussis deliciis cum argento puro domum
revertuntur.

15 Quod umquam, iudices, huiusce modi everriculum ulla **24**
in provincia fuit ? Avertere aliquid de publico quam 53
obscurissime per magistratum solebant ; etiam cum aliquid
a privato non numquam, occulte auferebant, et ii tamen
condemnabantur. Et si quaeritis, ut ipse de me detraham,
20 illos ego accusatores puto fuisse qui eius modi hominum
furta odore aut aliquo leviter presso vestigio persequebantur.
Nam nos quidem quid facimus in Verre, quem in luto
volutatum totius corporis vestigiis invenimus ? Permagnum
est in eum dicere aliquid qui praeteriens, lectica paulisper
25 deposita, non per praestigias sed palam per potestatem uno
imperio ostiatim totum oppidum compilaverit. Ac tamen,
ut posset dicere se emisse, Archagatho imperat ut illis
aliquid, quorum argentum fuerat, nummulorum dicis causa
daret. Invenit Archagathus paucos qui vellent accipere ;
30 iis dedit. Eos nummos tamen iste Archagatho non reddidit.
Voluit Romae repetere Archagathus ; Cn. Lentulus Mar-

3 *post* clamorem *add.* virorum *K. Busche*   5 de *Sp rell.* : e *R*
(§ 7 *supra*)   17 cum *om. pk* : cum alii (aliqui *Mueller*) aliquid
Ernesti   22 Verrem *RSp*   26 Attamen δ   27 se dicere π

discussed *just as*

cellinus dissuasit, sicut ipsum dicere audistis.   Recita.

ARCHAGATHI ET LENTVLI TESTIMONIVM.

54 Et ne forte hominem existimetis hanc tantam vim emblematum sine causa coacervare voluisse, videte quanti vos,
quanti existimationem populi Romani, quanti leges et 5
iudicia, quanti testis Siculos [negotiatores] fecerit. Posteaquam tantam multitudinem collegerat emblematum ut ne
unum quidem cuiquam reliquisset, instituit officinam Syracusis in regia maximam. Palam artifices omnis, caelatores
ac vascularios, convocari iubet, et ipse suos compluris 10
habebat. Eos concludit, magnam hominum multitudinem.
Mensis octo continuos his opus non defuit, cum vas nullum
fieret nisi aureum. Tum illa, ex patellis et turibulis quae
evellerat, ita scite in aureis poculis inligabat, ita apte in
scaphiis aureis includebat, ut ea ad illam rem nata esse 15
diceres; ipse tamen praetor, qui sua vigilantia pacem in
Sicilia dicit fuisse, in hac officina maiorem partem diei cum
tunica pulla sedere solebat et pallio.

25
55 Haec ego, iudices, non auderem proferre, ni vererer ne
forte plura de isto ab aliis in sermone quam a me in iudicio 20
vos audisse diceretis. Quis enim est qui de hac officina,
qui de vasis aureis, qui de istius pallio non audierit? Quem
voles e conventu Syracusano virum bonum nominato; pro-
ducam; nemo erit quin hoc se audisse aut vidisse dicat.

56 O tempora, o mores! Nihil nimium vetus proferam. Sunt 25
vestrum aliquam multi qui L. Pisonem cognorint, huius
L. Pisonis, qui praetor fuit, patrem. Ei cum esset in Hi-

---

1 audistis. Atque hac tota de re audistis Archagathi *pδ*   6 nego-
tiatores *RSHπ*: negotiatoresque δ: *del. Halm, Jacoby, Zielinski*
15 scaphiis *Gulielmius*: scaphis *RSHπ*: scyphis δ   includebat *πδ*:
concludebat *RSH*   16 tamen *codd.*: autem *Madvig*, interim
                                                   u
Eberh.   22 pallio *rk, Lg.* 42: pallio pullo *RS*: pallio pollio *p*
(purpureo, v, § 137)   audiverit *Zielinski*   26 9norit (= cognorint)
SD: *unde* gnorunt *sive* norunt Ψ: gonrit *R*: cognoverint *π*   27
Ei *Graevius*: et *RS*: is *pδ*

spania praetor, qua in provincia occisus est, nescio quo
pacto, dum armis exercetur, anulus aureus quem habebat
fractus et comminutus est. Cum vellet sibi anulum facere,
aurificem iussit vocari in forum ad sellam Cordubae et
5 palam appendit aurum ; hominem in foro iubet sellam
ponere et facere anulum omnibus praesentibus. Nimium
fortasse dicet aliquis hunc diligentem ; hactenus reprehendet, si qui volet, nihil amplius. Verum fuit ei concedendum ; filius enim L. Pisonis erat, eius qui primus de
10 pecuniis repetundis legem tulit. Ridiculum est me nunc **57**
de Verre dicere, cum de Pisone Frugi dixerim ; verum
tamen quantum intersit videte. Iste cum aliquot abacorum
faceret vasa aurea, non laboravit quid non modo in Sicilia
verum etiam Romae in iudicio audiret : ille in auri semuncia
15 totam Hispaniam scire voluit unde praetori anulus fieret.
Nimirum ut hic nomen suum comprobavit, sic ille cognomen.
    Nullo modo possum omnia istius facta aut memoria **26**
consequi aut oratione complecti : genera ipsa cupio breviter
attingere, ut hic modo me commonuit Pisonis anulus quod
20 totum effluxerat. Quam multis istum putatis hominibus
honestis de digitis anulos abstulisse ? Numquam dubitavit,
quotienscumque alicuius aut gemma aut anulo delectatus
est. Incredibile dicam, sed ita clarum ut ipsum negaturum
non arbitrer. Cum Valentio, eius interpreti, epistula Agri- **58**
25 gento adlata esset, casu signum iste animadvertit in cretula.
Placuit ei ; quaesivit unde esset epistula ; respondit Agrigento. Iste litteras ad quos solebat misit, ut is anulus ad
se primo quoque tempore adferretur. Ita litteris istius
patri familias, L. Titio, civi Romano, anulus de digito
30 detractus est.

4 et ei palam π𝛿   7 dicet *R* : dic̄ *S*   8 id fuit *pqk*   10
me *post* de Verre *habet p*   17 furta *Luterbacher* (§ 49)   19
hoc modo *p𝛿 Quint.* ix. 2. 61   21 anulos aureos *p Quint.*   25
anima advertit *R* : anī advertit *SD* (iii, § 140 ; v, § 105)   27 ad
quos solebat litteras *S in mg.*   29 cuidam civi *p𝛿*

Illa vero eius cupiditas incredibilis est. Nam ut in
singula conclavia, quae iste non modo Romae sed in
omnibus villis habet, tricenos lectos optime stratos cum
ceteris ornamentis convivi quaereret, nimium multa comparare videretur; nulla domus in Sicilia locuples fuit ubi iste 5
59 non textrinum instituerit. Mulier [est] Segestana perdives
et nobilis, Lamia nomine, per triennium isti plena domo
telarum stragulam vestem confecit, nihil nisi conchylio
tinctum Attalus, homo pecuniosus, Neti, Lyso Lilybaei,
Critolaus Aetnae, Syracusis Aeschrio, Cleomenes, Theo- 10
mnastus, Helori Archonidas,—dies me citius defecerit
quam nomina. 'Ipse dabat purpuram, tantum operam
amici.' Credo; iam enim non libet omnia criminari; quasi
vero hoc mihi non satis sit ad crimen, habuisse tam multum
quod daret, voluisse deportare tam multa, hoc denique, quod 15
concedit, amicorum operis esse in huiusce modi rebus usum.
60 Iam vero lectos aeratos et candelabra aenea num cui praeter
istum Syracusis per triennium facta esse existimatis?
'Emebat.' Credo; sed tantum vos certiores, iudices, facio
quid iste in provincia praetor egerit, ne cui forte neglegens 20
nimium fuisse videatur neque se satis, cum potestatem
habuerit, instruxisse et ornasse.
27 Venio nunc non iam ad furtum, non ad avaritiam, non ad
cupiditatem, sed ad eius modi facinus in quo omnia nefaria
contineri mihi atque inesse videantur; in quo di immortales 25
violati, existimatio atque auctoritas nominis populi Romani
imminuta, hospitium spoliatum ac proditum, abalienati
scelere istius a nobis omnes reges amicissimi, nationesque
61 quae in eorum regno ac dicione sunt. Nam reges Syriae,
regis Antiochi filios pueros, scitis Romae nuper fuisse; qui 30

---

3 trigeminos *Muell. prob. Hirschfelder*: trinos *Halm*   6 [est]
seclusi (§ 69)   7 ea per *Ernesti, Bake, Nohl*   11 Helori *Vr-*
sinus: Pelori *codd.*   14 vero *om. Lg.* 42   16 huius *Zielinski*
(i, § 36)   24 sed ad *pδ*: sed *RSH, fort. recte*

venerant non propter Syriae regnum, nam id sine controversia obtinebant ut a patre et a maioribus acceperant, sed
regnum Aegypti ad se et ad Selenen, matrem suam, pertinere arbitrabantur. Ii posteaquam temporibus rei publicae
5 exclusi per senatum agere quae voluerant non potuerunt, in
Syriam in regnum patrium profecti sunt. Eorum alter, qui
Antiochus vocatur, iter per Siciliam facere voluit, itaque isto
praetore venit Syracusas. Hic Verres hereditatem sibi 62
venisse arbitratus est, quod in eius regnum ac manus
10 venerat is quem iste et audierat multa secum praeclara
habere et suspicabatur. Mittit homini munera satis large
haec ad usum domesticum, olei, vini quod visum est,
etiam tritici quod satis esset, de suis decumis. Deinde
ipsum regem ad cenam vocavit. Exornat ample magnifi-
15 ceque triclinium ; exponit ea, quibus abundabat, plurima
et pulcherrima vasa argentea,—nam haec aurea nondum
fecerat ; omnibus curat rebus instructum et paratum ut sit
convivium. Quid multa? rex ita discessit ut et istum
copiose ornatum et se honorifice acceptum arbitraretur.
20 Vocat ad cenam deinde ipse praetorem ; exponit suas
copias omnis, multum argentum, non pauca etiam pocula
ex auro, quae, ut mos est regius et maxime in Syria,
gemmis erant distincta clarissimis. Erat etiam vas vinarium, ex una gemma pergrandi trulla excavata, manubrio
25 aureo, de qua, credo, satis idoneum satis gravem testem,
Q. Minucium, dicere audistis. Iste unum quodque vas in 63
manus sumere, laudare, mirari : rex gaudere praetori populi
Romani satis iucundum et gratum illud esse convivium.
Posteaquam inde discessum est, cogitare nihil iste aliud,

4 Ii *edd.* : hii R^1: hi ipsi R^2S: hi *pq*δ   5 in Syriam *del.* Lamb.,
Jacoby   11 muneri *Heraeus*   14 vocavit RSp: vocabit H:
vocat δ   15 atque exponit H 23 vas vinarium *del.* Kiehl,
Kayser   24 trulla *del. Richter, Schwabe*   cum manubrio πδ   25
credo satis RHp: satis credo $S\Psi$

41

quod ipsa res declaravit, nisi quem ad modum regem ex
provincia spoliatum expilatumque dimitteret. Mittit rogatum vasa ea quae pulcherrima apud eum viderat ; ait se
suis caelatoribus velle ostendere. Rex, qui illum non
nosset, sine ulla suspicione libentissime dedit. Mittit etiam 5
trullam gemmeam rogatum ; velle se eam diligentius con-

28 siderare. Ea quoque ei mittitur.

64   Nunc reliquum, iudices, attendite, de quo et vos audistis
et populus Romanus non nunc primum audiet et in exteris
nationibus usque ad ultimas terras pervagatum est. Can- 10
delabrum e gemmis clarissimis opere mirabili perfectum
reges ii, quos dico, Romam cum attulissent, ut in Capitolio
ponerent, quod nondum perfectum templum offenderant,
neque ponere potuerunt neque vulgo ostendere ac proferre
voluerunt, ut et magnificentius videretur cum suo tempore 15
in cella Iovis Optimi Maximi poneretur, et clarius cum
pulchritudo eius recens ad oculos hominum atque integra
perveniret : statuerunt id secum in Syriam reportare ut, cum
audissent simulacrum Iovis Optimi Maximi dedicatum,
legatos mitterent qui cum ceteris rebus illud quoque ex- 20
imium ac pulcherrimum donum in Capitolium adferrent.

65 Pervenit res ad istius auris nescio quo modo ; nam rex id
celatum voluerat, non quo quicquam metueret aut sus-
picaretur, sed ut ne multi illud ante praeciperent oculis
quam populus Romanus. Iste petit a rege et eum pluribus 25
verbis rogat ut id ad se mittat ; cupere se dicit inspicere
neque se aliis videndi potestatem esse facturum. Antiochus,
qui animo et puerili esset et regio, nihil de istius improbitate
suspicatus est ; imperat suis ut id in praetorium involutum
quam occultissime deferrent. Quo posteaquam attulerunt 30

---

   4 illum *RSHp* : istum *qrδ*   **10** pervagatum *p al.* : pervulgatum
RSHΨ, prob. Luterbacher (iii, §§ 77, 129)   **12** *pro* reges ii *habent*
RS rege sit: sit rege *H, corr.* hi reges *m.* 2   **28** regio *pδ* : religio
R¹H¹ : religioso *SR²H²*

involucrisque reiectis constituerunt, clamare iste coepit
dignam rem esse regno Syriae, dignam regio munere,
dignam Capitolio. Etenim erat eo splendore qui ex clarissimis et pulcherrimis gemmis esse debebat, ea varietate
5 operum ut ars certare videretur cum copia, ea magnitudine
ut intellegi posset non ad hominum apparatum sed ad
amplissimi templi ornatum esse factum. Cum satis iam
perspexisse videretur, tollere incipiunt ut referrent. Iste
ait se velle illud etiam atque etiam considerare ; nequaquam
10 se esse satiatum ; iubet illos discedere et candelabrum
relinquere. Sic illi tum inanes ad Antiochum revertuntur.

Rex primo nihil metuere, nihil suspicari ; dies unus, **29**
alter, plures ; non referri. Tum mittit, si videatur, ut **66**
reddat. Iubet iste posterius ad se reverti. Mirum illi
15 videri ; mittit iterum ; non redditur. Ipse hominem appellat, rogat ut reddat. Os hominis insignemque impudentiam cognoscite. Quod sciret, quod ex ipso rege
audisset in Capitolio esse ponendum, quod Iovi Optimo
Maximo, quod populo Romano servari videret, id sibi ut
20 donaret rogare et vehementissime petere coepit. Cum ille
se et religione Iovis Capitolini et hominum existimatione
impediri diceret, quod multae nationes testes essent illius
operis ac muneris, iste homini minari acerrime coepit. Vbi
videt eum nihilo magis minis quam precibus permoveri,
25 repente hominem de provincia iubet ante noctem decedere ;
ait se comperisse ex eius regno piratas ad Siciliam esse venturos. Rex maximo conventu Syracusis in foro, ne quis **67**
forte me in crimine obscuro versari atque adfingere aliquid
suspicione hominum arbitretur,—in foro, inquam, Syracusis
30 flens ac deos hominesque contestans clamare coepit candelabrum factum e gemmis, quod in Capitolium missurus
esset, quod in templo clarissimo populo Romano monu-

7 ornamentum *δ*   13 Tum mittit rex ad istum si videatur *pq*
24 permoveri *Hpkδ*: removeri *RS*   26 ex om. *RS*   29 su-
spitioni *H, Lamb.*

mentum suae societatis amicitiaeque esse voluisset, id sibi
C. Verrem abstulisse ; de ceteris operibus ex auro et gemmis
quae sua penes illum essent se non laborare, hoc sibi eripi
miserum esse et indignum. Id etsi antea iam mente et
cogitatione sua fratrisque sui consecratum esset, tamen 5
tum se in illo conventu civium Romanorum dare donare
dicare consecrare Iovi Optimo Maximo, testemque ipsum
Iovem suae voluntatis ac religionis adhibere.

30   Quae vox, quae latera, quae vires huius unius criminis
querimoniam possunt sustinere ? Rex Antiochus, qui 10
Romae ante oculos omnium nostrum biennium fere comitatu regio atque ornatu fuisset, is cum amicus et socius
populi Romani esset, amicissimo patre, avo, maioribus,
antiquissimis et clarissimis regibus, opulentissimo et maximo regno, praeceps provincia populi Romani exturbatus 15
68 est. Quem ad modum hoc accepturas nationes exteras,
quem ad modum huius tui facti famam in regna aliorum
atque in ultimas terras perventuram putasti, cum audirent
a praetore populi Romani in provincia violatum regem,
spoliatum hospitem, eiectum socium populi Romani atque 20
amicum ? Nomen vestrum populique Romani odio atque
acerbitati scitote nationibus exteris, iudices, futurum, si
istius haec tanta iniuria impunita discesserit. Sic omnes
arbitrabuntur, praesertim cum haec fama de nostrorum
hominum avaritia et cupiditate percrebruerit, non istius 25
solius hoc esse facinus, sed eorum etiam qui adprobarint.
Multi reges, multae liberae civitates, multi privati opulenti
ac potentes habent profecto in animo Capitolium sic ornare
ut templi dignitas imperique nostri nomen desiderat ; qui si
intellexerint interverso hoc regali dono graviter vos tulisse, 30
grata fore vobis populoque Romano sua studia ac dona

1 id sibi *RSHp* : id ad se *G₂L, unde edd.* id ab se (*Cl. Rev.* xviii,
p. 210)   10 possunt *RSH* : possint δ : posse *πk*   15 e provincia *p al.*   25 percrebuerit *RSp¹* (*cf.* ii, § 7)

arbitrabuntur; sin hoc vos in rege tam nobili, re tam
eximia, iniuria tam acerba neglexisse audient, non erunt
tam amentes ut operam curam pecuniam impendant in eas
res quas vobis gratas fore non arbitrentur.

5 Hoc loco, Q. Catule, te appello; loquor enim de tuo **31**
clarissimo pulcherrimoque monumento. Non iudicis solum 69
severitatem in hoc crimine, sed prope inimici atque accusatoris vim suscipere debes. Tuus enim honos illo templo
senatus populique Romani beneficio, tui nominis aeterna
10 memoria simul cum templo illo consecratur; tibi haec cura
suscipienda, tibi haec opera sumenda est, ut Capitolium,
quem ad modum magnificentius est restitutum, sic copiosius
ornatum sit quam fuit, ut illa flamma divinitus exstitisse
videatur, non quae deleret Iovis Optimi Maximi templum,
15 sed quae praeclarius magnificentiusque deposceret. Audisti 70
Q. Minucium dicere domi suae deversatum esse Antiochum
regem Syracusis; se illud scire ad istum esse delatum, se
scire non redditum; audisti et audies omni e conventu
Syracusano qui ita dicant, sese audientibus illud Iovi
20 Optimo Maximo dicatum esse ab rege Antiocho et consecratum. Si iudex non esses et haec ad te delata res
esset, te potissimum hoc persequi, te petere, te agere oporteret. Quare non dubito quo animo iudex huius criminis
esse debeas, qui apud alium iudicem multo acrior quam ego
25 sum actor accusatorque esse deberes.

Vobis autem, iudices, quid hoc indignius aut quid minus **32**
ferendum videri potest? Verresne habebit domi suae cande- 71
labrum Iovis e gemmis auroque perfectum? cuius fulgore
conlucere atque inlustrari Iovis Optimi Maximi templum opor-
30 tebat, id apud istum in eius modi conviviis constituetur,

2 audierint *pδ*   8 enim est honos *π* : est enim honos *δ*   17
illud candelabrum *Bake*   18 omni *RS* : omnes *pδ* : homines
Cobet. Fort. homines omni   28 e gemmis auroque perfectum *del.*
Schwabe   30 eiusdem conv. *π*

quae domesticis stupris flagitiisque flagrabunt? in istius
lenonis turpissimi domo simul cum ceteris Chelidonis here-
ditariis ornamentis Capitoli ornamenta ponentur? Quid
huic sacri umquam fore aut quid religiosi fuisse putatis qui
nunc tanto scelere se obstrictum esse non sentiat, qui in 5
iudicium veniat ubi ne precari quidem Iovem Optimum
Maximum atque ab eo auxilium petere more omnium
possit? a quo etiam di immortales sua repetunt in eo
iudicio quod hominibus ad suas res repetendas est constitutum. Miramur Athenis Minervam, Deli Apollinem, 10
Iunonem Sami, Pergae Dianam, multos praeterea ab isto
deos tota Asia Graeciaque violatos, qui a Capitolio manus
abstinere non potuerit? Quod privati homines de suis
pecuniis ornant ornaturique sunt, id C. Verres ab regibus
ornari non passus est. 15

72   Itaque hoc nefario scelere concepto nihil postea tota in
Sicilia neque sacri neque religiosi duxit esse; ita sese in
ea provincia per triennium gessit ut ab isto non solum
hominibus verum etiam dis immortalibus bellum indictum
33 putaretur. Segesta est oppidum pervetus in Sicilia, iudices, 20
quod ab Aenea fugiente a Troia atque in haec loca veniente
conditum esse demonstrant. Itaque Segestani non solum
perpetua societate atque amicitia, verum etiam cognatione
se cum populo Romano coniunctos esse arbitrantur. Hoc
quondam oppidum, cum illa civitas cum Poenis suo nomine 25
ac sua sponte bellaret, a Carthaginiensibus vi captum atque
deletum est, omniaque quae ornamento urbi esse possent
Carthaginem sunt ex illo loco deportata. Fuit apud Segestanos ex aere Dianae simulacrum, cum summa atque
antiquissima praeditum religione tum singulari opere arti- 30
ficioque perfectum. Hoc translatum Carthaginem locum
tantum hominesque mutarat, religionem quidem pristinam

13 Quod . . . 15 passus est *secl. Eberh., Richter*   25 cum (*ante*
illa) *om. p*

conservabat ; nam propter eximiam pulchritudinem etiam
hostibus digna quam sanctissime colerent videbatur.   Ali- 73
quot saeculis post P. Scipio bello Punico tertio Carthaginem
cepit ; qua in victoria,—videte hominis virtutem et dili-
5 gentiam, ut et domesticis praeclarissimae virtutis exemplis
gaudeatis et eo maiore odio dignam istius incredibilem
audaciam iudicetis,—convocatis Siculis omnibus, quod diu-
tissime saepissimeque Siciliam vexatam a Carthaginiensibus
esse cognorat, iubet omnia conquiri ; pollicetur sibi magnae
10 curae fore ut omnia civitatibus, quae cuiusque fuissent,
restituerentur.   Tum illa quae quondam erant Himera
sublata, de quibus antea dixi, Thermitanis sunt reddita,
tum alia Gelensibus, alia Agrigentinis, in quibus etiam ille
nobilis taurus, quem crudelissimus omnium tyrannorum
15 Phalaris habuisse dicitur, quo vivos supplici causa demittere
homines et subicere flammam solebat.   Quem taurum cum
Scipio redderet Agrigentinis, dixisse dicitur aequum esse
illos cogitare utrum esset Agrigentinis utilius, suisne servire
anne populo Romano obtemperare, cum idem monumentum
20 et domesticae crudelitatis et nostrae mansuetudinis haberent.

Illo tempore Segestanis maxima cum cura haec ipsa **34**
Diana, de qua dicimus, redditur ; reportatur Segestam ; in   74
suis antiquis sedibus summa cum gratulatione civium et
laetitia reponitur.   Haec erat posita Segestae sane excelsa
25 in basi, in qua grandibus litteris P. Africani nomen erat
incisum eumque Carthagine capta restituisse perscriptum.
Colebatur a civibus, ab omnibus advenis visebatur ; cum
quaestor essem, nihil mihi ab illis est demonstratum prius.
Erat admodum amplum et excelsum signum cum stola ;
30 verum tamen inerat in illa magnitudine aetas atque habitus
virginalis ; sagittae pendebant ab umero, sinistra manu

3 bello Punico tertio *codd.* : *del. Bake, Richter, Nohl*   11 fuerant
pδ   18 Agrigentinis *RS* : Siculis δ: *del. Garatoni*   19 anne
RS : an *pδ*   22 et in suis *cod. Vrs., K*

75 retinebat arcum, dextra ardentem facem praeferebat. Hanc
cum iste sacrorum omnium et religionum hostis praedoque
vidisset, quasi illa ipsa face percussus esset, ita flagrare
cupiditate atque amentia coepit; imperat magistratibus ut
eam demoliantur et sibi dent; nihil sibi gratius ostendit 5
futurum. Illi vero dicere sibi id nefas esse, seseque cum
summa religione tum summo metu legum et iudiciorum
teneri. Iste tum petere ab illis, tum minari, tum spem, tum
metum ostendere. Opponebant illi nomen interdum
P. Africani; populi Romani illud esse dicebant; nihil se 10
in eo potestatis habere quod imperator clarissimus urbe
hostium capta monumentum victoriae populi Romani esse
76 voluisset. Cum iste nihilo remissius atque etiam multo
vehementius instaret cotidie, res agitur in senatu: vehementer ab omnibus reclamatur. Itaque illo tempore ac 15
primo istius adventu pernegatur. Postea, quidquid erat
oneris in nautis remigibusque exigendis, in frumento imperando, Segestanis praeter ceteros imponebat, aliquanto
amplius quam ferre possent. Praeterea magistratus eorum
evocabat, optimum quemque et nobilissimum ad se arces- 20
sebat, circum omnia provinciae fora rapiebat, singillatim
uni cuique calamitati fore se denuntiabat, universis se
funditus eversurum esse illam civitatem minabatur. Itaque
aliquando multis malis magnoque metu victi Segestani praetoris imperio parendum esse decreverunt. Magno cum 25
luctu et gemitu totius civitatis, multis cum lacrimis et
lamentationibus virorum mulierumque omnium simulacrum
Dianae tollendum locatur.
35
77 Videte quanta religio fuerit apud Segestanos. Repertum

---

3 ipsa illa δ   8 tum petere π : cum petere RS   ab eis S.
Fort. cum petere ab illis tum minari, cum spem tum metum?   20
arcessebat π : accersebat RHh : arcersibat S : accersibat DΨ   23
esse RSH : *male secl. Muell., G₁ secutus* : illam eversurum esse pδ
25 esse parendum decreverunt *Zielinski*   29 fuerit. Apud *Muell.*
edd. recc. : v. Zielinski, p. 197

48

esse, iudices, scitote neminem, neque liberum neque servum,
neque civem neque peregrinum, qui illud signum auderet
attingere ; barbaros quosdam Lilybaeo scitote adductos esse
operarios ; ii denique illud ignari totius negoti ac religionis
5 mercede accepta sustulerunt. Quod cum ex oppido ex-
portabatur, quem conventum mulierum factum esse arbitramini, quem fletum maiorum natu ? quorum non nulli etiam
illum diem memoria tenebant cum illa eadem Diana
Segestam Carthagine revecta victoriam populi Romani
10 reditu suo nuntiasset. Quam dissimilis hic dies illi tempori
videbatur ! Tum imperator populi Romani, vir clarissimus,
deos patrios reportabat Segestanis ex urbe hostium recuperatos : nunc ex urbe sociorum praetor eiusdem populi
turpissimus atque impurissimus eosdem illos deos nefario
15 scelere auferebat. Quid hoc tota Sicilia est clarius, quam
omnis Segestae matronas et virgines convenisse cum Diana
exportaretur ex oppido, unxisse unguentis, complesse coronis
et floribus, ture, odoribus incensis usque ad agri finis prosecutas esse ? Hanc tu tantam religionem si tum in imperio 78
20 propter cupiditatem atque audaciam non pertimescebas, ne
nunc quidem in tanto tuo liberorumque tuorum periculo
perhorrescis ? Quem tibi aut hominem invitis dis immortalibus aut vero deum tantis eorum religionibus violatis
auxilio futurum putas ? Tibi illa Diana in pace atque in
25 otio religionem nullam attulit ? quae cum duas urbis in
quibus locata fuerat captas incensasque vidisset, bis ex
duorum bellorum flamma ferroque servata est ; quae Carthaginiensium victoria loco mutato religionem tamen non
amisit, P. Africani virtute religionem simul cum loco recu-
30 peravit. Quo quidem scelere suscepto cum inanis esset
basis et in ea P. Africani nomen incisum, res indigna atque
intoleranda videbatur omnibus non solum religiones esse
violatas, verum etiam P. Africani, viri fortissimi, rerum
gestarum gloriam, memoriam virtutis, monumenta victoriae

79 C. Verrem sustulisse. Quod cum isti renuntiaretur de basi
ac litteris, existimavit homines in oblivionem totius negoti
esse venturos si etiam basim tamquam indicem sui sceleris
sustulisset. Itaque tollendam istius imperio locaverunt ;
quae vobis locatio ex publicis litteris Segestanorum priore 5
actione recitata est.

36   Te nunc, P. Scipio, te, inquam, lectissimum ornatis-
simumque adulescentem, appello, abs te officium tuum
debitum generi et nomini requiro et flagito. Cur pro isto,
qui laudem honoremque familiae vestrae depeculatus est, 10
pugnas, cur eum defensum esse vis, cur ego tuas partis
suscipio, cur tuum munus sustineo, cur M. Tullius
P. Africani monumenta requirit, P. Scipio eum qui illa
sustulit defendit ? Cum mos a maioribus traditus sit, ut
monumenta maiorum ita suorum quisque defendat ut ea ne 15
ornari quidem nomine aliorum sinat, tu isti aderis, qui non
obstruxit aliqua ex parte monumento P. Scipionis sed id
80 funditus delevit ac sustulit ? Quisnam igitur, per deos
immortalis, tuebitur P. Scipionis memoriam mortui, quis
monumenta atque indicia virtutis, si tu ea relinques aut 20
deseres, nec solum spoliata illa patieris sed etiam eorum
spoliatorem vexatoremque defendes ? Adsunt Segestani,
clientes tui, socii populi Romani atque amici ; certiorem
te faciunt P. Africanum Carthagine deleta simulacrum
Dianae maioribus suis restituisse, idque apud Segestanos 25
eius imperatoris nomine positum ac dedicatum fuisse ; hoc
Verrem demoliendum et asportandum nomenque omnino
P. Scipionis delendum tollendumque curasse ; orant te
atque obsecrant ut sibi religionem, generi tuo laudem

---

1 de basi ac litteris *secl. Richter, del. Nohl*   3 basin *pq*   15
ea *om. S*   16 alieno δ   20 relinques aut (ac *pr. S*) deseres
RS : relinquis ac deseris *p al.*   21 patieris *RS* : patiere *p* :
pateris *Halm., edd.*   etiam eorum *Sδ* : eorum etiam *R* : etiam *om.*
pq (§ 90 *infra* ; *Cl. Rev. l. c.*)   22 defendes δ : defendis *R.Spq*
25 apud Segestanos *codd.* : apud ipsos *Eberh.* : apud se *Schwabe, Nohl*

gloriamque restituas, ut, quod per P. Africanum ex urbe hostium recuperarint, id per te ex praedonis domo conservare
possint.

Quid aut tu his respondere honeste potes aut illi facere, **37**
5 nisi ut te ac fidem tuam implorent? Adsunt et implorant.
Potes domesticae laudis amplitudinem, Scipio, tueri, potes ;
omnia sunt in te quae aut fortuna hominibus aut natura
largitur ; non praecerpo fructum offici tui, non alienam
mihi laudem appeto, non est pudoris mei P. Scipione,
10 florentissimo adulescente, vivo et incolumi me propugnatorem monumentorum P. Scipionis defensoremque profiteri.
Quam ob rem si suscipis domesticae laudis patrocinium, 81
me non solum silere de vestris monumentis oportebit, sed
etiam laetari P. Africani eius modi fortunam esse mortui
15 ut eius honos ab iis qui ex eadem familia sint defendatur,
neque ullum adventicium auxilium requiratur. Sin istius
amicitia te impedit, si hoc quod ego abs te postulo minus
ad officium tuum pertinere arbitrabere, succedam ego
vicarius tuo muneri, suscipiam partis quas alienas esse
20 arbitrabar. Deinde ista praeclara nobilitas desinat queri
populum Romanum hominibus novis industriis libenter
honores mandare semperque mandasse. Non est querendum in hac civitate, quae propter virtutem omnibus
nationibus imperat, virtutem plurimum posse. Sit apud
25 alios imago P. Africani, ornentur alii mortui virtute ac
nomine ; talis ille vir fuit, ita de populo Romano meritus
est ut non uni familiae sed universae civitati commendatus
esse debeat. Est aliqua mea pars virilis, quod eius civitatis
sum quam ille amplam inlustrem claramque reddidit, prae-
30 cipue quod in his rebus pro mea parte versor quarum ille
princeps fuit, aequitate, industria, temperantia, defensione

---

11 monumentorum *p*⁵ : *om. RS*   15 sunt *S*   17 impediet *p*δ
19 esse *om.* π   25 virtute *codd.* : genere *Kiehl* (generis et nominis,
infra) : *Zielinski, p.* 197   30 his partibus *p* : his artibus δ

miserorum, odio improborum ; quae cognatio studiorum et
artium prope modum non minus est coniuncta quam ista
qua vos delectamini generis et nominis.

38
82   Repeto abs te, Verres, monumentum P. Africani.
Causam Siculorum quam suscepi relinquo, iudicium de 5
pecuniis repetundis ne sit hoc tempore, Segestanorum
iniuriae neglegantur : basis P. Scipionis restituatur, nomen
invicti imperatoris incidatur, signum pulcherrimum Carthagine captum reponatur. Haec abs te non Siculorum defensor, non tuus accusator, non Segestani postulant, sed is 10
qui laudem gloriamque P. Africani tuendam conservandamque suscepit. Non vereor ne hoc officium meum
P. Servilio iudici non probem, qui cum res maximas gesserit monumentaque suarum rerum gestarum cum maxime
constituat atque in iis elaboret profecto volet haec non 15
solum suis posteris verum etiam omnibus viris fortibus et
bonis civibus defendenda, non spolianda improbis tradere.
Non vereor ne tibi, Q. Catule, displiceat, cuius amplissimum
orbi terrarum clarissimumque monumentum est, quam
plurimos esse custodes monumentorum et putare omnis 20
bonos alienae gloriae defensionem ad officium suum perti-
83 nere. Equidem ceteris istius furtis atque flagitiis ita
moveor ut ea reprehendenda tantum putem ; hic vero tanto
dolore adficior ut nihil mihi indignius, nihil minus ferendum
esse videatur. Verres Africani monumentis domum suam 25
plenam stupri, plenam flagiti, plenam dedecoris ornabit ?
Verres temperantissimi sanctissimique viri monumentum,
Dianae simulacrum virginis, in ea domo conlocabit in qua
semper meretricum lenonumque flagitia versantur ?

39
84   At hoc solum Africani monumentum violasti. Quid ? 30
a Tyndaritanis non eiusdem Scipionis beneficio positum
simulacrum Mercuri pulcherrime factum sustulisti ? At

---

13 laboret *Sπ* (*cf.* v, §§ 126, 158, 188)   16 suis *om. pq*   18
Q. *om. pq*   19 in orbe *pδ*   29 lenonumque *pδ* : lenonum *RS*
31 nonne *Lg.* 42 (§§ 19, 93)

quem ad modum, di immortales! quam audacter, quam
libidinose, quam impudenter! Audistis nuper dicere legatos
Tyndaritanos, homines honestissimos ac principes civitatis,
Mercurium, qui sacris anniversariis apud eos ac summa
5 religione coleretur, quem P. Africanus Carthagine capta
Tyndaritanis non solum suae victoriae sed etiam illorum
fidei societatisque monumentum atque indicium dedisset,
huius vi scelere imperioque esse sublatum. Qui ut primum
in illud oppidum venit, statim, tamquam ita fieri non solum
10 oporteret sed etiam necesse esset, tamquam hoc senatus
mandasset populusque Romanus iussisset, ita continuo
signum ut demolirentur et Messanam deportarent imperavit.
Quod cum illis qui aderant indignum, qui audiebant in- 85
credibile videretur, non est ab isto primo illo adventu
15 perseveratum. Discedens mandat proagoro Sopatro, cuius
verba audistis, ut demoliatur; cum recusaret, vehementer
minatur et statim ex illo oppido proficiscitur. Refert rem
ille ad senatum; vehementer undique reclamatur. Ne
multa, iterum iste ad illos aliquanto post venit, quaerit
20 continuo de signo. Respondetur ei senatum non per-
mittere; poenam capitis constitutam, si iniussu senatus
quisquam attigisset; simul religio commemoratur. Tum
iste, 'Quam mihi religionem narras, quam poenam, quem
senatum? vivum te non relinquam; moriere virgis nisi
25 mihi signum traditur.' Sopater iterum flens ad senatum
rem defert, istius cupiditatem minasque demonstrat. Senatus Sopatro responsum nullum dat, sed commotus pertur-
batusque discedit. Ille praetoris arcessitus nuntio rem
demonstrat, negat ullo modo fieri posse.
30 Atque haec—nihil enim praetermittendum de istius im- **40**
pudentia videtur—agebantur in conventu palam de sella ac 86

---

11 populusque *Rpr*: populus *SDV*   14 illo primo π   17
refert *RS rell.*: defert *Muell. edd. recc.*   18 ille *om.* π   26 rem
defert *R rell.*: refert π

(86) de loco superiore. Erat hiems summa, tempestas, ut ipsum
Sopatrum dicere audistis, perfrigida, imber maximus, cum
iste imperat lictoribus ut Sopatrum de porticu, in qua
ipse sedebat, praecipitem in forum deiciant nudumque
constituant. Vix erat hoc plane imperatum cum illum 5
spoliatum stipatumque lictoribus videres. Omnes id fore
putabant ut miser atque innocens virgis caederetur ; fefellit
hic homines opinio. Virgis iste caederet sine causa socium
populi Romani atque amicum ? Non usque eo est improbus ; non omnia sunt in uno vitia ; numquam fuit crudelis. 10
Leniter hominem clementerque accepit. Equestres sunt
medio in foro Marceliorum statuae, sicut fere ceteris in
oppidis Siciliae ; ex quibus iste C. Marcelli statuam delegit,
cuius officia in illam civitatem totamque provinciam recen-
tissima erant et maxima ; in ea Sopatrum, hominem cum 15
domi nobilem tum summo magistratu praeditum, divaricari
87 ac deligari iubet. Quo cruciatu sit adfectus venire in mentem necesse est omnibus, cum esset vinctus nudus in aere,
in imbri, in frigore. Neque tamen finis huic iniuriae cru-
delitatique fiebat donec populus atque universa multitudo, 20
atrocitate rei misericordiaque commota, senatum clamore
coegit ut isti simulacrum illud Mercuri polliceretur. Clamabant fore ut ipsi se di immortales ulciscerentur ; hominem
interea perire innocentem non oportere. Tum frequens
senatus ad istum venit, pollicetur signum. Ita Sopater de 25
statua C. Marcelli, cum iam paene obriguisset, vix vivus
aufertur.

    Non possum disposite istum accusare, si cupiam : opus
est non solum ingenio verum etiam artificio quodam singu-
41 lari. Vnum hoc crimen videtur esse et a me pro uno 30
88 ponitur, de Mercurio Tyndaritano ; plura sunt, sed ea quo

---

5 *Inter verba* plane *et* imperatum *habent* pδ (*per dittograph.*) etiam
16 domo *RS*   17 diligari *RS*   22 isti *R rell.* : ei pδ : *om. q*   23
ipsi se *S vulg.* : ipsese *R* : ipsi sese *pr*δ   24 cum π

pacto distinguere ac separare possim nescio. Est pecuniarum captarum, quod signum ab sociis pecuniae magnae
sustulit ; est peculatus, quod publicum populi Romani
signum de praeda hostium captum, positum imperatoris
5 nostri nomine, non dubitavit auferre ; est maiestatis, quod
imperi nostri, gloriae, rerum gestarum monumenta evertere
atque asportare ausus est ; est sceleris, quod religiones
maximas violavit ; est crudelitatis, quod in hominem innocentem, in socium vestrum atque amicum, novum et
10 singulare supplici genus excogitavit : illud vero quid sit iam 89
non queo dicere, quo nomine appellem nescio, quod in
C. Marcelli statua. Quid est hoc ? patronusne quod erat ?
Quid tum ? quo id spectat ? utrum ea res ad opem an ad
calamitatem clientium atque hospitum valere debebat ? an
15 ut hoc ostenderes, contra vim tuam in patronis praesidi nihil
esse ? Quis non hoc intellegeret, in improbi praesentis
imperio maiorem esse vim quam in bonorum absentium
patrocinio ? An vero ex hoc illa tua singularis significatur
insolentia, superbia, contumacia ? Detrahere videlicet ali-
20 quid te de amplitudine Marcellorum putasti. Itaque nunc
Siculorum Marcelli non sunt patroni, Verres in eorum locum
substitutus est. Quam in te tantam virtutem esse aut digni- 90
tatem arbitratus es ut conarere clientelam tam splendidae,
tam inlustris provinciae traducere ad te, auferre a certissimis
25 antiquissimisque patronis ? Tu ista nequitia, stultitia, inertia non modo totius Siciliae, sed unius tenuissimi Siculi
clientelam tueri potes ? tibi Marcelli statua pro patibulo in
clientis Marcellorum fuit ? tu ex illius honore in eos ipsos
qui honorem illi habuerant supplicia quaerebas ? Quid
30 postea ? quid tandem tuis statuis fore arbitrabare ? an vero
id quod accidit ? Nam Tyndaritani statuam istius, quam

    sibi propter Marcellos altiore etiam basi poni iusserat, de-
42 turbarunt simul ac successum isti audierunt.   Dedit igitur
tibi nunc fortuna Siculorum C. Marcellum iudicem, ut,
cuius ad statuam Siculi te praetore alligabantur, eius religione te *his iudicibus* vinctum adstrictumque dedamus.   5
91   Ac primo, iudices, hoc signum Mercuri dicebat iste Tyndaritanos M. Marcello huic Aesernino vendidisse, atque
hoc sua causa etiam M. Marcellum ipsum sperabat esse
dicturum ; quod mihi numquam veri simile visum est,
adulescentem illo loco natum, patronum Siciliae, nomen 10
suum isti ad translationem criminis commodaturum.
Verum tamen ita mihi res tota provisa atque praecauta est
ut, si maxime esset inventus qui in se suscipere istius culpam
crimenque cuperet, tamen is proficere nihil posset.   Eos
enim deduxi testis et eas litteras deportavi ut de istius facto 15
92 dubium esse nemini possit.   Publicae litterae sunt deportatum Mercurium esse Messanam sumptu publico ; dicunt
quanti ; praefuisse huic negotio publice legatum Poleam.
Quid ? is ubi est ? Praesto est, testis est.   Proagori So-
patri iussu.   Quis est hic ? Qui ad statuam adstrictus est. 20
Quid ? is ubi est ? Vidistis hominem et verba eius audistis.
Demoliendum curavit Demetrius gymnasiarchus, quod is ei
loco praeerat.   Quid ? hoc nos dicimus ? Immo vero ipse
praesens.   Romae nuper ipsum istum esse pollicitum sese
id signum legatis redditurum si eius rei testificatio tolleretur 25
cautumque esset eos testimonium non esse dicturos,—dixit

2 successum esse π   igitur tibi nunc *R* : nunc igitur tibi *S* : tibi
om. π (§ 80 *supra*)   4 eius religione te his iudicibus vinctum
scripsi (*cf. Cl. Rev.* xviii, *p.* 211) : eius religione te isti devinctum *RS*
(isti *sc.* iudici Marcello! *Halm*) ; *cf. De Domo*, § 131 : eius religioni
te eundem vinctum *pδ*. *Locus varie emendatus* : eius religione te
isdem devinctum *Muell.* (*editio minor* 1898) : te *istic* devinctum astri-
ctumque *videamus K. Busche* : istis (*sc.* Siculis) *Zumpt* : eius religioni
te *testibus istis* dev. *Lehmann*, te *ipsum* dev. *Nohl*, te *ipsi* . . . dedant
Kays.   5 adstrictumque δ : abstrinctumque *p* : adscriptumque *R* :
asscriptumque *S*   14 nil *Zielinski* (*p.* 178)   16 possit *pqk* :
posset *RS rell.*   17 dicunt *pδ* : dicent *RS*   20 Quis . . . adstrictus est *del. Kays.*   21 Quid! is ubi est *del. Schwabe, Jacoby*
25 esse redditurum *p al.*

hoc apud vos Zosippus, et Ismenias, homines nobilissimi et
principes Tyndaritanae civitatis.

Quid? Agrigento nonne eiusdem P. Scipionis monu- **43**
mentum, signum Apollinis pulcherrimum, cuius in femore 93
5 litteris minutis argenteis nomen Myronis erat inscriptum, ex
Aesculapi religiosissimo fano sustulisti? Quod quidem,
iudices, cum iste clam fecisset, cum ad suum scelus illud
furtumque nefarium quosdam homines improbos duces
atque adiutores adhibuisset, vehementer commota civitas
10 est. Vno enim tempore Agrigentini beneficium Africani,
religionem domesticam, ornamentum urbis, indicium victoriae, testimonium societatis requirebant. Itaque ab iis qui
principes in ea civitate erant praecipitur et negotium datur
quaestoribus et aedilibus ut noctu vigilias agerent ad aedis
15 sacras. Etenim iste Agrigenti—credo propter multitudinem
illorum hominum atque virtutem, et quod cives Romani,
viri fortes atque honesti, permulti in illo oppido coniunctissimo animo cum ipsis Agrigentinis vivunt ac negoti-
antur—non audebat palam poscere aut tollere quae place-
20 bant. Herculis templum est apud Agrigentinos non longe 94
a foro, sane sanctum apud illos et religiosum. Ibi est ex
aere simulacrum ipsius Herculis, quo non facile dixerim
quicquam me vidisse pulchrius— tametsi non tam multum
in istis rebus intellego quam multa vidi—usque eo, iudices,
25 ut rictum eius ac mentum paulo sit attritus, quod in precibus et gratulationibus non solum id venerari verum etiam
osculari solent. Ad hoc templum, cum esset iste Agrigenti,
duce Timarchide repente nocte intempesta servorum armatorum fit concursus atque impetus. Clamor a vigilibus
30 fanique custodibus tollitur; qui primo cum obsistere ac
defendere conarentur, male mulcati clavis ac fustibus

3 non *q* 9 commotast civitas *Zielinski* 13 praecipitur et
secl. Rinkes 17 atque (ac δ) strenui et honesti πδ 20 apud
Agrig. *abesse malit Jacoby*

57

repelluntur. Postea convulsis repagulis ecfractisque valvis
demoliri signum ac vectibus labefactare conantur. Interea
ex clamore fama tota urbe percrebruit expugnari deos patrios,
non hostium adventu necopinato neque repentino praedonum impetu, sed ex domo atque ex cohorte praetoria 5
95 manum fugitivorum instructam armatamque venisse. Nemo
Agrigenti neque aetate tam adfecta neque viribus tam infirmis fuit qui non illa nocte eo nuntio excitatus surrexerit,
telumque quod cuique fors offerebat arripuerit. Itaque
brevi tempore ad fanum ex urbe tota concurritur. Horam 10
amplius iam in demoliendo signo permulti homines molie-
bantur; illud interea nulla lababat ex parte, cum alii vectibus subiectis conarentur commovere, alii deligatum omnibus
membris rapere ad se funibus. Ac repente Agrigentini
concurrunt; fit magna lapidatio; dant sese in fugam istius 15
praeclari imperatoris nocturni milites. Duo tamen sigilla
perparvula tollunt, ne omnino inanes ad istum praedonem
religionum revertantur. Numquam tam male est Siculis
quin aliquid facete et commode dicant, velut in hac re
aiebant in labores Herculis non minus hunc immanissi- 20
mum verrem quam illum aprum Erymanthium referri
oportere.

44
96 Hanc virtutem Agrigentinorum imitati sunt Assorini
postea, viri fortes et fideles, sed nequaquam ex tam ampla
neque tam ex nobili civitate. Chrysas est amnis qui per 25
Assorinorum agros fluit; is apud illos habetur deus et religione maxima colitur. Fanum eius est in agro, propter ipsam
viam qua Assoro itur Hennam; in eo Chrysae simulacrum
est praeclare factum e marmore. Id iste poscere Assorinos
propter singularem eius fani religionem non ausus est; 30
Tlepolemo dat et Hieroni negotium. Illi noctu facta manu

3 percrebruit *Hp* : percrebuit *RS*   5 ex (*ante* cohorte) *om.* δ
praetoria manum *Hp* : praetoris amanum *R* : praetoris ac manum *SD*
7 infirmis *Hp* : infirmus *RS*

58

armataque veniunt, foris aedis effringunt ; aeditumi custo-
desque mature sentiunt ; signum quod erat notum vicinitati
bucina datur ; homines ex agris concurrunt ; eicitur fuga-
turque Tlepolemus, neque quicquam ex fano Chrysae
5 praeter unum perparvulum signum ex aere desideratum est.

Matris Magnae fanum apud Enguinos est,—iam enim 97
mihi non modo breviter de uno quoque dicendum, sed
etiam praetereunda videntur esse permulta, ut ad maiora
istius et inlustriora in hoc genere furta et scelera veniamus :
10 in hoc fano loricas galeasque aeneas, caelatas opere Corinthio, hydriasque grandis simili in genere atque eadem arte
perfectas idem ille Scipio, vir omnibus rebus praecellentissimus, posuerat et suum nomen inscripserat.   Quid iam
de isto plura dicam aut querar ?   Omnia illa, iudices,
15 abstulit, nihil in religiosissimo fano praeter vestigia violatae
religionis nomenque P. Scipionis reliquit ; hostium spolia,
monumenta imperatorum, decora atque ornamenta fanorum
posthac his praeclaris nominibus amissis in instrumento
atque in supellectile Verris nominabuntur.   Tu videlicet 98
20 solus vasis Corinthiis delectaris, tu illius aeris temperationem,
tu operum liniamenta sollertissime perspicis !   Haec Scipio
ille non intellegebat, homo doctissimus atque humanissi-
mus : tu sine ulla bona arte, sine humanitate, sine ingenio,
sine litteris, intellegis et iudicas !   Vide ne ille non solum
25 temperantia sed etiam intellegentia te atque istos qui se
elegantis dici volunt vicerit.   Nam quia quam pulchra essent
intellegebat, idcirco existimabat ea non ad hominum luxu-

---

1 aeditumi *Gellius* xii, 10, 6 ' *in exemplaribus fidelissimis' invenisse se
testatur* : aeditui *codd.* : aeditimi *malit Hirschfelder*   6 ęguinos *S* :
eguinos *RH* : inguinos δ   7 non modo breviter mihi *S*Ψ   dicendum est *p*δ   11 grandis simili in *edd.* : grandis simili λ *(i.e. cod.
Lamb.*) : grandissimi hii in *R et (corr.* grandissimas) *S (J. Ph.* xxx,
201)   12 P. Scipio *p*δ *(Div.* § 22)   13 inscripserat δ : suum
inscripserat *p (om.* nomen) : scripserat *RS*Ψ (§ 103 *infra*)   19
atque in *RS*: atque *p*, ac δ *(om.* in)   Verris *RS al.* : C. Verris
*p*δ *(Am. J. Ph.* xxvi. 412)

riem, sed ad ornatum fanorum atque oppidorum esse facta,
†ut posteris nostris monumenta religiosa esse videantur†.

45

99   Audite etiam singularem eius, iudices, cupiditatem, audaciam, amentiam, in iis praesertim sacris polluendis quae non
modo manibus attingi, sed ne cogitatione quidem violari fas 5
fuit. Sacrarium Cereris est apud Catinensis eadem religione qua Romae, qua in ceteris locis, qua prope in toto
orbe terrarum. In eo sacrario intimo signum fuit Cereris
perantiquum, quod viri non modo cuius modi esset sed ne
esse quidem sciebant ; aditus enim in id sacrarium non est 10
viris ; sacra per mulieres ac virgines confici solent. Hoc
signum noctu clam istius servi ex illo religiosissimo atque
antiquissimo loco sustulerunt. Postridie sacerdotes Cereris
atque illius fani antistitae, maiores natu, probatae ac nobiles
mulieres, rem ad magistratus suos deferunt. Omnibus 15
100 acerbum, indignum, luctuosum denique videbatur. Tum
iste permotus illa atrocitate negoti, ut ab se sceleris illius
suspicio demoveretur, dat hospiti suo cuidam negotium ut
aliquem reperiret quem illud fecisse insimularet, daretque
operam ut is eo crimine damnaretur, ne ipse esset in 20
crimine. Res non procrastinatur. Nam cum iste Catina
profectus esset, servi cuiusdam nomen defertur ; is accu-
satur, ficti testes in eum dantur. Rem cunctus senatus
Catinensium legibus iudicabat. Sacerdotes vocantur ; ex
iis quaeritur secreto in curia quid esse factum arbitrarentur, 25
quem ad modum signum esset ablatum. Respondent illae
praetoris in eo loco servos esse visos. Res, quae esset iam
antea non obscura, sacerdotum testimonio perspicua esse
coepit. Itur in consilium ; servus ille innocens omnibus
sententiis absolvitur,—quo facilius vos hunc omnibus 30

---

2 ut posteris . . . videantur *del. Eberh. edd.*: *fieri potest ut post* facta
non nulla verba exciderint, e. g. vos facite ut (s. *vos severe vindicando facite
ut*) *. . . videantur (Madvig*)   4 iis *Lamb. edd.* : his *codd.*   14
antistitae *p Gellius* : antistite *DHZ* : antististite *S* : antistatae *R* :
antistites δ   17 iste] ille π   permotus . . . negoti *del. Eberh., Nohl*

sententiis condemnare possitis. Quid enim postulas, 101
Verres? quid speras, quid exspectas, quem tibi aut deum
aut hominem auxilio futurum putas? Eone tu servos ad
spoliandum fanum immittere ausus es quo liberos adire ne
5 ornandi quidem causa fas erat? iisne rebus manus adferre
non dubitasti a quibus etiam oculos cohibere te religionum
iura cogebant? Tametsi ne oculis quidem captus in hanc
fraudem tam sceleratam ac tam nefariam decidisti; nam id
concupisti quod numquam videras, id, inquam, adamasti
10 quod antea non aspexeras; auribus tu tantam cupiditatem
concepisti ut eam non metus, non religio, non deorum vis, 102
non hominum existimatio contineret. At ex bono viro,
credo, audieras et bono auctore. Qui id potes, qui ne ex
viro quidem audire potueris? Audisti igitur ex muliere,
15 quoniam id viri nec vidisse neque nosse poterant. Qualem
porro illam feminam fuisse putatis, iudices, quam pudicam,
quae cum Verre loqueretur, quam religiosam, quae sacrari
spoliandi rationem ostenderet? Ac minime mirum, quae
sacra per summam castimoniam virorum ac mulierum fiant,
20 eadem per istius stuprum ac flagitium esse violata.   46

Quid ergo? hoc solum auditione expetere coepit, cum id
ipse non vidisset? Immo vero alia complura; ex quibus
eligam spoliationem nobilissimi atque antiquissimi fani, de
qua priore actione testis dicere audistis. Nunc eadem illa,
25 quaeso, audite et diligenter, sicut adhuc fecistis, attendite. 103

Insula est Melita, iudices, satis lato a Sicilia mari periculosoque diiuncta; in qua est eodem nomine oppidum, quo iste
numquam accessit, quod tamen isti textrinum per triennium
ad muliebrem vestem conficiendam fuit. Ab eo oppido

2 quid expectas *pq* : quid spectas *RS* : spectas δ   5 ornandi
RSHπ : orandi δ *et edd.*   15 nec nosse *Zielinski, p.* 197   16 illam
om. SΨ   putastis fuisse π   18 Ac π: an *RS* : at δ *edd.* : iam *K.*
Busche (v, § 48)   minime *del. Halm* : minime est mirum π   19 virginum ac mul. *Hotoman*   22 conplura *RS* : compluria *Prisc.*   23
unam eligam *pq cod. Vrs.*   26 ab Sicilia δ (*Div.* § 28)   27 diiuncta
R¹ (i, § 154) : disiuncta *R²Sp* (§ 117 *infra*)   28 cum tamen *Weidner*

non longe in promunturio fanum est Iunonis antiquum, quod
tanta religione semper fuit ut non modo illis Punicis bellis
quae in his fere locis navali copia gesta atque versata sunt,
sed etiam hac praedonum multitudine semper inviolatum
sanctumque fuerit.   Quin etiam hoc memoriae proditum est, 5
classe quondam Masinissae regis ad eum locum adpulsa
praefectum regium dentis eburneos incredibili magnitudine
e fano sustulisse et eos in Africam portasse Masinissaeque
donasse.   Regem primo delectatum esse munere ; post, ubi
audisset unde essent, statim certos homines in quinqueremi 10
misisse qui eos dentis reponerent.   Itaque in iis scriptum
litteris Punicis fuit regem Masinissam imprudentem accepisse, re cognita reportandos reponendosque curasse.   Erat
praeterea magna vis eboris, multa ornamenta, in quibus
eburneae Victoriae antiquo opere ac summa arte perfectae. 15
104 Haec iste omnia, ne multis morer, uno impetu atque uno
nuntio per servos Venerios, quos eius rei causa miserat,
tollenda atque asportanda curavit.

47   Pro di immortales ! quem ego hominem accuso ? quem
legibus aut iudiciali iure persequor ? de quo vos sententiam 20
per tabellam feretis ?   Dicunt legati Melitenses publice
spoliatum templum esse Iunonis, nihil istum in religiosissimo fano reliquisse ; quem in locum classes hostium saepe
accesserint, ubi piratae fere quotannis hiemare soleant, quod
neque praedo violarit ante neque umquam hostis attigerit, 25
id ab uno isto sic spoliatum esse ut nihil omnino sit relictum.   Hic nunc iste reus aut ego accusator aut hoc
iudicium appellabitur ?   Criminibus enim coarguitur aut

4 in hac *pδ*   11 reportarent δ (*l.* 13)   inscriptum *prδ* (§§ 97,
127)   13 reportandos reponendosque *Halm, edd.* : reportandosque
R, reportandos *SD et pler.* (§§ 23, 140 : v, § 44) : preponendo
restituendosque *pr* : reportandos restituendosque *Nohl* : reponendos
restituendosque δ   16 impetu atque uno *om. pδ*   20 aut
iudiciali *RS* : ac iud. *pδ* (*cf.* § 80) : ac sociali *Cobet* : atque soc. *Eberh.* :
ac iudicio sociali *Heraeus* (ii, § 15)   25 ante *RS* (antae *R*, añ. *S*) :
antea *pδ* (§ 132 ; v, §§ 20, 167)   28 arguitur *K, Bake, Nohl* (*sed
cf.* v, §§ 74, 153)

suspicionibus in iudicium vocatur ! Di ablati, fana vexata,
nudatae urbes reperiuntur ; earum autem rerum nullam sibi
iste neque infitiandi rationem neque defendendi facultatem
reliquit ; omnibus in rebus coarguitur a me, convincitur
5 a testibus, urgetur confessione sua, manifestis in maleficiis
tenetur,—et manet etiam ac tacitus facta mecum sua
recognoscit !

Nimium mihi diu videor in uno genere versari criminum ; 105
sentio, iudices, occurrendum esse satietati aurium animo-
10 rumque vestrorum. Quam ob rem multa praetermittam ;
ad ea autem quae dicturus sum reficite vos, quaeso, iudices,
per deos immortalis,--eos ipsos de quorum religione iam
diu dicimus,—dum id eius facinus commemoro et profero
quo provincia tota commota est. De quo si paulo altius
15 ordiri ac repetere memoriam religionis videbor, ignoscite :
rei magnitudo me breviter perstringere atrocitatem criminis
non sinit.

Vetus est haec opinio, iudices, quae constat ex antiquis- 48
simis Graecorum litteris ac monumentis, insulam Siciliam 106
20 totam esse Cereri et Liberae consecratam. Hoc cum ceterae
gentes sic arbitrantur, tum ipsis Siculis ita persuasum est
ut in animis eorum insitum atque innatum esse videatur.
Nam et natas esse has in his locis deas et fruges in ea terra
primum repertas esse arbitrantur, et raptam esse Liberam,
25 quam eandem Proserpinam vocant, ex Hennensium nemore,
qui locus, quod in media est insula situs, umbilicus Siciliae
nominatur. Quam cum investigare et conquirere Ceres
vellet, dicitur inflammasse taedas iis ignibus qui ex Aetnae
vertice erumpunt ; quas sibi cum ipsa praeferret, orbem
30 omnem peragrasse terrarum. Henna autem, ubi ea quae 107

---

12 eos ipsos *RS* : per eos ipsos *pδ* : per deos ipsos *q*   16
praestringere *R et corr.* S   22 in *om.* *pδ*   23 his *codd.* ; *cf.*
horum in his § 107 : iis *Orelli, edd.*   28 iis *R¹* : his *R²Sπ* : ex iis *δ*
29 orbem omnem *R* : orbem omnium *pδ* : omnem orbem *SDV*

dico gesta esse memorantur, est loco perexcelso atque edito,
quo in summo est aequata agri planities et aquae perennes,
tota vero ab omni aditu circumcisa atque directa est ; quam
circa lacus lucique sunt plurimi atque laetissimi flores omni
tempore anni, locus ut ipse raptum illum virginis, quem iam 5
a pueris accepimus, declarare videatur.   Etenim prope est
spelunca quaedam conversa ad aquilonem infinita altitudine,
qua Ditem patrem ferunt repente cum curru exstitisse
abreptamque ex eo loco virginem secum asportasse et subito
non longe a Syracusis penetrasse sub terras, lacumque in eo 10
loco repente exstitisse, ubi usque ad hoc tempus Syracusani
festos dies anniversarios agunt celeberrimo virorum mulie-
49 rumque conventu.   Propter huius opinionis vetustatem,
quod horum in his locis vestigia ac prope incunabula reperiuntur deorum, mira quaedam tota Sicilia privatim ac 15
publice religio est Cereris Hennensis.   Etenim multa saepe
prodigia vim eius numenque declarant ; multis saepe in
difficillimis rebus praesens auxilium eius oblatum est, ut
haec insula ab ea non solum diligi sed etiam incoli custo-
108 dirique videatur. | Nec solum Siculi, verum etiam ceterae 20
gentes nationesque Hennensem Cererem maxime colunt.
Etenim si Atheniensium sacra summa cupiditate expetuntur,
ad quos Ceres in illo errore venisse dicitur frugesque attu-
lisse, quantam esse religionem convenit eorum apud quos
eam natam esse et fruges invenisse constat ?   Itaque apud 25
patres nostros atroci ac difficili rei publicae tempore, cum
Tiberio Graccho occiso magnorum periculorum metus ex
ostentis portenderetur, P. Mucio L. Calpurnio consulibus
aditum est ad libros Sibyllinos ; ex quibus inventum est
Cererem antiquissimam placari oportere.   Tum ex amplis- 30
simo collegio decemvirali sacerdotes populi Romani, cum

---

3 directa *RS* π : direpta δ : derecta *Muell., Nohl*   14 horum
in his *RS* : hor. in iis *Halm* : eorum in his δ   17 declarant *codd.,*
Zielinski : declararunt *Benedict, edd.*   27 Tiberio *RSp* : Ti. *edd.*

esset in urbe nostra Cereris pulcherrimum et magnificen-
tissimum templum, tamen usque Hennam profecti sunt.
Tanta enim erat auctoritas et vetustas illius religionis ut,
cum illuc irent, non ad aedem Cereris sed ad ipsam
5 Cererem proficisci viderentur.   Non obtundam diutius ; 109
etenim iam dudum vereor ne oratio mea aliena ab iudiciorum ratione et a cotidiana dicendi consuetudine esse
videatur.   Hoc dico, hanc ipsam Cererem antiquissimam,
religiosissimam, principem omnium sacrorum quae apud
10 omnis gentis nationesque fiunt, a C. Verre ex suis templis
ac sedibus esse sublatam.   Qui accessistis Hennam, vidistis
· simulacrum Cereris e marmore et in altero templo Liberae.
Sunt ea perampla atque praeclara, sed non ita antiqua.   Ex
aere fuit quoddam modica amplitudine ac singulari opere
15 cum facibus perantiquum, omnium illorum quae sunt in eo
fano multo antiquissimum ; id sustulit.   Ac tamen eo contentus non fuit.   Ante aedem Cereris in aperto ac propa- 110
tulo loco signa duo sunt, Cereris unum, alterum Triptolemi,
pulcherrima ac perampla.   Pulchritudo periculo, amplitudo
20 saluti fuit, quod eorum demolitio atque asportatio perdiffi-
cilis videbatur.   Insistebat in manu Cereris dextra grande
simulacrum pulcherrime factum Victoriae ; hoc iste e signo
Cereris avellendum asportandumque curavit.
    Qui tandem istius animus est nunc in recordatione **50**
25 scelerum suorum, cum ego ipse in commemoratione eorum
non solum animo commovear verum etiam corpore per-
horrescam ?   Venit enim mihi fani, loci, religionis illius in
mentem ; versantur ante oculos omnia, dies ille quo, cum
ego Hennam venissem, praesto mihi sacerdotes Cereris
50 cum infulis ac verbenis fuerunt, contio conventusque

    3 enim erat *SΨpδ* : erat enim *R* (v, § 79)   5 diutius aures
vestras *πδ*   7 a *om* *pδ*   19 His (iis) pulchritudo *pδ*   21
grande *om. pδ* : gracile *Schwabe*   24 recognitione *pδ*   28 quo
om. pr. R (*deinde eadem manus* quo *pro* cum) *S* : quo ego Hennam
cum *pδ*

civium, in quo ego cum loquerer tanti gemitus fletusque
fiebant ut acerbissimus tota urbe luctus versari videretur.
111 Non illi decumarum imperia, non bonorum direptiones,
non iniqua iudicia, non importunas istius libidines, non
vim, non contumelias [quibus vexati oppressique erant] con- 5
querebantur ; Cereris numen, sacrorum vetustatem, fani
religionem istius sceleratissimi atque audacissimi supplicio
expiari volebant ; omnia se cetera pati ac neglegere dicebant.
Hic dolor erat tantus ut Verres alter Orcus venisse Hennam
et non Proserpinam asportasse sed ipsam abripuisse Ce- 10
rerem videretur.   Etenim urbs illa non urbs videtur, sed
fanum Cereris esse ; habitare apud sese Cererem Hennenses
arbitrantur, ut mihi non cives illius civitatis, sed omnes
sacerdotes, omnes accolae atque antistites Cereris esse
112 videantur.   Henna tu simulacrum Cereris tollere audebas, 15
Henna tu de manu Cereris Victoriam eripere et deam deae
detrahere conatus es ? quorum nihil violare, nihil attingere
ausi sunt in quibus erant omnia quae sceleri propiora sunt
quam religioni.   Tenuerunt enim P. Popilio P. Rupilio
consulibus illum locum servi, fugitivi, barbari, hostes ; sed 20
neque tam servi illi dominorum quam tu libidinum, neque
tam fugitivi illi ab dominis quam tu ab iure et ab legibus,
neque tam barbari lingua et natione illi quam tu natura et
moribus, neque tam illi hostes hominibus quam tu dis
immortalibus.   Quae deprecatio est igitur ei reliqua qui 25
indigniate servos, temeritate fugitivos, scelere barbaros,
51 crudelitate hostes vicerit ?
113 Audistis Theodorum et Numenium et Nicasionem, legatos
Hennensis, publice dicere sese a suis civibus haec habere
mandata, ut ad Verrem adirent et eum simulacrum Cereris 30

---

1 fletus gemitusque *pδ*, *Martianus Capella* (v, § 163 : *S. Rosc.* § 24)
9 Verres *om. Servius ad Aen.* vi. 237, *del. Garatoni*: *ipse malim*
venisse Hennam Verres   16 deripere *pδ*   19 enim *om.* π
22 ab dominis *Rp*, *Arus. Mess.*: a dom. *Sδ*   ab legibus *RSp* : a
leg. δ, *Arus. Mess.*

et Victoriae reposcerent ; id si impetrassent, tum ut morem
veterem Hennensium conservarent, publice in eum, tametsi
vexasset Siciliam, tamen, quoniam haec a maioribus instituta
accepissent, testimonium ne quod dicerent ; sin autem ea
5 non reddidisset, tum ut in iudicio adessent, tum ut de eius
iniuriis iudices docerent, sed maxime de religione quererentur. Quas illorum querimonias nolite, per deos immortalis, aspernari, nolite contemnere ac neglegere, iudices !
Aguntur iniuriae sociorum, agitur vis legum, agitur existi-
10 matio veritasque iudiciorum. Quae sunt omnia permagna,
verum illud maximum : tanta religione obstricta tota provincia est, tanta superstitio ex istius facto mentis omnium
Siculorum occupavit ut quaecumque accidant publice privatimque incommoda propter eam causam sceleris istius
15 evenire videantur. Audistis Centuripinos, Agyrinensis, 114
Catinensis, Aetnensis, Herbitensis complurisque alios publice dicere quae solitudo esset in agris, quae vastitas, quae
fuga aratorum, quam deserta, quam inculta, quam relicta
omnia. Ea tametsi multis istius et variis iniuriis acciderunt,
20 tamen haec una causa in opinione Siculorum plurimum
valet, quod Cerere violata omnis cultus fructusque Cereris
in iis locis interisse arbitrantur. Medemini religioni sociorum, iudices, conservate vestram ; neque enim haec externa
vobis est religio neque aliena ; quodsi esset, si suscipere
25 eam nolletis, tamen in eo qui violasset sancire vos velle
oporteret. Nunc vero in communi omnium gentium reli- 115
gione, inque iis sacris quae maiores nostri ab exteris nationibus adscita atque arcessita coluerunt,—quae sacra, ut
erant re vera, sic appellari Graeca voluerunt,—neglegentes
30 ac dissoluti si cupiamus esse, qui possumus ?

5 uti de δ   6 multo maxime pδ   13 privatimque RS :
privatim π : vel privatim δ   22 in iis locis om. p   iis R : his Sδ   27
iis R : his Sδ   28 arcessita vulg. : accersa RSD (accersita
§ 76 supra) : arcessa p : accessa δ

52 Vnius etiam urbis omnium pulcherrimae atque ornatissimae, Syracusarum, direptionem commemorabo et in
medium proferam, iudices, ut aliquando totam huius
generis orationem concludam atque definiam. Nemo fere
vestrum est quin quem ad modum captae sint a M. Mar- 5
cello Syracusae saepe audierit, non numquam etiam in
annalibus legerit. Conferte hanc pacem cum illo bello,
huius praetoris adventum cum illius imperatoris victoria,
huius cohortem impuram cum illius exercitu invicto, huius
libidines cum illius continentia : ab illo qui cepit conditas, 10
116 ab hoc qui constitutas accepit captas dicetis Syracusas. Ac
iam illa omitto quae disperse a me multis in locis dicentur
ac dicta sunt, forum Syracusanorum, quod introitu Marcelli
purum a caede servatum est, id adventu Verris Siculorum
innocentium sanguine redundasse, portum Syracusanorum, 15
qui tum et nostris classibus et Carthaginiensium clausus
fuisset, eum isto praetore Cilicum myoparoni praedonibusque
patuisse ; mitto adhibitam vim ingenuis, matres familias
violatas, quae tum in urbe capta commissa non sunt neque
odio hostili neque licentia militari neque more belli neque 20
iure victoriae ; mitto, inquam, haec omnia, quae ab isto per
triennium perfecta sunt ; ea quae coniuncta cum illis rebus
sunt de quibus antea dixi cognoscite.

117 Vrbem Syracusas maximam esse Graecarum, pulcherrimam omnium saepe audistis. Est, iudices, ita ut dicitur. 25
Nam et situ est cum munito tum ex omni aditu vel terra
vel mari praeclaro ad aspectum, et portus habet prope in
aedificatione amplexuque urbis inclusos ; qui cum diversos
inter se aditus habeant, in exitu coniunguntur et confluunt.
Eorum coniunctione pars oppidi quae appellatur Insula, 30

12 in *om.* *pδ*   14 purum a caede *Turnebus* : purum caede *RS* :
plurima caede *pqk* : a plurima caede *δ*   esset *Bake*   19 in *om.*
pδ   28 amplexuque *Classen* : aspectuque *codd.*   30 Eorum
in *Eberh., Nohl*

marı disiuncta angusto, ponte rursus adiungitur et conti-
netur. Ea tanta est urbs ut ex quattuor urbibus maximis **53**
constare dicatur; quarum una est ea quam dixi Insula, 118
quae duobus portibus cincta in utriusque portus ostium
5 aditumque proiecta est; in qua domus est quae Hieronis
regis fuit, qua praetores uti solent. In ea sunt aedes sacrae
complures, sed duae quae longe ceteris antecellant, Dianae,
et altera, quae fuit ante istius adventum ornatissima, Minervae. In hac insula extrema est fons aquae dulcis, cui
10 nomen Arethusa est, incredibili magnitudine, plenissimus
piscium, qui fluctu totus operiretur nisi munitione ac mole
lapidum diiunctus esset a mari. Altera autem est urbs Syra- 119
cusis, cui nomen Achradina est; in qua forum maximum,
pulcherrimae porticus, ornatissimum prytanium, amplissima
15 est curia templumque egregium Iovis Olympii ceteraeque
urbis partes, quae una via lata perpetua multisque transversis divisae privatis aedificiis continentur. Tertia est
urbs quae, quod in ea parte Fortunae fanum antiquum
fuit, Tycha nominata est; in qua gymnasium amplissimum
20 est et complures aedes sacrae, coliturque ea pars et habi-
tatur frequentissime. Quarta autem est quae, quia postrema
coaedificata est, Neapolis nominatur; quam ad summam
theatrum maximum, praeterea duo templa sunt egregia,
Cereris unum, alterum Liberae, signumque Apollinis, qui
25 Temenites vocatur, pulcherrimum et maximum; quod iste
si portare potuisset, non dubitasset auferre.

Nunc ad Marcellum revertar, ne haec a me sine causa **54**
commemorata esse videantur. Qui cum tam praeclaram 120
urbem vi copiisque cepisset, non putavit ad laudem populi
30 Romani hoc pertinere, hanc pulchritudinem, ex qua prae-

---

1 disiuncta *RSp* (§ 103 *supra*): diiuncta *edd. recc.* (*infra, l.* 12; i.
§ 154) 2 Ea *RS*: et *Hpq* 4 portubus δ 5 regis
Hieronis δ 7 antecedant *pr. S* Dianae *RSHp*: una Dianae
G₁: Dianae una δ *edd.* 16 quae *om. pδ* lata via *p* 23
theatrum est δ *edd.*

sertim periculi nihil ostenderetur, delere et exstinguere.
Itaque aedificiis omnibus, publicis privatis, sacris profanis,
sic pepercit quasi ad ea defendenda cum exercitu, non
oppugnanda venisset. In ornatu urbis habuit victoriae
rationem, habuit humanitatis ; victoriae putabat esse multa 5
Romam deportare quae ornamento urbi esse possent,
humanitatis non plane exspoliare urbem, praesertim quam
121 conservare voluisset. In hac partitione ornatus non plus
victoria Marcelli populo Romano adpetivit quam humanitas
Syracusanis reservavit. Romam quae adportata sunt, ad 10
aedem Honoris et Virtutis itemque aliis in locis videmus.
Nihil in aedibus, nihil in hortis posuit, nihil in suburbano ;
putavit, si urbis ornamenta domum suam non contulisset,
domum suam ornamento urbi futuram. Syracusis autem
permulta atque egregia reliquit ; deum vero nullum violavit, 15
nullum attigit. Conferte Verrem, non ut hominem cum
homine comparetis, ne qua tali viro mortuo fiat iniuria, sed
ut pacem cum bello, leges cum vi, forum et iuris dictionem
cum ferro et armis, adventum et comitatum cum exercitu
et victoria conferatis. 20

55
122   Aedis Minervae est in Insula, de qua ante dixi ; quam
Marcellus non attigit, quam plenam atque ornatam reliquit ;
quae ab isto sic spoliata atque direpta est non ut ab hoste
aliquo, qui tamen in bello religionem et consuetudinis iura
retineret, sed ut a barbaris praedonibus vexata esse videatur. 25
Pugna erat equestris Agathocli regis in tabulis picta praeclare ; iis autem tabulis interiores templi parietes vestiebantur. Nihil erat ea pictura nobilius, nihil Syracusis quod
magis visendum putaretur. Has tabulas M. Marcellus, cum

2 aed. publicis omnibus *RS*Ψ   4 oppugnanda *SD*Ψ : exop-
pugnanda *R* : expugnanda *p*δ   6 urbi *Naugerius, edd.* : urbis *codd.*
7 praesertim *secl. Richter, Eberh.*   10 adportata (app. *R*) *RSD* :
asportata *p*δ   21 Aedis *RSH* : aedes δ   24 religionem *RS,
Gellius* : religionum *p*δ   25 retineret *p, Gellius* : contineret *RSH*
26-27 praeclare iis *Eberh., Zielinski* (*p.* 197) : praeclaris (*om.* iis) *p*δ :
iis (*om.* praeclare) *codd. pler.*

omnia victoria illa sua profana fecisset, tamen religione
impeditus non attigit ; iste, cum illa propter diuturnam
pacem fidelitatemque populi Syracusani sacra religiosaque
accepisset, omnis eas tabulas abstulit, parietes quorum
5 ornatus tot saecula manserant, tot bella effugerant, nudos
ac deformatos reliquit. Et Marcellus qui, si Syracusas 123
cepisset, duo templa se Romae dedicaturum voverat, is id
quod erat aedificaturus iis rebus ornare quas ceperat noluit :
Verres qui non Honori neque Virtuti, quem ad modum
10 ille, sed Veneri et Cupidini vota deberet, is Minervae
templum spoliare conatus est. Ille deos deorum spoliis
ornari noluit, hic ornamenta Minervae virginis in meretriciam domum transtulit. Viginti et septem praeterea tabulas
pulcherrime pictas ex eadem aede sustulit, in quibus erant
15 imagines Siciliae regum ac tyrannorum, quae non solum
pictorum artificio delectabant, sed etiam commemoratione
hominum et cognitione formarum. Ac videte quanto
taetrior hic tyrannus Syracusanis fuerit quam quisquam
superiorum, quia, cum illi tamen ornarint templa deorum
20 immortalium, hic etiam illorum monumenta atque ornamenta
sustulit.

Iam vero quid ego de valvis illius templi commemorem ? **56**
Vereor ne haec qui non viderunt omnia me nimis augere 124
atque ornare arbitrentur ; quod tamen nemo suspicari debet,
25 tam esse me cupidum ut tot viros primarios velim, praesertim
ex iudicum numero, qui Syracusis fuerint, qui haec viderint,
esse temeritati et mendacio meo conscios. Confirmare
hoc liquido, iudices, possum, valvas magnificentiores, ex

1 illa victoria *pδ*   5 manserat . . . effugerat *pδ*   7 is id
RH : is *S pr.*, *deinde* id *add. s. l.* : is *om. pδ*   12 ornari *RH* :
ornare *Spδ* (*cf.* v, § 68)   18 tyrannus Syracusanis *RS* : ·is ·is
pk : Syrac. *abesse voluit Jacoby*   19 quia, cum *scripsi* (quod
cum ?) : quia *S* : quā *RH* (*unde* umquam *Orelli, edd.*) : cum *pqk* (*Cl.
Rev.* xviii, *p.* 211)   ornarint (ornarent *H*) . . . sustulit *RSH* : ornarent
. . . sustulerit *pδ*   23 viderunt *RHDp* : viderint *S* : viderint *G*₁

auro atque ebore perfectiores, nullas umquam ullo in templo
fuisse. Incredibile dictu est quam multi Graeci de harum
valvarum pulchritudine scriptum reliquerint. Nimium
forsitan haec illi mirentur atque efferant; esto; verum
tamen honestius est rei publicae nostrae, iudices, ea quae 5
illis pulchra esse videantur imperatorem nostrum in bello
reliquisse quam praetorem in pace abstulisse. Ex ebore
diligentissime perfecta argumenta erant in valvis; ea detrahenda curavit omnia. Gorgonis os pulcherrimum cinctum
anguibus revellit atque abstulit, et tamen indicavit se non 10
solum artificio sed etiam pretio quaestuque duci; nam
bullas aureas omnis ex iis valvis, quae erant multae et
graves, non dubitavit auferre; quarum iste non opere
delectabatur sed pondere. Itaque eius modi valvas reliquit
ut quae olim ad ornandum templum erant maxime nunc 15
tantum ad claudendum factae esse videantur.

125   Etiamne gramineas hastas—vidi enim vos in hoc nomine,
cum testis diceret, commoveri: quod erat eius modi
ut semel vidisse satis esset, (in quibus neque manu
factum quicquam neque pulchritudo erat ulla, sed tantum 20
magnitudo incredibilis de qua vel audire satis esset, nimium
videre plus quam semel,) etiam id concupisti?

57
126   Nam Sappho quae sublata de prytanio est dat tibi
iustam excusationem, prope ut concedendum atque ignoscendum esse videatur. Silanionis opus tam perfectum, tam 25
elegans, tam elaboratum quisquam non modo privatus sed
populus potius haberet quam homo elegantissimus atque
eruditissimus, Verres? Nimirum contra dici nihil potest.
Nostrum enim unus quisque, qui tam beati quam iste est
non sumus, tam delicati esse non possumus, si quando 30
aliquid istius modi videre volet, eat ad aedem Felicitatis, ad

1 ullo in templo *pq cod. Vrs.* (ullo *add. s. l. p²*): illo templo *RSD*
(*in mg. v. l.* ullo): ullo in templo *H²* (*corr. ex* illo) *Z* : ullo in tempore δ
16 cludendum *RS*   18 cum testes dicerent *p*   erat *codd.*: erant *edd.*:
quod . . . satis esset *del. W. Meyer*   22 etiamne *pδ*   25 esse *om. π*
28 nil *Zielinski, p.* 178   29 est *om. pq*

monumentum Catuli, in porticum Metelli, det operam ut
admittatur in alicuius istorum Tusculanum, spectet forum
ornatum, si quid iste suorum aedilibus commodarit : Verres
haec habeat domi, Verres ornamentis fanorum atque oppi-
5 dorum habeat plenam domum, villas refertas. Etiamne
huius operari studia ac delicias, iudices, perferetis ? qui ita
natus, ita educatus est, ita factus et animo et corpore ut
multo appositior ad ferenda quam ad auferenda signa esse
videatur. Atque haec Sappho sublata quantum desiderium 127
10 sui reliquerit, dici vix potest. Nam cum ipsa fuit egregie
facta, tum epigramma Graecum pernobile incisum est in
basi, quod iste eruditus homo et Graeculus, qui haec subtiliter iudicat, qui solus intellegit, si unam litteram Graecam
scisset, certe non sustulisset. Nunc enim quod scriptum
15 est inani in basi declarat quid fuerit, et id ablatum indicat.

Quid? signum Paeanis ex aede Aesculapi praeclare factum,
sacrum ac religiosum, non sustulisti ? quod omnes propter
pulchritudinem visere, propter religionem colere solebant.
Quid ? ex aede Liberi simulacrum Aristaei non tuo imperio 128
20 palam ablatum est ? Quid ? ex aede Iovis religiosissimum
simulacrum Iovis Imperatoris, quem Graeci Vrion nominant,
pulcherrime factum nonne abstulisti? Quid? ex aede Liberae
agninum caput illud pulcherrimum, quod visere solebamus,
num dubitasti tollere? Atque ille Paean sacrificiis anniver-
25 sariis simul cum Aesculapio apud illos colebatur; Aristaeus,
qui [ut Graeci ferunt Liberi filius] inventor olei esse dicitur,
una cum Libero patre apud illos eodem erat in templo

---

4 ornamentis δ : ornamentum *RS* : ornamentorum *Kavs.*   14
non *codd.. del. Garatoni, Nohl, Luterbacher* : una *Herelius, edd.* (*Cl. Rev.*
xviii. 211)   inscriptum πδ (§ 103 *supra*)   21 urion *S* : uriom *corr.*
urion *R*   22-24 Quid ? . . . tollere *del. Ernesti*   22 Liberi *p et in*
mg. D   23 agninum *scripsi* : parinum *codd.* (paruum *G, et in mg. D*) :
porcinum *Georges* : aprinum *Schlenger* : porinum (πώρινον) *Fröhner* :
puerinum *Richter* : Paninum *Halm*   34 num *ed. Asc.* : non *RS* ·
om. δ   26 ut Graeci ferunt, Liberi filius *del. Ernesti*

58
129 consecratus. Iovem autem Imperatorem quanto honore in suo templo fuisse arbitramini? Conicere potestis, si recordari volueritis quanta religione fuerit eadem specie ac forma signum illud quod ex Macedonia captum in Capitolio
(58) posuerat *T.* Flamininus. Etenim tria ferebantur in orbe 5 terrarum signa Iovis Imperatoris uno in genere pulcherrime facta, unum illud Macedonicum quod in Capitolio vidimus, alterum in Ponti ore et angustiis, tertium quod Syracusis ante Verrem praetorem fuit. Illud Flamininus ita ex aede sua sustulit ut in Capitolio, hoc est in terrestri domicilio 10
130 Iovis poneret. Quod autem est ad introitum Ponti, id, cum tam multa ex illo mari bella emerserint, tam multa porro in Pontum invecta sint, usque ad hanc diem integrum inviolatumque servatum est. Hoc tertium, quod erat Syracusis, quod M. Marcellus armatus et victor viderat, quod 15 religioni concesserat, quod cives atque incolae colere, advenae non solum visere verum etiam venerari solebant,
131 id C. Verres ex templo Iovis sustulit. Vt saepius ad Marcellum revertar, iudices, sic habetote, pluris esse a Syracusanis istius adventu deos quam victoria Marcelli homines 20 desideratos. Etenim ille requisisse etiam dicitur Archimedem illum, summo ingenio hominem ac disciplina, quem cum audisset interfectum permoleste tulisse : iste omnia quae requisivit, non ut conservaret verum ut asportaret requisivit.

59 Iam illa quae leviora videbuntur ideo praeteribo, quod 25 mensas Delphicas e marmore, crateras ex aere pulcherrimas, vim maximam vasorum Corinthiorum ex omnibus aedibus
132 sacris abstulit Syracusis. Itaque, iudices, ii qui hospites ad ea quae visenda sunt solent ducere et unum quidque

4 captum *p al.* : capud *R* : cap̄ *S*   5 *T. add. Eberhard*   Flaminius *codd.*   7 videmus *codd.*   14 quod erat Syr. *abesse voluit Jacoby*   16 incolae Syracusani *codd.* : Syr. *del. Bake*   18 C. *om.* δ   M. Marcellum δ   22 eumque cum audisset *pδ*   25 illa quia *pδ*   28 Syr. abstulit *pδ, fort. recte*

ostendere,—quos illi mystagogos vocant,—conversam iam
habent demonstrationem suam. Nam ut ante demonstra-
bant quid ubique esset, item nunc quid undique ablatum
sit ostendunt.

5   Quid tum? mediocrine tandem dolore eos adfectos esse
arbitramini? Non ita est, iudices, primum quod omnes
religione moventur et deos patrios quos a maioribus acceperunt colendos sibi diligenter et retinendos esse arbitrantur ;
deinde hic ornatus, haec opera atque artificia, signa, tabulae
10 pictae Graecos homines nimio opere delectant. Itaque ex
illorum querimoniis intellegere possumus haec illis acer-
bissima videri quae forsitan nobis levia et contemnenda
esse videantur. Mihi credite, iudices, — tametsi vosmet
ipsos haec eadem audire certo scio,—cum multas acceperint
15 per hosce annos socii atque exterae nationes calamitates et
iniurias, nullas Graeci homines gravius ferunt ac tulerunt
quam huiusce modi spoliationes fanorum atque oppidorum.
Licet iste dicat emisse se, sicuti solet dicere, credite hoc 133
mihi, iudices : nulla umquam civitas tota Asia et Graecia
20 signum ullum, tabulam pictam *ullam*, ullum denique ornamentum urbis sua voluntate cuiquam vendidit ; nisi forte
existimatis, posteaquam iudicia severa Romae fieri desierunt,
Graecos homines haec venditare coepisse, quae tum non
modo non venditabant, cum iudicia fiebant, verum etiam
25 coemebant ; aut nisi arbitramini L. Crasso, Q. Scaevolae,
C. Claudio, potentissimis hominibus, quorum aedilitates
ornatissimas vidimus, commercium istarum rerum cum
Graecis hominibus non fuisse, iis qui post iudiciorum
dissolutionem aediles facti sunt fuisse.

30   Acerbiorem etiam scitote esse civitatibus falsam istam **60**
et simulatam emptionem quam si qui clam surripiat aut **134**

---

2 antea π (§§ 104, 137)   5 eos dolore *pq*   11 possimus
RS   18 emisse se *vulg.* : emisisse *R* : emisse *p*. *Cf. De Domo*,
§ 116   mihi hoc *pG₁, al.*   20 ullam *add. Gulielmius, edd.*   25
coemptabant *L. Havet*   31 si qui π : si quis δ : si *RS*

eripiat palam atque auferat ; nam turpitudinem summam
esse arbitrantur referri in tabulas publicas pretio adductam
civitatem, et pretio parvo, ea quae accepisset a maioribus
vendidisse atque abalienasse. Etenim mirandum in modum
Graeci rebus istis, quas nos contemnimus, delectantur. 5
Itaque maiores nostri facile patiebantur haec esse apud illos
quam plurima : apud socios, ut imperio nostro quam orna-
tissimi florentissimique essent ; apud eos autem quos
vectigalis aut stipendiarios fecerant tamen haec relinque-
bant, ut illi, quibus haec iucunda sunt quae nobis levia 10
videntur, haberent haec oblectamenta et solacia servitutis.
135 Quid arbitramini Reginos, qui iam cives Romani sunt,
merere velle ut ab iis marmorea Venus illa auferatur ? quid
Tarentinos, ut Europam in tauro amittant, ut Satyrum qui
apud illos in aede Vestae est, ut cetera? quid Thespiensis 15
ut Cupidinis signum, propter quod unum visuntur Thespiae,
quid Cnidios ut Venerem marmoream, quid ut pictam
Coos, quid Ephesios ut Alexandrum, quid Cyzicenos ut
Aiacem aut Medeam, quid Rhodios ut Ialysum, quid Atheniensis ut ex marmore Iacchum aut Paralum pictum aut 20
ex aere Myronis buculam ? Longum est et non necessarium
commemorare quae apud quosque visenda sunt tota Asia et
Graecia ; verum illud est quam ob rem haec commemorem,
quod existimare vos hoc volo, mirum quendam dolorem
accipere eos ex quorum urbibus haec auferantur. 25
61
136 Atque ut ceteros omittamus, de ipsis Syracusanis cognoscite. Ad quos ego cum venissem, sic primum existimabam, ut Romae ex istius amicis acceperam, civitatem

Syracusanam propter Heracli hereditatem non minus esse
isti amicam quam Mamertinam propter praedarum ac
furtorum omnium societatem ; simul et verebar ne mulierum
nobilium et formosarum gratia, quarum iste arbitrio prae-
5 turam per triennium gesserat, virorumque quibuscum illae
nuptae erant, nimia in istum non modo lenitudine sed etiam
liberalitate oppugnarer, si quid ex litteris Syracusanorum
conquirerem.   Itaque Syracusis cum civibus Romanis eram, 137
eorum tabulas exquirebam, iniurias cognoscebam.   Cum
10 diutius in negotio curaque fueram, ut requiescerem curam-
que animi remitterem, ad Carpinati praeclaras tabulas
revertebar, ubi cum equitibus Romanis, hominibus ex illo
conventu honestissimis, illius Verrucios, de quibus ante dixi,
explicabam ; a Syracusanis prorsus nihil adiumenti neque
15 publice neque privatim exspectabam, neque erat in animo
postulare.

Cum haec agerem, repente ad me venit Heraclius, is qui
tum magistratum Syracusis habebat, homo nobilis, qui
sacerdos Iovis fuisset, qui honos est apud Syracusanos
20 amplissimus.   Agit mecum et cum fratre meo ut, si nobis
videretur, adiremus ad eorum senatum ; frequentis esse in
curia ; se iussu senatus a nobis petere ut veniremus. Primo $\overset{(62)}{138}$
nobis fuit dubium quid ageremus ; deinde cito venit in
mentem non esse vitandum illum nobis conventum et
25 locum ; itaque in curiam venimus.   Honorifice sane con- **62**
surgitur ; nos rogatu magistratus adsedimus.   Incipit is
loqui qui et auctoritate et aetate et, ut mihi visum est, usu
rerum antecedebat, Diodorus Timarchidi, cuius omnis oratio
hanc habuit primo sententiam : senatum et populum Syra-

6 lentitudine *Lamb.*   10 in eo *pδ*   11 Carpinati *π* : Car-
pinatium *RS*   praeclaras tabulas *secl. Kays.*   13 illius *RS* :
illos *pδ*   antea *πδ*   17 is . . . habebat *abesse voluit Jacoby*   19
fuit *pδ*   20 cum Q. fratre *RS*   21 frequentem *Ernesti*   22
curiam *RS*   29 primo *secl. Richter-Eberhard*

cusanum moleste graviterque ferre quod ego, cum in ceteris
Siciliae civitatibus senatum populumque docuissem quid iis
utilitatis, quid salutis adferrem, et cum ab omnibus mandata,
legatos, litteras testimoniaque sumpsissem, in illa civitate
nihil eius modi facerem.   Respondi neque Romae in con- 5
ventu Siculorum, cum a me auxilium communi omnium
legationum consilio petebatur causaque totius provinciae
ad me deferebatur, legatos Syracusanorum adfuisse, neque
me postulare ut quicquam contra C. Verrem decerneretur
in ea curia in qua inauratam C. Verris statuam viderem. 10
139 Quod posteaquam dixi, tantus est gemitus factus aspectu
statuae et commemoratione ut illud in curia positum monumentum scelerum non beneficiorum videretur.   Tum pro
se quisque, quantum dicendo adsequi poterat, docere me
coepit ea quae paulo ante commemoravi, spoliatam urbem, 15
fana direpta, de Heracli hereditate, quam palaestritis con-
cessisset, multo maximam partem ipsum abstulisse ; neque
postulandum fuisse ut ille palaestritas diligeret, qui etiam
inventorem olei deum sustulisset ; neque illam statuam esse
ex pecunia publica neque publice datam, sed eos qui here- 20
ditatis diripiendae participes fuissent faciendam statuendamque curasse ; eosdem Romae fuisse legatos, illius
adiutores improbitatis, socios furtorum, conscios flagitiorum ;
eo minus mirari me oportere si illi communi legatorum
voluntati et saluti Siciliae defuissent.   25
63
140 Vbi eorum dolorem ex illius iniuriis non modo non
minorem sed prope maiorem quam Siculorum ceterorum
esse cognovi, tum meum animum in illos, tum mei consili
negotique totius suscepti causam rationemque proposui,
tum eos hortatus sum ut causae communi salutique ne 30
deessent, ut illam laudationem, quam se vi ac metu coactos

7 ad me provinciae π   26 illius *RS* : istius π : *om.* δ (§ 146)
28 tum ego meum *Lamb.*   tum ego (egomet *q*) mei *pq al.*   29
negotii consiliique *KZ*

paucis illis diebus decresse dicebant, tollerent. Itaque,
iudices, Syracusani haec faciunt, istius clientes atque amici.
Primum mihi litteras publicas, quas in aerario sanctiore conditas habebant, proferunt ; in quibus ostendunt omnia quae
5 dixi ablata esse perscripta, et plura etiam quam ego potui
dicere ; perscripta autem hoc modo : Quod ex aede Minervae hoc et illud abesset, quod ex aede Iovis, quod ex
aede Liberi—ut quisque iis rebus tuendis conservandisque
praefuerat, ita perscriptum erat—cum rationem e lege red-
10 derent et quae acceperant tradere deberent, petisse ut sibi,
quod eae res abessent, ignosceretur ; itaque omnis liberatos
discessisse, et esse ignotum omnibus. Quas ego litteras
obsignandas publico signo deportandasque curavi.
De laudatione autem ratio sic mihi reddita est. Primum, 141
15 cum a C. Verre litterae aliquanto ante adventum meum de
laudatione venissent, nihil esse decretum ; deinde, cum
quidam ex illius amicis commonerent oportere decerni,
maximo clamore esse et convicio repudiatos ; postea, cum
meus adventus adpropinquaret, imperasse eum qui summam
20 potestatem haberet ut decernerent ; decretum ita esse ut
multo plus illi laudatio mali quam boni posset adferre. Id
adeo, iudices, ut mihi ab illis demonstratum est, sic vos ex
me cognoscite.
Mos est Syracusis ut, si qua de re ad senatum referant, **64**
25 dicat sententiam qui velit ; nominatim nemo rogatur, et 142
tamen, ut quisque aetate et honore antecedit ita primus
solet sua sponte dicere, itaque a ceteris ei conceditur ; sin
aliquando tacent omnes, tunc sortito coguntur dicere. Cum
hic mos esset, refertur ad senatum de laudatione Verris.
30 In quo primum, ut aliquid esset morae, multi interpellant ;

8 tuendis conservandisque *prδ* : tuendisque *R* : tuendis *S*Ψ (§§ 23,
103 *supra*)   9 ex lege *pδ*   10 acceperant *SD*Ψ : acceperat
Rpδ   11 eae *π*: hae *RSδ*   15 C. *om.* δ   18 postea cum]
postea quam *codd.*   24 referant *SD al.* : referatur *R²δ* : referetur
R¹ : refertur *p Lg.* 42   27 si quando *pδ*   28 tunc *SD*Ψ : tum *Rp*

de Sex. Peducaeo, qui de illa civitate totaque provincia
optime meritus esset, sese antea, cum audissent ei negotium
facessitum, cumque eum publice pro plurimis eius et
maximis meritis laudare cuperent, a C. Verre prohibitos
esse ; iniquum esse, tametsi Peducaeus eorum laudatione 5
iam non uteretur, tamen non id prius decernere quod ali-
143 quando voluissent quam quod tum cogerentur. Conclamant
omnes et adprobant ita fieri oportere. Refertur de Peducaeo.
Vt quisque aetate et honore antecedebat, ita sententiam
dixit ex ordine. Id adeo ex ipso senatus consulto cogno- 10
scite ; nam principum sententiae perscribi solent. Recita.
' QVOD VERBA FACTA SVNT DE SEX. PEDVCAEO.' Dicit qui
primi suaserint. Decernitur. Refertur deinde de Verre.
Dic, quaeso, quo modo ? ' QVOD VERBA FACTA SVNT DE
C. VERRE '—quid postea scriptum est ?—' CVM SVRGERET 15
NEMO NEQVE SENTENTIAM DICERET '—quid est hoc?—' SORS
DVCITVR.' Quam ob rem ? nemo erat voluntarius laudator
praeturae tuae, defensor periculorum, praesertim cum inire
a praetore gratiam posset ? Nemo. Illi ipsi tui convivae,
consiliarii, conscii, socii verbum facere non audent. In 20
qua curia statua tua stabat et nuda fili, in ea nemo fuit, ne
quem nudus quidem filius nudata provincia commoveret.
144 Atque etiam hoc me docent, eius modi senatus consultum
fecisse laudatores ut omnes intellegere possent non laudationem sed potius inrisionem esse illam quae commone- 25
faceret istius turpem calamitosamque praeturam. Etenim

2 sese antea . . . eum *om. RS*Ψ (*spatio vac. relicto R*)   11 solent
S : solet *Rp*δ   Recita . . . Peducaeo *suppl. in lac. p*²   12
Peducaeo . . . decernitur *om. RS*Ψ   dicit quod *p* : dic qui *Eberh.* :
dic et qui *Richter* : dicitur qui *Schwabe*   13 dein *RS*   19 ipsi
illi *p*⁵   21 tua *om.* π   22 nuda prov. π   23 eius modi
senatus consultum fecisse laudatores *scripsi* : eius modi s. c. fecisse
laudationis (-es) *RSD*Ψ : eius modi Siciliam sese fecisse laudationes
*p*δ (*Cl. Rev.* xviii, *p.* 211) : laudationis nomine *Lehmann* : eius modi
sen. con. sese fecisse *Nohl, prob. Busche* : eius modi se consulto fecisse
laudationem *Koch*   25 commonefaceret *Sp* : commefaceret *R*
26 istius] fuisse *Eberhard, Nohl*

scriptum esse ita : QVOD IS VIRGIS NEMINEM CECIDISSET—
a quo cognostis nobilissimos homines atque innocentissimos
securi esse percussos ; QVOD VIGILANTER PROVINCIAM AD-
MINISTRASSET — cuius omnis vigilias in stupris constat
5 adulteriisque esse consumptas ; [cuius modi constat, hoc
vero scriptum esse, quod proferre non auderet reus, accusator recitare non desineret] QVOD PRAEDONES PROCVL AB
INSVLA SICILIA PROHIBVISSET [VERRES]—quos etiam intra
Syracusanam insulam recepisset.

10 Haec posteaquam ex illis cognovi, discessi cum fratre **(65)**
e curia, ut nobis absentibus, si quid vellent, decernerent. 145
Decernunt statim primum ut cum Lucio fratre hospitium **65**
publice fieret, quod is eandem voluntatem erga Syracusanos
suscepisset quam ego semper habuissem. Id non modo
15 tum scripserunt, verum etiam in aere incisum nobis tradi-
derunt. Valde hercule te Syracusani tui, quos crebro
commemorare soles, diligunt, qui cum accusatore tuo satis
iustam causam coniungendae necessitudinis putant quod te
accusaturus sit et quod inquisitum in te venerit. Postea
20 decernitur, ac non varie sed prope cunctis sententiis, ut
laudatio quae C. Verri decreta esset tolleretur. In eo cum 146
iam non solum discessio facta esset, sed etiam perscriptum
atque in tabulas relatum, praetor appellatur. At quis
appellat? magistratus aliqui? Nemo. Senator? Ne id
25 quidem. Syracusanorum aliqui? Minime. Quis igitur
praetorem appellat? Qui quaestor istius fuerat, P. Caesetius. O rem ridiculam! o desertum hominem, desperatum,
relictum! A magistratu Siculo, ne senatus consultum Siculi
homines facere possent, ne suum ius suis moribus, suis

1 esse *ed. Hervagiana* : est *RSδ*   quod iste *π al.*   5 adul-
teriisque *prδ* : *om. RSΨ*   5-7 *Verba* cuius modi constat . . . recitare
non desineret *del. Halm*   8 Verres *del. Halm*   9 recepisset
RS et rell. (*Zielinski, p.* 197) : recepit *Halm, edd.*   12 cum fratre L.
SΨ   26 istius *Rp* : illius *SD* (§ 140)   P. *Jordan e* v. § 63 :
G. *R* : S. *SD* : *om. δ*   27 o desperatum ac relictum *pδ*

legibus obtinere possent, non amicus istius, non hospes,
non denique aliquis Siculus, sed quaestor populi Romani
praetorem appellat ! Quis hoc vidit, quis audivit ? Praetor
aequus et sapiens dimitti iubet senatum. Concurrit ad me
maxima multitudo. Primum senatores clamare sibi eripi 5
ius, eripi libertatem, populus senatum laudare, gratias agere,
cives Romani a me nusquam discedere. Quo quidem die
nihil aegrius factum est multo labore meo quam ut manus
ab illo appellatore abstinerentur.

147 Cum ad praetorem in ius adissemus, excogitat sane acute 10
quid decernat ; nam ante quam verbum facerem, de sella
surrexit atque abiit. Itaque tum de foro, cum iam ad-
66 vesperasceret, discessimus. Postridie mane ab eo postulo
ut Syracusanis liceret senatus consultum, quod pridie
fecissent, mihi reddere. Ille enim vero negat et ait in- 15
dignum facinus esse quod ego in senatu Graeco verba
fecissem ; quod quidem apud Graecos Graece locutus essem,
id ferri nullo modo posse. Respondi homini ut potui, ut
debui, ut volui. Cum multa tum etiam hoc *me* memini
dicere, facile esse perspicuum quantum inter hunc et illum 20
Numidicum, verum ac germanum Metellum, interesset ;
illum noluisse sua laudatione iuvare L. Lucullum, sororis
virum, quicum optime convenisset, hunc homini alienissimo
a civitatibus laudationes per vim et metum comparare.

148 Quod ubi intellexi, multum apud illum recentis nuntios, 25
multum tabellas non commendaticias sed tributarias valuisse,
admonitu ipsorum Syracusanorum impetum in eas tabulas
facio in quibus senatus consultum perscripserant. Ecce
autem nova turba atque rixa, ne tamen istum omnino Syracusis sine amicis, sine hospitibus, plane nudum esse ac 30

2 quaestor P. R. praetorem *R* : P. R. *om. SD*Ψ*pδ* ; *cf.* v, § 28   8
labore meo multo *S*Ψ   10 acute *RS* : diligenter et caute δ   19
me *suppl. edd.*   21 ac *RSp*: et δ *Mueller*   23 optime ei *Lamb.*
26 tabulas *pδ*   27 Syracusanorum ipsorum S\LKZ : Syr. *om. pq*

desertum putetis! Retinere incipit tabulas Theomnastus
quidam, homo ridicule insanus, quem Syracusani Theoractum vocant; qui illic eius modi est ut eum pueri
sectentur, ut omnes cum loqui coepit inrideant. Huius
5 tamen insania, quae ridicula est aliis, mihi tum molesta
sane fuit; nam cum spumas ageret in ore, oculis arderet,
voce maxima vim me sibi adferre clamaret, copulati in ius
pervenimus. Hic ego postulare coepi ut mihi tabulas 149
obsignare ac deportare liceret; ille contra dicere, negare
10 esse illud senatus consultum in quo praetor appellatus esset,
negare id mihi tradi oportere. Ego legem recitare, omnium
mihi tabularum et litterarum fieri potestatem; ille furiosus
urgere nihil ad se nostras leges pertinere. Praetor intellegens negare sibi placere, quod senatus consultum ratum
15 esse non deberet, id me Romam deportare. Quid multa?
nisi vehementius homini minatus essem, nisi legis sanctionem
poenamque recitassem, tabularum mihi potestas facta non
esset. Ille autem insanus, qui pro isto vehementissime
contra me declamasset, postquam non impetravit, credo, ut
20 in gratiam mecum rediret, libellum mihi dat in quo istius
furta Syracusana perscripta erant, quae ego antea iam ab
aliis cognoram et acceperam.

Laudent te iam sane Mamertini, quoniam ex tota pro- **67**
vincia soli sunt qui te salvum velint, ita tamen laudent ut 150
25 Heius, qui princeps legationis est, adsit, ita laudent ut ad
ea quae rogati erunt mihi parati sint respondere. Ac ne
subito a me opprimantur, haec sum rogaturus: navem
populo Romano debeantne? fatebuntur. Praebuerintne
praetore C. Verre? negabunt. Aedificarintne navem one-
30 rariam maximam publice, quam Verri dederunt? negare
non poterunt. Frumentum ab iis sumpseritne C. Verres,

4 coeperit *pδ*   12 potestatem oportere *π*   19 impetravisset
RSΨ   21 ab illis *pδ*   23 ex tanta *δ*   28 P. R. *R* : praetori *SΨ* : *om. pδ*   30 negare . . . frumentum *suppl. in mg. p²*

quod populo Romano mitteret, sicuti superiores? negabunt.
Quid militum aut nautarum per triennium dederint? nullum
datum dicent. Fuisse Messanam omnium istius furtorum
ac praedarum receptricem negare non poterunt; permulta
multis navibus illinc exportata, hanc navem denique maxi- 5
mam, a Mamertinis datam, onustam cum isto profectam
fatebuntur.

151　Quam ob rem tibi habe sane istam laudationem Mamertinorum; Syracusanam quidem civitatem ut abs te adfecta
est ita in te esse animatam videmus, apud quos etiam 10
Verria illa flagitiosa sublata sunt. Etenim minime conveniebat ei deorum honores haberi qui simulacra deorum
abstulisset. Etiam hercule illud in Syracusanis merito
reprehenderetur, si, cum diem festum ludorum de fastis
suis sustulissent celeberrimum et sanctissimum, quod eo 15
ipso die Syracusae a Marcello captae esse dicuntur, idem
diem festum Verris nomine agerent, cum iste a Syracusanis
quae ille calamitosus dies reliquerat ademisset. At videte
hominis impudentiam atque adrogantiam, iudices, qui non
solum Verria haec turpia ac ridicula ex Heracli pecunia 20
constituerit, verum etiam Marcellia tolli imperarit, ut ei
sacra facerent quotannis cuius opera omnium annorum
sacra deosque patrios amiserant, eius autem familiae dies
festos tollerent per quam ceteros quoque festos dies
recuperarant. 25

9 affecta sit *pδ* 13 mehercule *pδ* 18 calamitoso dies : *in
his verbis hic desinit R* reliquerat *Spq al.* : reliquerit *δ* At *Spδ* :
ac *G₃ edd.* (*Div.* § 44 : v, § 9) 22 omnium annorum *S et codd.
rell.* : omnium fanorum *Luterbacher* (§§ 124–131) : omnia maiorum
Jeep

COMMENTARY
ON
THE TEXT

Help with Using the Commentary

AG = *Allen and Greenough's New Latin Grammar* (Ginn & Company: New York, 1931). Grammatical points may also be checked in any other comprehensive Latin grammar.

cf. = compare.

< = is from (consult a good Latin dictionary).

(A Latin word or phrase in parentheses) indicates that the Latin is understood or implied from the context.

-*que:* this particle meaning "and" has been omitted in many cases from mention in the commentary.

When two translations are given, the first translation is literal, the second closer to acceptable English.

1.2, 3.5 Section numbers are those found in the Peterson text. The numbers at the very top of each page (i.e., **1** 1, **1** 2, **3** 5) and down the outside of the page give the location of the text in question. In this commentary such numbers are written **1.1, 1.2, 3.5.** There may also be infrequent reference to line numbers on the inside of each page.

The opening of this speech (1 – 2) serves as a transition from the treatment of Verres as an administrator. Cicero's new theme is the defendant's shameless and extensive looting of works of art from Sicily. The speech falls into two parts: thefts from individuals (3 – 71) and thefts from towns (72 – 135).

1.1 COMMENTARY ON THE TEXT

1.1 ad: take with *studium, morbum et insaniam, latrocinium.*

istius: genitive singular of *iste*, used by the prosecutor to refer to Verres ("the defendant's").

quem ad modum: "as."

studium: "pastime, hobby."

ut: "as."

ut amici . . . ut Siculi: supply *appellant.*

quo nomine appellem: indirect question dependent on *nescio.*

vobis: most scholars believe that Cicero never delivered the *actio secunda* against Verres. Cicero, however, maintains the fiction that he is actually delivering the speech to the jury.

proponam, . . . penditote < **pendo:** future imperative, "evaluate." Asyndeton (lack of connective where one is expected between the two verbs).

vos: nominative plural, emphatic subject of *penditote.*

suo . . . pondere: punctuate and understand as *suo, non (pondere) nominis, pondere.*

genus: "type" of this particular charge.

iudices: a jury of senatorial rank chosen by lot and subject to challenge of the prosecutor and the defendant's lawyer; the names of twelve or possibly thirteen of the jurors are known.

non magno opere quaeretis: "you will ask with no great effort, you will not be at a loss to . . ."

quo . . . nomine . . . putetis: indirect question introduced by *quaeretis.*

id . . . appellandum: supply *esse*; passive periphrastic construction in an accusative and infinitive construction dependent on *putetis* ("that it should be called").

nego . . . abstulerit: this periodic sentence sums up the charge against Verres in the *De Signis: nego . . . vas . . . fuisse, . . . gemmam aut margaritam, quicquam . . . factum, signum . . . nego . . . picturam . . . quin . . . abstulerit.* Note the asyndeton (lack of connective between the verbs and other parts of speech).

provincia: ablative in apposition to *Sicilia.*

tot oppidis, tot familiis: ablatives of description with *Sicilia.*

vas: "vessel."

Corinthium aut Deliacum (vas): "a vessel made of Corinthian or Delian bronze." Both were highly prized in the ancient world (see Pliny *Historia Naturalis* 34.3.6; hereafter referred to as *H.N.*).

ebore: < **ebur:** "ivory."

signum: "statue."

ullam picturam . . . textili: "any picture neither on wood nor on cloth (= no picture either on wood or cloth)."

quin conquisierit, inspexerit . . . abstulerit: "but that he did not . . ." *Quin = qui non* in a relative clause of characteristic after a negative.

conquisierit = conquisiverit < conquiro: "hunt down."

quod placitum sit: a subordinate clause in indirect discourse uses the subjunctive.

1.2 non . . . causa: "not for the sake of embellishing the speech or exaggerating the charge"; the genitive of the gerundive + *causa* expresses purpose.

nihil: object of *reliquisse*, emphasized by its unusual position.

istum . . . reliquisse: indirect statement dependent on *dico*.

eius modi: "of this kind," dependent on *rerum*.

rerum: partitive genitive with *nihil*.

Latine . . . accusatorie: "in plain Latin and not in the manner of a prosecutor."

me . . . loqui: indirect statement dependent on *scitote*.

scitote: < *scio*, second plural future imperative, regularly used for this verb instead of the present.

etiam planius: supply *dicam*. An implied indirect statement (*istum . . . reliquisse*) begins after the colon; *nihil*, the object of *reliquisse*, is repeated five times. This long sentence sums up in elaborate rhetorical terms the contents of the whole book.

aedibus < **aedes:** in plural "house."

ne . . . quidem: "not even."

in hospitis: supply *aedibus*.

communibus: "public."

apud Siculum . . . civem: "in the possession of . . ."

quod . . . acciderit + ad + accusative: "which struck (the senses)."

ad oculos animumque: supply "his."

privati . . . publici . . . profani . . . sacri: partitive genitives with
  nihil.

Cicero now addresses Verres directly. The first round of evidence against
  Verres comes from Messana (3–28). Verres' dealings with C. Heius
  (3–16) provide a specific example of his rapacity: the theft of four
  famous statues.

1.3 potius: "more suitably"; irregular comparative adverb.

incipiam: deliberative subjunctive.

ab ea civitate: Messana (modern Messina), a city that had received pref-
  erential treatment from Verres and had sent a delegation on his behalf to Rome.

una: "alone, above all."

in amore atque in deliciis fuit + dative: "was regarded with love and
  favor by."

laudatoribus: the official delegation. See *In Verrem* II.II.13–14.

perspicietur < **perspicio:** "it will be recognized"; impersonal passive.

qualis . . . fueris: indirect question.

apud + accusative: "with respect to."

oderunt: < *odi*, "hate." Perfect in form but present in meaning.

Mamertinos: Mamertines, the inhabitants of Messana.

inveniare = **inveniaris** (second singular present subjunctive passive).

improbissima ratione: ablative of manner.

esse praedatus < **praedor:** "plunder."

2.3 mihi: take closely with *concedunt* ("grant, admit").

Messanam: *ad* is omitted with the names of cities.

omnibus rebus: ablative of specification or respect (*AG* 418).

ornatissimus: "the most distinguished."

vel: "perhaps."

Messanae: "at Messana"; locative.

quidem certe: "certainly, at any rate." Emphasizes *notissima.*

nostris hominibus: the Romans.

istius: "of the defendant."

ornata sic fuit: introduces a clause of result (*ut . . . esset*).

urbi . . . ornamento: a double dative, i.e., a dative of reference (*urbi*) and a dative of purpose (*ornamento*)("an enhancement to the city"). On the double dative see *AG* 382.

moenibus < **moenia:** "walls."

quae . . . ornata sit: subjunctive in a relative clause expressing a concessive ("although . . .").

ab his rebus: ablative of separation with *nuda*.

quibus . . . delectatur: relative clause.

2.4 Cicero describes Heius' shrine, which contained a famous marble Cupid. L. Mummius is used as an example of a Roman who did not carry off a similar Cupid from a sacred place.

apud Heium: "at Heius' home."

sacrarium: "shrine."

magna cum dignitate: equivalent to an adjective modifying *sacrarium*.

in aedibus < **aedes:** "in his house."

a maioribus: "from his ancestors."

traditum perantiquum: both modify *sacrarium*; asyndeton (lack of a connective).

in quo . . . nobilitate: supply *erant*.

summo artificio, summa nobilitate: ablatives of description; also asyndeton.

quae . . . possent: a relative clause of characteristic; *signa* is the antecedent of *quae*.

non modo . . . verum etiam: "not only . . . but also."

ingeniosum et intellegentem: "sophisticated and discriminating"; a sarcastic reference to Verres.

quemvis < **quivis:** "anyone"; with partitive genitive *nostrum*.

idiotas (Greek, masculine plural accusative): "culturally ignorant persons, Philistines."

unum . . . marmoreum: supply *erat signum*.

Praxiteli < **Praxiteles,** genitive. Praxiteles was one of the most renowned Athenian sculptors of the mid-fourth century B.C. (Pliny *H.N.* 34.19.69). Verres collects first-class art!

nimirum . . . nomina: for the benefit of his imaginary Roman audience Cicero claims little knowledge of Greek art or taste. See also *opinor* in the next sentence.

dum . . . inquiro: "while I was conducting my investigation . . ."; *dum* with the present tense denotes continued action in past time.

artificum < **artifex:** dependent on *nomina*.

eiusdem modi: genitive dependent on *Cupidinem*.

Thespiis: locative < *Thespiae* (the name is plural in form, cf. *Athenae*, "Athens"). A town in Boeotia near Mount Helicon, home of the Muses.

visendi: genitive of the gerund dependent on *causa*.

atque: "and even."

ille: often, as here, in the sense of "famous, celebrated" (*AG* 297b).

L. Mummius: the Roman general who conquered and destroyed Corinth in 146 B.C. and then shipped many Greek treasures back to Rome.

cum . . . tolleret: concessive.

Thespiadas: "women from Thespiae," i.e., a statue of the Muses.

ad aedem Felicitatis: "near the temple of *Felicitas*" (in Rome).

ceteraque profana . . . signa: statues not consecrated for use in a religious setting.

3.5 Cicero now returns to his description of the other works of art in the shrine.

verum: more emphatic than *sed*, used here to indicate a transition.

ut . . . redeam: a purpose clause.

ex altera parte: "opposite."

aere < **aes:** "bronze."

Myronis < **Myron:** a famous Greek sculptor of the early Classical period (480–450 B.C.). A possessive genitive in the predicate ("the work of Myron").

item: "moreover."

arulae: "little altars."

quae . . . possent: relative clause of characteristic.

cuivis: dative singular of *quivis*. See above on *quemvis* at 2.4.

religionem: "sanctity."

sacrari < **sacrarium**, genitive singular. Before the Augustan period only one "i" occurs in the genitive of -*ius/ium* nouns.

eximia venustate, . . . habitu . . . vestitu: ablatives of description with *signa*.

quae: *signa* is its antecedent.

manibus sublatis < **tollo** ("raise"): ablative of means.

more . . . virginum: supporting columns in the shape of maidens (Caryatids) on the porch of the Erechtheum on the Acropolis in Athens.

reposita < **repono:** perfect participle passive, modifying *sacra*.

Canephoroe: "basket-bearers"; Greek feminine plural nominative.

artificem: accusative in an interrupted accusative and infinitive dependent on *dicebant*.

quemnam: "whom, tell me?"

recte admones: "you are absolutely right." Cicero pretends to be asking an aide or secretary for the artist's name.

Polyclitum: Polyclitus, an important Greek sculptor of the last half of the fifth century B.C.; his work survives in many copies (Pliny *H.N.* 34.19.55).

Messanam: see above at 2.3.

ut . . . venerat: *ut* with the pluperfect indicative expresses repeated action in the past ("whenever . . .").

quisque nostrum: *nostrum* is partitive genitive ("anyone of us").

haec: the famous works of art in Heius' shrine.

ad visendum: gerund with *ad* expresses purpose.

patebant: "were accessible."

domino magis ornamento quam (ornamento) civitati: double dative; see *urbi . . . ornamento* above at 2.3.

3.6 C. Claudius once borrowed the statue of Cupid but he took care to return it to its owner.

C. Claudius (Pulcher): curule aedile in 99 B.C., known for the especially splendid games he sponsored.

aedilitatem: "aedileship." One of the duties of this office was to conduct festivals (*ludi*); lavish expenditures paved the way for an aedile's election to higher office.

aedilitatem . . . fuisse: accusative and infinitive dependent on *scimus*.

usus est + ablative: "borrow."

hoc Cupidine: the statue that had belonged for generations to the family of Heius.

tam diu dum: "as long as."

forum . . . habuit ornatum: "he kept the forum decorated."

dis . . . Romano: "for the immortal gods and the Roman people."

cum: causal.

hospes . . . Heiorum, Mamertini . . . patronus: chiasmus (word order which inverts the second of two parallel structures, i.e, ABBA) here emphasizes the position of responsibility he held with Heius and the Mamertines.

Heiorum: "of the family of Heius."

patronus: an influential Roman who had undertaken to protect the interests of an individual or a community.

ut . . . sic: "as . . . so."

illis: i.e., Heius and the citizens of Messana.

usus est: here with predicate adjective (*benignis*), "find (a person to be such and such) in one's dealings with him."

ad commodandum (commodo, "lend"): *ad* + gerund in a purpose construction, here dependent on *benignis*.

homines nobilis (= nobiles): accusative, object of *vidimus*.

eius modi: "of this kind." Cicero means men who have displayed the same kind of honesty as C. Claudius.

immo vero: "nay rather." Corrects a previous statement.

modo: "only recently."

paulo ante: "a little earlier"; *paulo* is an ablative of measure of difference (*AG* 414).

qui . . . ornarent: relative clause of characteristic. Note the asyndeton and parallel word order in this elaborate clause.

commodis: here, "loans."

qui = et hi homines nobiles (connecting relative). A relative pronoun often stands at the beginning of an independent sentence, serving to connect it with the sentence that precedes (*AG* 308f).

sua cuique: "his own . . . to each one."

reddebant . . . auferebant: asyndeton (lack of a connective).

non ablata . . . auferebant < **aufero** ("take away, carry off"): *ablata* modifies (*signa atque ornamenta*). Literally: "they did not carry off the taken away statues . . ." A perfect participle in agreement with the object gives the first step in the action and may be translated as a main verb ("they did not take away and carry off").

quadridui causa: "for the sake of a four day period" (i.e., during a festival).

domum: *ad* is omitted.

3.7 unum pervetus ligneum: supply *signum*. The statue was probably too primitive to attract Verres.

Bonam Fortunam: Cicero jokingly suggests that Verres would have done well to have included Good Luck in his collection!

domi suae: locative.

4.7 Cicero expresses indignation at Verres' theft from a shrine.

pro: an expletive expressing surprise or amazement.

deum: genitive plural.

fidem: "sanctity"; accusative of exclamation.

quae dico signa: *signa*, the antecedent of *quae*, has been incorporated into the relative clause ("the statues that I mention").

abs te = **a te:** *abs* is often used before *te*.

sublata sunt < **tollo:** "remove, carry away."

cum imperio: the power of military command held by a consul or a praetor.

quin viserit: *quin* = *qui non* in a relative clause of characteristic after a negative ("but that he did not . . ."). See *quin . . . conquisierit* above at 1.1.

cum . . . tum: "not only . . . but also."

cuiusque modi: "of every kind."

religiosis: "the scrupulous."

qui . . . auderet: relative clause of result ("as to dare").

ex illo sacrario: note that Cicero keeps emphasizing that the statues have been taken from a sacred area.

quod: supply *id* as antecedent.

ubique: "everywhere." The reader hardly needs reminding that exaggeration is one of the orator's major weapons.

capiet: "will hold."

idcirco . . . ut: "for this purpose . . . so that"; cf. *ideo . . . ut* in the next clause.

superiorum: "predecessors"; genitive plural.

ille Cupido: "that famous Cupid."

lenonis < **leno** ("pimp"); *meretriciam* < *meretricius*, ("pertaining to harlots or prostitutes"). Cicero alleges at *In Verrem* II.III.78 that Verres consorted with prostitutes and was much influenced by one, Chelidon, during his year as urban praetor. Cupid did not need to move from the chaste atmosphere of Heius' shrine to the decadent world of Verres!

se . . . relictum esse: accusative and infinitive dependent on *sciebat*.

meretricis heredem (< **heres**): "the heir of a prostitute." At *In Verrem* II.II.116 Cicero alleges that Chelidon left her property to Verres.

4.8 Although Verres will claim that he "bought" all his acquisitions in Sicily, Cicero begins to refute this statement.

invehor (in istum): passive but translate as "attack (Verres) with words."

praeclaram defensionem: for the case see *fidem* above at 4.7.

cum imperio ac securibus: a governor's power to act and his symbols of office; *securibus* < *securis*, "axe" (carried in the *fasces* of a Roman magistrate).

omnia: take with *signa*; note its emphatic position outside the clause.

qui . . . coemeret, . . . relinqueret: "to buy up, . . . to leave"; relative clauses of purpose.

haec: take with *defensio*.

ad omnia: Cicero means that Verres will claim a purchase for each charge of robbery.

emisse: understand as *istum emisse*, accusative and infinitive in apposition to *haec . . . defensio*.

si . . . concedam: subjunctive in a less-vivid future condition ("if I should . . .").

ut emeris: "that you bought"; perfect subjunctive in an *ut* clause dependent on *concedam* (primary sequence).

in . . . genere: "in this whole group (of charges)."

defensione: ablative with *usurus es*, active periphrastic in place of the future.

cuius modi: "of what sort."

iudicia . . . esse: accusative and infinitive dependent on *putaris*.

Romae: locative.

putaris < putaveris: perfect subjunctive in an indirect question introduced by *quaero*.

quemquam . . . concessurum (esse)("concede" in argument): accusative and infinitive dependent on *putasti*.

putasti < putavisti.

te . . . coemisse: accusative and infinitive in apposition to *hoc*, object of *concessurum (esse)*.

omnis: alternative form of *omnes*.

alicuius preti: genitive of indefinite price or value.

5.9 maiorum < maiores: "ancestors."

nihildum: "nothing as yet, nothing so far."

neminem . . . fore (future infinitive of the verb, **sum**): accusative and infinitive dependent on *putaverunt*.

cum potestate aut legatione: i.e., as a governor or an ambassador.

esset profectus: subjunctive in a subordinate clause in indirect discourse.

argentum: "silver plate."

de publico: "at public expense."

ut vestem: supply *emeret*, expressing result dependent on *tam amentem*.

vestem: "fabrics."

legibus: ablative of means.

mancipium: "a slave."

putarunt < putaverunt. Here "they supposed (that he might buy) a slave."

quo: see *defensione* above at 4.8.

sanxerunt ne quis . . . : "they forbade anyone by law to . . ."

emeret: supply *mancipium*.

qui = quis: after *si, nisi, ne*, or *num* the adjectival form of this pronoun is sometimes used instead of the substantive form.

immo: "no!"

ibidem: i.e., in the province.

provinciae: locative.

supplere: "to replace."

5.10 haec: supply *causa est.*

quod: "because."

suo arbitratu: "by his own free will."

liceret: "it was permitted"; impersonal verb, taking the dative of the person and an infinitive.

fore uti . . . auferret: the equivalent of a future active infinitive in an accusative and infinitive dependent on *intellegebant* ("that he would carry off"). On the construction see *AG* 569a.

quanti vellet: "at whatever price he wanted"; genitive of indefinite price or value.

noli < nolo + infinitive: "do not . . ."

isto modo: "in that fashion."

agere cum: "deal with."

ad + accusative: "in accordance with."

modo ut . . . emerit: "provided only that . . ."; a clause of proviso.

bona ratione: "in an honest fashion."

pro potestate: "by virtue of his magisterial power" (hence abusively).

nihil: repeated object of (*modo ut . . . emerit*).

si: take with *vendidit.*

quod . . . Heius: *id* is the antecedent of the relative clause.

venale: predicate adjective agreeing with the relative pronoun, *quod.*

quanti . . . tanti: "at the same price as"; genitive of indefinite price or value.

desino + infinitive: "cease."

6.11 Cicero will now begin to make the case that Verres' "purchases" from Heius can hardly be called purchases.

nobis: dative of agent with the passive periphrastic.

num: interrogative particle expecting the answer no ("we don't have to use proofs, do we?").

argumentis: ablative with *utendum* < *utor*.

utendum (est): "it must be used, we must use"; an intransitive verb in a passive periphrastic construction (*AG* 208d; 372).

Heius iste: take as subject of *habuerit*.

num . . . habuerit: indirect question ("whether . . ."").

aes alienum: "debt."

fecit: supply *auctionem*.

rei nummariae: genitive with *difficultas* ("difficulties of a financial kind").

ut . . . spoliaret, ut . . . venderet: result clauses; asyndeton (lack of a connective).

hominem . . . fecisse: accusative and infinitive dependent on *video*; *hominem* is the understood subject of all the subsequent infinitives (*vendidisse, esse* and *fuisse*).

nullam: take with *auctionem*; note the emphatic position at the end of the clause.

fructus: "produce."

in suis nummis multis esse: "to have plenty of ready money"; idiomatic.

si . . . essent, (video) illum . . . venditurum non fuisse: a contrary-to-fact condition in the past in indirect discourse. Note the unusual form of the infinitive (future participle + *fuisse*) in indirect discourse (*AG* 589b.3).

haec: take with *omnia* as subject of *essent*.

contra ac: "otherwise than."

fuissent: subjunctive because the relative clause is inside an accusative and infinitive.

tot annos: accusative of duration of time.

persuasum est: impersonal passive of an intransitive verb.

pecuniae: genitive with *magnitudine*.

veri simile = **verisimile** ("probable").

ut . . . anteponeret: "it is not probable that he preferred . . ."; a substantive clause of result (*AG* 568).

religioni: "sense of duty to the gods."

6.12 sunt ista: "that may be so"; idiomatic.

non numquam: "sometimes"; double negative translates as a positive.

ab institutis suis: ablative of separation.

quanta . . . fuerit: perfect subjunctive in an indirect question introduced by *videamus* (primary sequence).

quae potuerit: subjunctive in a relative clause of characteristic; take *potuerit* with *deducere*.

Heium: object of the infinitive, *deducere*.

iussisti: "you" (Verres).

ipsum: i.e., Heius (personally).

in tabulas referre: "to record in his accounts."

HS (abbreviation for **sestertiis**) **sex milibus quingentis:** ablative of price to express a precise value. Allen & Greenough value 1000 *sestertii* at \$50. Hence *HS* 6500 is an insignificant sum for four famous works of art.

rettulit < **refero:** the subject of the verb is (*Heius*).

recita: Cicero asks a clerk of the court to read from Heius' financial records, maintaining the fiction that the case is actually being heard.

iuvat: *haec praeclara nomina . . . concidisse* is subject of the verb, *me* the object ("for these famous names to have so dropped in value delights me"; i.e., "I am delighted to hear that these famous names . . . have so dropped in value").

isti: the persons referred to below as *qui studiosi sunt harum rerum*.

concidisse < **concido:** "drop in value."

Verris: genitive dependent on *aestimatione*.

Cupidinem: an accusative of exclamation; "A Cupid for 1600 sesterces!"

natum est: "the saying has arisen."

7.13 quid?: "tell me!" (precedes a direct question in order to call attention to it).

permagno: ablative of price.

ad . . . rationem usumque: "in accordance with . . ."

arbitror spectari oportere: "I think it ought to be considered." *oportere* < *oportet* is an impersonal verb, taking an infinitive here.

quanti: genitive of indefinite value, introducing a series of indirect questions introduced by *spectari*.

venire < **veneo:** "bring, sell for."

haec ipsa: the four statues.

venirent, venire possent: "came on the market, could come on the market."

ipse Verres: subject of *aestimet.*

si . . . putasset, commisisset: a past contrary-to-fact condition.

denariis CCCC: ablative of price or value. A *denarius* = 4 *sestertii*; 400 *denarii* = 1600 *sestertii.*

putasset < **putavisset.**

commisisset ut: "act in such a way that."

ut . . . veniret: a substantive clause of result after *commisisset.*

eum: the Cupid.

7.14 vestrum < **vos:** partitive genitive.

HS $\overline{XL}$: the line above the numeral indicates thousands; "40,000 *sestertii.*"

venire: see above at 7.13.

qui . . . emerint: subjunctive in a relative clause of characteristic.

minoris aut . . . pluris: genitive of price.

nonne: interrogative particle expecting the answer yes ("I could . . . couldn't I?").

modus: antecedent of *qui*, here placed inside the relative clause.

cupiditatis: genitive dependent on *modus.*

idem: repeats the antecedent, *modus.*

nisi . . . feceris: supply *finem.* Cicero is making the point that it is the demand for works of art that gives them their value.

Heium . . . adductum esse . . . teque . . . eripuisse atque abstulisse: accusative and infinitives dependent on *video.*

ut . . . venderet: a substantive clause of purpose (indirect command) introduced by *adductum esse.*

ista (the **signa**): object of *eripuisse* and *abstulisse.*

simulatione emptionis: "under the pretext of making a purchase."

ab homine eo: ablative of separation with *eripuisse atque abstulisse.*

una: adverb.

commiserat: a verb in a subordinate clause in indirect discourse takes the indicative when the statement is regarded as true, independent of the clause (*AG* 583).

7.15 Having refuted Verres' claim that he bought the statues, Cicero shows that Heius is a reliable witness despite Verres' cozy relationship with the Mamertines.

mihi: dative of agent with the passive periphrastic infinitive, *optandum . . . esse.*

ne . . . optemus: "let us not . . ."; hortatory subjunctive.

Mamertina civitas istum publice . . . laudat: the citizens of Messana had sent an official delegation to Rome to provide a testimonial to Verres' good character (*In Verrem* II.II.13–14). Although Heius was head of the delegation, Cicero explains why he is a reliable witness against Verres.

omnibus . . . ceteris Siculis odio: double dative ("he is for the purpose of hatred to all the other Sicilians"; i.e., "he is hated by . . .").

eius . . . legationis: genitive dependent on *princeps*; note the unusual word order from which this sentence derives its effect.

ad . . . laudandum: gerundive expressing purpose.

ne . . . reticeat: a difficult clause, best taken after an understood verb expressing fear or apprehension ("there is a danger that he may be silent . . .").

haec: object of *scirem* and *cogitarem*.

7.16 cum . . . tamen: "although."

commisi + dative: "I had confidence in."

produxi: "I called (Heius) as a witness."

prima actione: "during the first stage" (of the trial); ablative of time within which.

poterat . . . , si . . . esset: a present contrary-to-fact condition (*AG* 517c). With verbs of possibility the imperfect indicative is used in the apodosis of the condition ("what could H. reply?").

sui: genitive of the pronoun, dependent on *dissimilis.*

illa signa: accusative subject of *esse . . . non esse*, accusative and infinitives dependent on an implied verb of saying (*respondere*).

qui: interrogative adverb = *quomodo* ("how").

ut: introduces a concessive clause ("even if").

diceret: the apodosis of a present contrary-to-fact condition.

se habuisse, sese . . . vendidisse: accusative and infinitives in apposition to *hoc*, object of *diceret*.

quanti: see above at 7.13.

domi suae: Messana. On the form see above at 3.7

qui . . . vellet: "since he wanted . . . "; causal.

neque se habuisse . . . neque . . . (se) adduci . . . potuisse: accusative and infinitives dependent on (*dixit*).

si utrum vellet liceret: "if the alternative he wished were permitted."

ut venderet: a substantive clause of purpose (indirect command) introduced by *adduci* ("induced to . . . ").

8.17 Cicero now turns to Verres' relationship with Messana (17–28).

quid . . . quid . . . quid: triplet rhetorical questions; anaphora (the repetition of the opening word of a sentence).

te . . . circumveniri atque opprimi: accusative and infinitives dependent on *dicis*.

a Centuripina . . . Agyrinensi: Centuripae, Catina, Halaesa, Tyndaris, Henna, Agyrium, cities in Sicily that had sent deputations to Rome to complain about Verres. For the location of these cities in Sicily and others in the text see the map on p. 4.

Siciliae: genitive.

quem ad modum: see at 1.1 above.

tuorum: take with *scelerum*.

adiutrix . . . testis . . . receptrix: a triplet of pejorative nouns, each preceded by a genitive phrase, and used in apposition to *tua . . . Messana*.

huius iudici: genitive with the preposition *causa*.

domo: ablative of separation.

mandatum atque imperatum est: impersonal passives emphasize the action rather than the doer of the action.

tametsi: "and yet"; take with *tenetis memoria*.

cybaea ("transport or cargo ship"): at *In Verrem* II.V.44 Cicero alleged that Messana built a cargo ship at its own expense for Verres' personal use, not for the benefit of the Roman navy.

tenetis memoria: "you hold in your memory, you remember"; *memoria* is ablative.

aedificatam: read as (*cybaeam*) *aedificatam* (*esse*); accusative and infinitive implied after *responderit*.

publicis operis . . . coactis: ablative of means; *operis* < *opera* ("laborer, worker").

publice: "officially."

eique aedificandae . . . senatorem praefuisse: "and that a senator was in charge of (*praefuisse* + dative of the gerundive) building it." The accusative and infinitive is implied after *responderit*.

idem: Heius.

hac lege: ablative with *utitur*. The *lex Cornelia de repetundis* of 81 B.C. under which Verres was being charged governed cases of prosecution for extortion in the provinces. These cases were called *repetundae pecuniae* because their aim was to recover money extorted.

communi arce: ablative in apposition to *lege*.

tametsi: "although."

de . . . repetundis: gerundive with *de* + ablative ("concerning the restoration of extorted monies").

se . . . repetere: accusative and infinitive dependent on *negat*.

tanto opere: "so very much"; take closely with *non*.

dicit, . . . reposcit: asyndeton (lack of a connective).

se . . . repetere: accusative and infinitive dependent on *dicit*.

abs te: see above at 4.7.

deos . . . te: *reposcit* takes two accusatives ("he demands his gods back from you").

penatis = penates.

8.18 Cicero continues to develop the theme that some of the treasures stolen from Heius were sacred family heirlooms.

ecqui: "is there any . . . ?" (used in an emotional question expecting the answer no).

religio: "respect for the gods."

habitasti < habitavisti.

illum . . . facere: accusative and infinitive dependent on *vidisti*.

res . . . divinas . . . facere: "perform ritual sacrifices."

apud eos deos: the statues of Cupid and Hercules.

pecunia: ablative of means.

quae . . . fuerunt: supply *ea*, object of *requirit*, as antecedent.

ornamenti causa: on *causa* as a preposition see *quadridui causa* above
at 3.6. Cicero here refers to the two statues that were purely decorative and did not have religious significance for Heius.

tibi habe: "keep for yourself."

Canephoros: see above at 3.5; this pair of statues was purely decorative.

deorum: the statues of Cupid and Hercules.

quae = **et ea** (connecting relative).

tempore ("opportunity") **dato:** ablative absolute.

apud vos: Heius' testimony in court.

socius amicusque: nominative, in apposition to the subject of *questus est*
(Heius).

religioni: dative with *proximus* ("closely attached, very devoted to").

iure iurando: < *ius iurandum*, "oath."

hominem missum . . . esse: accusative and infinitive dependent on
scitote.

scitote: on the form see above at 1.2.

isto: Verres; see *istius* above at 1.1.

de legatis: dependent on *unum*; the members of the delegation from Messana in Rome to speak on Verres' behalf.

illum ipsum: take in apposition with *unum*.

qui . . . praefuit: see *eique aedificandae . . .* above at 8.17.

qui . . . peteret: relative clause expressing purpose ("to ask . . .").

ut . . . adficeretur: a substantive clause of purpose (indirect command)
introduced by *peteret* ("that Heius be inflicted with civic disgrace"). By removing Heius' citizenship Verres hoped to prevent
him from testifying further.

ignominia: ablative of means.

9.19 putasti: see at 4.8 above.

te: take as the accusative subject of *impetraturum (esse)* in an accusative
and infinitive dependent on an implied verb of saying (*putasti*).

quanti: for the case see above at 7.13; *ignorabas* introduces two indirect
questions.

is: Heius.

fieret < **fio,** irregular imperfect passive from **facio:** "was esteemed."

fac < **facio,** irregular imperative: "suppose."

Mamertinos: take as the accusative subject of *statuisse* in an accusative and infinitive dependent on *fac.*

quantam . . . auctoritatem . . . futuram (esse): accusative and infinitive dependent on *putas.*

constet: "it is agreed."

verum: here a noun, object of *dixisse.*

pro testimonio dixisse: "to have spoken in evidence."

tametsi: "and yet."

cum . . . laedat necesse est: read as *cum necesse est (ut) laedat* ("when inevitably . . . causes harm").

laudator: subject of *laedat.*

laesit: supply *te, Verrem.*

quae poterunt (dicere) . . . quae (dicere) necesse erit: supply *ea* as the antecedent of *quae.*

ingratiis: "unwillingly"; ablative plural used like an adverb. Note the emphatic position of the word.

negent isti: deliberative subjunctive ("are they to . . . ?").

negent: "let them deny"; jussive subjunctive.

ei: demonstrative adjective modifying *navi.*

senatorem . . . praefuisse: accusative and infinitive dependent on *negent*; on *navi . . . praefuisse,* see *eique aedificandae . . .* above at 8.17.

utinam + present subjunctive: expresses a wish for the present.

quae = **et ea** (connecting relative).

ut . . . dem: purpose clause.

quam minimum . . . temporis: "as little as possible"; *temporis,* partitive genitive.

ad . . . periurium: on *ad* + gerundive see *ad . . . laudandum* above at 7.15.

9.20 tibi . . . procedat in numerum?: "likely to fit in with your plans?"; *procedat* is deliberative subjunctive.

qui . . . quibus = **et ei . . . eis** (connecting relatives).

infamis = **infames:** predicative with *familias* ("you have made families infamous").

quo in oppido: the antecedent, *oppido*, has been placed inside the relative clause and in the same case as the relative (*quo*).

at: signals an objection to the previous statement.

commodasti = **commodavisti** ("you have benefited [them]").

magno: take with *sine . . . detrimento*; note emphatic word order.

9.21 tritici modium $\overline{LX}$: "60,000 pecks of wheat"; *modium* is partitive genitive with (*milia*). For the symbol for thousands see *HS $\overline{XL}$* above at 7.14.

(milia) empta . . . dare: literally "to give thousands . . . having been purchased" i.e., "to purchase and give". On the perfect participle used in agreement with the object see *non ablata . . . auferebant* above at 3.6.

fecit: "suffered."

imperi: genitive dependent on *ius*.

Siculi: supply *detrimentum fecerunt*.

summa: "sum, total."

ipsum: supply *id* (subject of *detractum est*).

translatum . . . et . . . impositum: supply *est*.

translatum < **transfero.**

Centuripinos et Halaesinos: "the citizens of Centuripae and Halaesa."

immunis: there were five cities (*civitates liberae et immunes*) in Sicily in Cicero's day that enjoyed a favored status in their relationship with Rome. They were exempt from the tithe (*decumae*) but not from other obligations to Rome.

hoc: ablative of means.

impositum: supply *est*.

navem: as governor, it was Verres' duty to see that the Mamertines supplied their allotted ship to the Roman navy.

poposcisti: < *posco*, "demand."

fecisti item ut: "you acted just as."

praedones: a very damaging comparison—to suggest that Verres, as governor, acted like a pirate.

qui = **et ei** (connecting relative).

cum . . . sint . . . tamen: "although . . . ."

quibus . . . parcant verum etiam . . . quos augeant: relative clauses of characteristic.

quibus: dative with *parcant*.

praeda: ablative of means; take inside the relative clause, *quos augeant*.

eos: take in apposition to *amicos*.

opportuno loco: the preposition *in* may be omitted with *loco*.

10.22   quo: "where"; introduces a relative clause of characteristic.

adeundum sit: passive periphrastic with an intransitive verb.

navibus: dative of agent with the passive periphrastic.

Phaselis (feminine singular): a town in Lycia on the southern coast of Asia Minor (modern Turkey). Cicero begins a digression comparing Messana to a pirate stronghold.

illa: "that famous," when the demonstrative follows the noun.

P. Servilius: Publius Servilius Isauricus, one of the jury in the present case—no doubt the reason why Cicero chose this *exemplum*. From 78–76 B.C. he had held a command against the pirates throughout the Mediterranean, including those of Cilicia.

antea: "formerly."

Cilicum < Cilices: "Cilicians," a people of southeast Asia Minor notorious in antiquity as pirates.

Graeci homines: take in apposition to *Lycii* ("Lycians").

quod: "because."

loco: see on *opportuno loco* at 9.21 above.

erat . . . atque . . . proiecta (est): supply *Phaselis* as subject.

in altum: "into the deep" (the sea).

ut . . . devenirent et . . . deferrentur: subjunctives in a result clause.

necessario: adverb.

se . . . reciperent: "withdrew, returned."

ex hisce locis: "from our part of the world"; the *-ce* is a strengthening demonstrative particle.

piratae: nominative plural masculine, subject of *adsciverunt*.

primo: adverb.

quae: the antecedent is *Mamertina civitas*. English would use a coordinate conjunctive and a demonstrative ("for it . . .").

C. Catonis: genitive dependent on *impedimenta*. Nothing else is known about this incident from C. Porcius Cato's consulship in 114 B.C.

impedimenta: "luggage, traveling equipment."

cuius hominis . . . potentissimi: genitive in apposition to *Catonis*.

qui = sed is (connecting relative).

tamen cum: "although . . ."

ita: take with *clarissimorum*.

duorum . . . clarissimorum: genitive dependent on *nepos*. Romans would have recognized L. Paulus, M. Cato, and P. Africanus as very famous Romans of the previous century; in short C. Cato had a very impressive pedigree.

quo = et eo (connecting relative); take with *damnato*, ablative absolute.

cum . . . fiebant: *cum* with the indicative defines the time of the main verb.

HS VIII: "8000 *sestertii*"; ablative of price.

lis: feminine; *litem aestimare* "to assess damages in a case."

huic: Cato.

quam . . . est: "than the amount of the damages assessed against Cato"; *quanti* is a genitive of indefinite price or value.

Timarchidi < Timarchides, dative: freedman of Verres who Cicero alleges was his agent in a number of unsavory deeds.

10.23 haec civitas: Messana.

isti . . . Siciliensi: dative; refers to Verres, who Cicero claims turned Messana into a den of pirates.

relinquebantur: supply *omnia* as subject.

quod . . . erat: supply *id* as the antecedent; *opus erat =* "it was necessary."

habebant + perfect participle passive: "they kept . . ."

sepositum < sepono et reconditum: take with (*id*).

istos: the Mamertines.

quae volebat: supply *ea* as the antecedent of the relative clause.

(ea) imponenda . . . exportanda curabat: "he took care that things should be . . ." In this construction, which expresses purpose, the gerundives agree with *ea*, the direct object of *curabat* (*AG* 500. 4).

The same construction is used in the next clause (*navem . . . curavit . . . faciundam aedificandamque*).

imponenda: "put on board (ship)."

quam . . . mitteret: relative clause expressing purpose.

furtis: ablative of means with *onustam*.

hisce: see *ex hisce locis* above at 10.22.

sumptus, genitive singular < **sumptus:** take with *vacatio*.

ut opinio mea fert: "as I believe"; idiomatic.

his . . . temporibus: ablative of time during which.

orbe terrarum: "circle of the lands, i.e., the world."

hinc: Cicero means that Verres' special treatment of Messana allowed him to get away with behavior there he did not dare commit anywhere else in Sicily.

10.24 Verria: supply *solennia*; a festival established by Verres in his own honor to replace the one in honor of Marcellus.

quod: agrees in gender and number with an implied antecedent rather than with *Verria* ("during which").

Sex. Cominium: a Roman citizen who lived in Sicily.

scyphum < **scyphus:** "a cup, goblet."

obtorta gula < **obtorqueo** "restrain (the throat) with a noose," i.e., "gag"; ablative absolute.

in vincla atque in tenebras: "a dark prison" (hendiadys, a figure of speech that uses two nouns, with a conjunction, instead of one modified noun).

quam: antecedent is *crux*.

crux < **crucis:** "cross."

civem Romanum: Publius Gavius. See *In Verrem* II.V.158–170 on Verres' cruel and illegal treatment of a Roman citizen he had had crucified.

multis inspectantibus: ablative absolute.

11.24 Cicero delivers a scathing attack on the citizens of Messana as accomplices of Verres rather than believable witnesses for him.

laudatum: "to praise." Supine used after a verb of motion to express purpose (*AG* 509).

quemquam: object of *laudatum*.

auctoritate: "credibility."

utrum . . . an: introduces a double question.

quam: supply *auctoritatem*.

11.25 Ecqua: interrogative adjective ("is there any . . . at all?").

ultimis: "farthest."

qui . . . invitet: relative clause of result.

qui honos: "and this honor"; *qui* is a connecting relative.

habetur: "is afforded."

ordinem: "rank" (i.e., senatorial rank).

ordinis: genitive dependent on *auctoritati*.

auctoritati: parallel with *homini . . . populo Romano*.

nisi . . . erit, . . . erit: a more-vivid future condition. At this point it might be best to begin a new sentence in English.

imperi = imperii: "of our empire."

invitarunt = invitaverunt. Cicero is referring to his visit to Messana when he was doing the preliminary investigations for the Verres' case.

me: take inside the *cum* clause ("when I mention myself").

leve est: "it is a small matter."

homini sed ordini: dative dependent on *debitum*.

ipsi Tullio: Cicero in his capacity as a private citizen, not a senator.

Cn. Pompei Basilisci: an inhabitant of Messana who had become a Roman citizen with the help of Gnaeus Pompey; hence his name Cn. Pompeius.

quo: "where."

etiamsi esset invitatus, . . . devertisset: a past contrary-to-fact condition.

devertisset: "turn off the road for lodging, put up."

Percenniorum: genitive dependent on *domus*; the Percennii Pompeii were a family from Messana who had recently become citizens with Pompey's help.

honestissima: "very respected."

frater: here "cousin" (on his father's side).

summa voluntate "with the utmost goodwill"; ablative of manner.

illorum: the Percennii Pompeii.

quod in vobis fuit: "as far as you were concerned"; idiomatic.

iacuit: "slept."

alia: take with *civitas*.

'amicum . . . vocabas': Cicero invents the objection of a hypothetical Mamertine.

amicum: Verres, friend of Messana.

tu: subject of *interpretabere* (second person singular future of the deponent verb, "interpret to suit yourself").

quid . . . geram: indirect question introduced by *interpretabere*.

negoti: partitive genitive with *quid*.

11.26 imminuendo . . . senatorio: gerundive in the ablative, used as an ablative of means.

haec . . . queremur: "we will make these complaints."

queremur si . . . agetur: a more-vivid future condition.

quid: take as subject of *agetur* ("if any legal action [will be] is taken").

vobis: the citizens of Messana.

ordo: the antecedent (*ordinem*) is repeated in the relative clause for emphasis.

adhuc: "up until now."

in . . . conspectum: take with *commisistis*.

quo ore: "with what effrontery!"

vos commisistis?: "did you venture (into) . . . ?"

prius: take with *quam* (timesis), "before." *priusquam . . . adiretis*: "before you approached"; anticipatory subjunctive.

illam crucem: object of *revellistis, . . . abiecistis*; the cross on which the Roman citizen Gavius was illegally crucified. See above on *civem Romanum* at 10.24.

civis Romani: genitive with *sanguine*.

expiastis = expiavistis: the word has the religious connotation of purifying what has been polluted.

in profundum: "into the depths" of the sea.

adiretis: imperfect subjunctive with *prius . . . quam*.

solo < solum: "soil."

ad quam (the **urbs**): "near which."

ad quam . . . viderent: subjunctive in a relative clause expressing purpose.

cives: supplied by the editor of the text as subject of *adirent*.

civis Romani: genitive dependent on *crucem*.

prius quam: "before."

quam = et eam: the *crucem* (connecting relative).

vos: subject of *soletis*.

Reginis < Regini: the inhabitants of Regium, a town in Italy across the straits from Messana.

civitati: dative with *invideo* ("envy"). The Lex Julia of 90 B.C. had given Roman citizenship to the citizens of Regium.

incolis: "residents" (i.e., Roman citizens who lived in Messana).

quo: introduces a purpose clause containing a comparative (*minus*). On this construction see *AG* 531a.

adrogent + dative: "take pride in."

mactatum < macto: "reward."

ius . . . esse mactatum: accusative and infinitive dependent on *videant*.

illo supplicio: the crucifixion of a Roman citizen.

12.27 Cicero returns to Heius and concludes with a second theft he suffered at Verres' hands.

te: take as accusative subject of *emisse*, in an accusative and infinitive dependent on *dicis*.

haec: the statues.

quid?: "tell me!" (precedes a direct question to call attention to what follows).

Attalica: "tapestries woven with gold" (the process was said to have been invented by Attalus of Pergamum according to Pliny *H.N*.8.196).

tota Sicilia: the preposition *in* may be omitted with *tota*.

[peripetasmata]: "tapestries"; bracketed by some editors as redundant.

nominata: "celebrated"; perfect participle passive modifying *illa Attalica*.

ab eodem Heio: ablative of separation with *emere*.

oblitus es < obliviscor: "forget."

licuit: supply *emere*.

eodem modo ut: "in the same way as."

signa: Cicero sarcastically suggests that Verres could also have "bought" the tapestries at a ridiculously low price.

quid . . . actum est?: "what happened?" impersonal passive.

an: introduces a direct question, expressing indignation.

litteris ("writing paper"): dative with *pepercisti* < *parco*.

hoc fugit: "this escaped (the notice of)".

clarum: "obvious."

armario: "cupboard."

(id) minus clarum . . . fore: accusative and infinitive dependent on *putavit*.

quod . . . esset ablatum: supply *id* as the antecedent for this relative clause; subjunctive in a subordinate clause inside an accusative and infinitive.

num . . . pervenisset: indirect question introduced by *quaesissem*.

quid aliud: "anything else."

istum . . . misisse: "that the defendant had sent word."

se: Heius.

ut . . . mitteret: a substantive clause of purpose (indirect command) introduced by *misisse*.

sibi: Verres. The direct reflexive refers to the subject of its own clause.

misissetne: *-ne* introduces the indirect question dependent on *quaesivi*.

se dicto audientem fuisse praetori < **dicto audiens esse** + dative = "obey": "that he had obeyed the governor."

praetori: Verres.

misisse: supply *se* as the accusative subject of the infinitive.

revertisse: supply *ea* (neuter plural) as accusative subject in an accusative and infinitive dependent on *dixit*.

admiratio: "astonishment."

12.28 hic: "now"; adverb.

vestrum: the jury.

haec: take as object of *vendidisse*.

se . . . vendidisse: accusative and infinitive dependent on *referret*.

ut . . . referret: "to put in his records."

HS VI milibus D: "6500 *sestertii*." On *HS* and the ablative of price see
above at 6.12.

constarent ea: "those things . . . stand at", i.e., "cost").

aes alienum: see above at 6.11.

fuit: "it would have been"; idiomatic.

tanti: "worthwhile"; genitive of indefinite value.

haberes: "you would have had"; potential subjunctive.

quod . . . defenderes: "what you might offer in defense," i.e., "your
defense"; relative clause of purpose.

quanti: see above at 7.13.

te . . . emisse: accusative and infinitive dependent on *dicere*.

si . . . posses . . . probares: imperfect subjunctive in a contrary-to-fact
condition in the present.

cui velles: "to anyone you might wish."

nunc: "as it is."

quem ad modum . . . expedias non habes: "you don't have a way to
clear yourself"; a relative clause of purpose.

12.29 Cicero provides a series of examples of thefts from other individuals in different parts of Sicily (29–53).

a + ablative: "from"; take with *abstulisti an emisti*.

Centuripino < **Centuripinus:** "an inhabitant of Centuripae" (a town
near Aetna).

phaleras: "bosses" (metal discs used as ornaments for the breast, worn
by men as military decorations).

regis Hieronis: genitive of possession ("are said to have belonged
to . . .").

Hieronis: Hiero II, king of Syracuse, from 270–215 B.C.

utrum . . . an: introduces an alternative question (". . . or . . .").

cum: subordinate conjunction ("when").

non . . . parum: "very"; two negatives indicate a positive.

tam . . . quam: "just as . . . so."

alias . . . nobilis: supply *phaleras*.

nobilis: "famous."

Panhormitano: an inhabitant of Panormus, now Palermo.

Tyndaritano: an inhabitant of the town of Tyndaris on the northern coast of Sicily.

si . . . vendidisset, . . . promisisses: a past contrary-to-fact condition.

reus factus es: "you were accused, this prosecution was instigated"; idiomatic.

te: take as accusative subject of *redditurum (esse)* in an accusative and infinitive dependent on *promisisses*.

quod quia: "but since . . ."

pluris = plures: accusative subject of *scire* in an accusative and infinitive dependent on *vidisti*.

habiturum, . . . futuram: supply *esse*.

nihilo minus: "no less"; ablative of degree of difference.

dixit . . . pro testimonio: see *pro testimonio dixisse* above at 9.19.

dixit . . . se . . . cupisse . . . negasse . . . gratiis: a sentence in indirect discourse, a series of accusative and infinitives dependent on *dixit*; understand *se* as the subject of the infinitives.

nosset = novisset < nosco.

morbum: see the opening sentence of this speech above at 1.1.

te celare de phaleris: "to keep you in the dark about the bosses."

sese: the reduplicated form is emphatic.

sese: accusative subject of *habere* in an accusative and infinitive dependent on *negasse*.

depositas: perfect participle with *habeo* suggests the continued effect of the action of the verb ("that he had them stored").

qua: "in any way, somehow."

deprensum < deprendo: perfect participle passive modifying *se*, accusative subject of *potuisse*.

invito: "against his will."

phaleras: accusative subject of *sublatas (esse)* in an accusative and infinitive.

gratiis: "for nothing." See *ingratiis* above at 9.19.

13.30 A digression (30–31) on Verres' sleuth hounds who helped him ferret out treasures.

ut: "how," introducing an indirect question dependent on *cognoscere*.

perscrutari < perscrutor: "track down."

est operae pretium: "it is worth the trouble."

Cibyratae (masculine plural): natives of Cibyra, a town in Phrygia in Asia Minor.

alterum . . . solitum esse, alterum esse pictorem: accusative and infinitives dependent on *opinor*.

alterum . . . alterum: "the one . . . the other" of two.

hosce . . . profugisse: accusative and infinitive dependent on *opinor*.

Cibyrae: locative.

expilasse: dependent on *in suspicionem venissent* ("they had come into suspicion of having plundered, they were suspected of having plundered").

suis civibus: dative of reference with *in suspicionem venissent* ("in the eyes of their own citizens").

fanum: object of *expilasse*; like Verres, this pair had no respect for the sacred.

veritos < vereor: "fear"; modifies *hosce*.

quod: "because."

artifici sui: genitive dependent on *cupidum*.

id quod: "a thing that," i.e., "as."

cum . . . syngraphis: "with fraudulent contracts." There is no other reference to this allegation.

se . . . contulerunt: "they went for refuge."

exsules: take in apposition to *se*.

cum . . . Asia: Verres was in Cilicia in 80–79 B.C. as a legate to Cn. Dolabella; see details at *In Verrem* II.I.41–102.

habuit: "kept."

legationis: genitive dependent on *praedis atque furtis*.

multum: adverb.

opera consilioque: ablative with *usus est < utor*.

13.31 in tabulis: "in the accounts."

Q. Tadius: a relative of Verres who was with him in Sicily.

sese . . . dedisse: accusative and infinitive dependent on *refert*.

Graecis pictoribus: dative because it represents the actual entry in the accounts; this was Verres' code name for the brothers.

re: "in fact."

117

quo = **et eo** (Sicily).

mirandum in modum: "in a remarkable fashion."

canis venaticos: "hunting dogs."

canis = **canes**.

diceres: potential subjunctive.

aliud . . . aliud: "one thing, another . . ."; note the anaphora and elaborate word order that mimics the search of the art hounds.

minando, . . . pollicendo: gerunds in the ablative.

illis: dative with *placuerat*.

perdendum erat: "it must have been lost," i.e., "there was no hope for"; passive periphrastic.

quorum: supply *ei* as antecedent.

argentum: "silver plate."

14.32 Cicero turns to evidence of theft from Lilybaeum that involved the brothers.

verum: neuter adjective modifying *hoc*.

mehercule: "so help me Hercules" (a mild oath, intended to suggest that Cicero really is telling the truth).

memini Pamphilum . . . mihi narrare: "I remember Pamphilus telling me."

Lilybitanum: an inhabitant of Lilybaeum, a town on the west coast of Sicily where Cicero had his headquarters as quaestor in Sicily in 75 B.C.

hydriam: "a jug, urn."

Boethi < **Boethus:** genitive dependent on *manu*. According to Pliny *H.N.* 33.154–155 the artist most famous for his work in chased silver.

praeclaro . . . pondere: ablatives of description with *hydriam*.

per potestatem: "by virtue of his magistracy."

se . . . revertisse: accusative and infinitive dependent on *narrare*.

quod: "because."

vas: see above at 1.1; the verb in this clause is *esset ablatum*.

quod: relative whose antecedent is *vas*.

quo: ablative with *uti*.

hospitum < **hospes:** genitive dependent on *adventus*.

ad . . . adventus: "for the honor" of guests coming to his home; *adventus* is plural.

domi: see above at 3.6.

tristis: modifies the subject of *sederem*; English would use an adverb.

Venerius: a slave from the temple of Venus on nearby Mount Eryx, used by Verres to run errands.

scyphos sigillatos: "goblets carved with figures in relief."

promi: present passive infinitive.

mali: partitive genitive with *quid*.

ferri: supply *utrosque* as the accusative subject of the infinitive.

cum . . . venio: colloquial for the perfect tense ("when I got there").

qui = et ei (connecting relative).

tristis: modifies the subject of *ostendo*; English uses an adverb here.

me . . . habiturum (esse): accusative and infinitive dependent on *queri*.

alicuius . . . preti: genitive of indefinite price or value.

me . . . conturbatum: supply *esse*.

ut . . . ne = ne, introducing a negative purpose clause.

isti: the goblets.

ne multa: supply *dicam*.

mille me: *poposcerunt* takes two accusatives ("they demanded a thousand from me").

me daturum: supply *esse*.

illos coepisse: accusative and infinitive dependent on an understood verb of saying ("I remember that . . .").

se: i.e., the brothers; take as the accusative subject of *putasse* in an accusative and infinitive dependent on *dicere*.

luteum negotium esse: "that the stuff was worthless"; colloquial.

non dignum: supply *esse*.

quod . . . haberet: a relative clause of characteristic with *non dignum* ("not worthy of Verres having it . . .").

ille: Verres. Cicero wants to suggest that Verres himself has no idea how valuable the goblets are and is therefore not a true collector.

aufert: Pamphilus may have rescued his goblets but only after paying a bribe to the brothers.

14.33 tametsi . . . intellegere: read as *tametsi sciebam hoc (ista intellegere) esse* . . . Take *ista* (accusative, object) *intellegere* in apposition to *hoc*.

hoc . . . sciebam esse: "I knew that this was something trifling"; *nescio quid* is an indefinite pronoun.

nugatorium: neuter adjective agreeing with *nescio quid*.

quem . . . scirem: relative clause of characteristic expressing cause ("since I knew that he . . .").

hominis: genitive dependent on *simile*. Cicero means that Verres has no culture at all, the quality of a *homo*.

nulla in re: "in no respect."

15.33 In a short digression Cicero tells an anecdote that proves that even in Rome Verres cannot keep his hands off silver belonging to one of his friends and supporters.

ad eam rem: "for this very purpose."

manibus . . . oculis: ablative with *uteretur*; also asyndeton (lack of a connective).

huius . . . existimationis: genitive with *studiosus*.

existimationis: "reputation."

est comperendinatus: "his trial was adjourned"; the legally prescribed period of adjournment between the *actio prima* and *actio secunda* of the trial, just before the *Ludi Votivi*, which began on August 16.

iam: "already."

pro . . . mortuoque: "as good as condemned and dead (done for)."

ludis circensibus: ablative of time during which. The period between 16 August to 1 September and 4 to 19 September was taken up with the *Ludi Votivi* and the *Ludi Romani*; the trial, if it had been held, would have begun again after 19 September.

mane: adverb; "in the morning."

apud + accusative: see 2.4 above.

L. Sisennam: praetor 78 B.C. and author of a history of his own period; a supporter of Verres.

cum essent triclinia strata < **sterno:** "when the couches had been covered," i.e., "the meal was set."

pro dignitate: "in accordance with his rank; in keeping with his rank."

accessit, . . . coepit: subject is Verres; asyndeton (lack of a connective).

mirari: historical infinitive used for the imperfect indicative; the subject is nominative (*alii . . . alii*).

alii . . . alii: "some . . . others."

quod + *subjunctive:* "because, as they said, . . ."; the subjunctive indicates that the reason given is on the authority of someone other than the author (Cicero).

ipsius cupiditatis: genitive dependent on *suspicionem.*

cuius: genitive of the charge dependent on *insimularetur* ("on which he was accused").

cui: supply *eius*, dependent on *amentiam*, as the antecedent.

illorum, i.e., valuable objects: partitive genitive dependent on *quicquam*. Some cannot believe that Verres would be thinking about silver plate when he was on trial for theft. This anecdote would seem to indicate that Verres was still in Rome and had not yet forfeited the case.

pueri: "slaves."

qui audissent: relative clause of characteristic expressing cause ("since they had heard . . .").

quae . . . testimonia: the antecedent of the relative is inside the relative clause; read as *testimonia quae.*

deicere neque . . . discedere: historical infinitives. Used in place of the imperfect indicative in narrative.

neque . . . digitum discedere: "and they did not swerve an inch"; a proverb.

15.34 boni iudicis: a genitive in the predicate ("it is the part of a good judge").

unius cuiusque: genitive dependent on *et cupiditatis et continentiae.*

et cupiditatis et continentiae: genitives dependent on *coniecturam.*

reus: "the accused."

qui reus . . . temperare non potuerit: deliberative subjunctive ("what accused could . . . ?").

maximo conventu: ablative of place where.

temperare . . . quin + subjunctive: "to refrain from . . ."

hunc praetorem . . . potuisse: accusative and infinitive dependent on *putabit*.

quisquam: subject of *putabit*.

16.35 Cicero now returns to Lilybaeum and more examples of theft from that town (35–37).

ut . . . revertamur: purpose clause.

illius: take in apposition to *Pamphili*.

ab hoc: "from this man"; ablative of separation.

abaci < abacus, ("sideboard"): genitive dependent on *vasa* ("dishes on the sideboard").

ut . . . fuerunt: "as they were displayed."

dicat . . . emisse: read as *licet (ut) dicat se emisse* ("it is permitted that he say . . . ; he may say, if he likes, that . . .").

hic: adverb.

sunt: take with *factae*.

litterae: "records."

quo modo: the antecedent of *quo* has been placed inside the relative clause ("in the way in which").

qui: supply *is* as antecedent.

tenuissime: "at a very small amount."

in donationem: "in the matter of a gift." The way Romans evaded the law prohibiting expensive gifts to actors was by undervaluing the gift.

histrionum: genitive of the recipient ("a gift to actors").

tametsi: "and yet."

iam dudum . . . erro: present tense denotes an action begun in the past but continuing into the present ("for a long time I have been wrong").

qui . . . faciam et quaeram: relative clauses of characteristic expressing cause ("since I . . .").

necne: "or not."

quod: "a matter which."

transigere: "pass over."

scriptum: "a written record."

quid . . . pararis: indirect question introduced by an implied verb of questioning ("indicating . . .").

argenti: partitive genitive with *quid*.

pararis = **paraveris**.

16.36 quid fit: "what's the matter?"

quamquam: "to be sure"; introduces an independent clause.

horum annorum aliquot: "of (for) these last several years"; dependent on (*tabulas*).

confecisse: supply *tabulas*.

compone hoc: "prepare this account."

videro: "I will see about the rest . . ."; in this usage future perfect = future.

'Nec scriptum . . . edere': what Verres would reply, according to Cicero.

futurum . . . est: "what is going to happen?"; active periphrastic of *sum* = future.

hosce iudices . . . posse: accusative and infinitive dependent on *existimas*.

domus . . . emptum: a sentence that for stylistic effect omits the main verb (*erat*) and parts of the main verb (*sunt*); also asyndeton.

multa: supply *signa*.

nullum . . . emptum (esse): supply *signum*.

suum: predicative and modifies *quod* ("which he might want to be called his own").

praetorem . . . coemisse: accusative and infinitive dependent on *fingitur*.

tabulas: the antecedent of *quas*; attracted to the case of the relative (i.e., *si in his tabulis quas profers*).

quae habes: supply as antecedent *ea* (object of *habeas*).

quo modo habeas: an indirect question introduced by *scriptum . . . est*.

horum . . . temporum: genitive dependent on *tabulas . . . nullas*.

autem: "on the other hand."

te . . . emisse: accusative and infinitive dependent on *dicis*.

dicis: take with *cum*.

profers: supply *si*, to introduce this second condition.

nonne: expects the answer yes ("it is necessary for you . . . , isn't it?").

prolatis < **profero tabulis:** ablative of means.

17.37 tu . . . , tu, . . . , tu, . . . : anaphora.

quae voluisti: supply *ea* as antecedent.

Lilybaei: locative.

C. Cacuri: genitive dependent on *supellectilem* < *supellex* ("furniture").

dubitasti = **dubitavisti** ("hesitate")

in primis: "exceptionally."

citream: "of citrus wood" (much prized in antiquity).

Q. Lutatio Diodoro: Diodorus took his name Q. Lutatius from Q. Lutatius Catulus. Cf. Cn. Pompei Basilisci at 11.25. Catulus was a member of the jury.

omnibus scientibus: ablative absolute.

non tibi obicio quod: "I do not throw in your teeth the fact that . . ."

tuis moribus: ablative with *dignissimum* ("worthy of").

Drepanitanum: an inhabitant of Drepanum, a town on the west coast of Sicily.

A. Clodius: apparently a protégé of the Claudii but the praenomen Aulus is not connected with any of the Claudii.

omni argento: ablative of separation.

facto: perfect participle passive modifying *argento*.

depeculatus < **depeculor:** "pillage, plunder."

iniuriam factam: supply *esse*, accusative and infinitive dependent on *putat*.

homini: dative with *subvenisti*, "came to the aid of."

laqueum: "noose."

pupillis Drepanitanis: "wards from Drepanum"; dative of separation with *erepta*. The event is referred to at *In Verrem* II.II.140, where only one ward is mentioned.

bona: direct object of *partitus es*, modified by *patria, erepta*.

partitus: < *partior*, "share."

vero: adversative particle, "but in fact."

signum ablatum: supply *esse*; infinitive with subject accusative dependent on the impersonal verb, *oportuit* ("it was necessary for the statue to have been stolen").

id factum: supply *esse*, as above with *oportuit*.

scaphia cum emblematis: "boat-shaped goblets with relief work."

utrum . . . dicis an confiteris . . . ?: main verbs, each of which has an accusative and infinitive dependent on it; read as *utrum dicis scaphia empta esse an confiteris (scaphia) erepta (esse)?*

17.38 istius: genitive dependent on *iniurias*.

mediocris = mediocres.

quae . . . videantur: relative clause of characteristic expressing cause ("since they seem . . .").

tantum modo: "merely."

in . . . versatae esse: "to be occupied with, to concern."

accipite: "hear, learn."

rem: Cicero is referring to the next anecdote about Diodorus.

iam: "by this point."

18.38 An example of a theft from Lilybaeum that Verres was not able to complete (38–41).

Melitensis: a native of the island of Malta. For administrative purposes the Romans considered it as part of the province of Sicily.

iam . . . habitat: "he has been living"; *iam* with the present tense denotes an action begun in the past and continuing in the present.

domi: for the form see above at 3.6; here denoting Malta.

quo: "where."

de hoc: Diodorus.

dicitur: here impersonal passive but generally used personally in the passive.

eum: accusative subject of *habere* in an accusative and infinitive dependent on *dicitur*.

toreumata: "articles decorated by engravings in relief, embossed work."

Thericlia: "Thericlean," a style of relief work perhaps named after a famous Greek potter.

Mentoris < Mentor: a Greek silversmith of the early fourth century B.C. whose work was highly prized and very expensive (Pliny *H.N.* 53.148). There is no way of telling here whether the cup in question was real or a forgery.

manu: ablative of means with *facta*.

summo artificio: "with the highest workmanship," ablative of manner.

quod = et id (connecting relative).

inspiciendi . . . auferendi: gerunds dependent on *cupiditate*.

qui . . . haberet: relative clause of characteristic expressing cause.

non invitus: litotes, expressing a positive idea.

18.39 reliquisse: supply *se* as the accusative subject in an accusative and infinitive dependent on *respondit*.

continuo: "immediately."

mittit . . . scribit . . . rogat: present tenses and asyndeton (lack of connectives) make the action vivid and rapid.

Melitensis = Melitenses.

videret: subjunctive with *dum* expresses expectancy ("until he should see . . .").

frugi: an indeclinable adjective, modifying *homo*.

qui . . . vellet: relative clause of characteristic expressing cause.

iis = et eis (connecting relative).

ut . . . responderet: a substantive clause of purpose (indirect command) introduced by *scribit*.

illud argentum: the object of *misisse*; *se* is the accusative subject of *misisse*.

paucis illis diebus: "in the last few days."

Lilybaeum: *ad* is omitted with the name of a town or city.

quod = et id (connecting relative).

usque eo: "so thoroughly."

Diodoro: dative of separation with *eripere*.

vasa: accusative subject of the infinitive *erepta (esse)*, accusative and infinitive dependent on *dicebat*.

facta: perfect participle passive modifying *vasa*.

minitari (+ dative) **. . . vociferari . . . tenere:** historical infinitives, standing for the imperfect indicative.

Eriphylam: an *exemplum* of greed. Her story is told in the *Iliad* as well as in Roman plays (*fabulis*). Bribed by a beautiful necklace, Eriphyla persuaded her husband to go to war, even though she knew he was fated to be killed; supply *fuisse* in an accusative and infinitive dependent on *accepimus*.

ea cupiditate: ablative of description; take in the predicate of the accusative and infinitive.

monile: "necklace."

incensa: perfect participle passive, modifying the subject of *proderet*.

eius: "of it" (the necklace).

salutem viri proderet: "betrayed the safety of her husband, betrayed her husband to death."

similis istius cupiditas: supply *est*.

hoc: Eriphyla's greed; ablative of comparison.

huius: Verres.

oculis . . . auribus: ablative of means.

19.40 conquiri: "to be searched for carefully."

tota provincia: ablative of place where.

ille . . . castra commoverat: "he had decamped" (a military expression).

vasa: can also mean "military equipment"; here a pun ("he has packed up bag and baggage").

haec: take as the subject of *nominanda est* (passive periphrastic).

ratio . . . amentia: predicate nominatives after *nominanda est* ("this ought to be named . . .").

canibus: Verres' helpers, who hunted art for him.

qui . . . dicat: relative clause of purpose ("to say that . . .").

Diodorum . . . rei capitalis reum . . . facere: "to accuse Diodorus of a capital crime."

videri: "it seemed"; historical infinitive used in narrative in place of the imperfect indicative.

Diodorum reum: supply *esse*.

ab omni: take with *suspicione*; ablative of separation with *remotissimum*.

facinoris . . . errati: genitives dependent on *suspicione*.

esse: historical infinitive; see *videri* above.

omnia illa: take as accusative subject of *fieri*, accusative and infinitive dependent on *esse perspicuum*.

nomen referri: "his name to be accepted, the accusation to be made" (i.e., the praetor has consented to hear the case against an individual).

istum: accusative subject of *recepisse*, accusative and infinitive dependent on *opinor*.

absentis: genitive dependent on *nomen*.

19.41 res clara: supply *est*.

caelati: "engraved."

rerum capitalium: genitive of the charge.

absentis = absentes.

sordidatus: "clad in the garb of mourning" (because usually soiled or dirty); here as a sign of being under accusation.

cursare . . . narrare: historical infinitives.

isti: "to Verres."

videret: a substantive clause of purpose (indirect command) in implied indirect discourse after *litterae mittuntur*; "warning that he take care . . ." On the construction see *AG* 565a.

hominem: the accusative subject of the infinitive *insanire*.

periturum: read as (*eum*) *periturum* (*esse*); accusative and infinitive.

nisi cavisset: "if he wasn't careful, if he didn't watch out." The pluperfect subjunctive in a future condition in an accusative and infinitive represents the future (*AG* 516f; 589a).

in parentis: read as *in* (*numero*) *parentis*.

se . . . instruxerat: "he had prepared himself."

erat . . . , non erat. . . . refertus: asyndeton (lack of connectives).

provinciae: "his governorship."

erat (l. 7): supplied by the editor; take with *refertus*.

ut in Sthenio: "as in the case of Sthenius"; another man Verres prosecuted on a capital charge in his absence; see *In Verrem* II.II.83–118.

refertus < refercio: "stuffed."

pecunia: ablative of means with *refertus* (*erat*).

de reis eximit: "he removed (his name) from the list of those on trial."

praetore isto: "while Verres was governor"; ablative absolute.
provincia domoque: ablatives with *caruit*.

19.42 Examples of thefts from Roman citizens, residents of Sicily, follow (42–47).
hoc: neuter singular accusative, object of *statuerant* (" . . . had concluded this, namely . . .").
tantum: "so much, so far."
esse: accusative and infinitive in apposition to *hoc* ("that there was nothing").
isti: dative with *placeret*.
paulo: "by a little, a little"; ablative of degree of difference.

20.42 postea . . . quam = posteaquam.
isti: dative with *succedere*.
virum fortem . . . non succedere: accusative and infinitive dependent on *intellexerunt*.
summe: "greatly."
Q. Arrium: praetor in 73 B.C. and named successor to Verres as governor of Sicily but unable to succeed him because of the slave revolt led by Spartacus in Italy.
se . . . posse: accusative and infinitive dependent on *statuerunt*.
quod (= ut id) . . . esset: the relative clause here is equivalent to a result clause after *tam*.
cupiditati: dative with *apertissimum promptissimumque*.
An example of a theft from a Roman knight.
ab equite: ablative of separation with *aufert*.
eculeos argenteos: "silver horses" (i.e., drinking cups).
nobilis = nobiles: "famous."
Q. Maximi: genitive of possession; a member of the Fabius family. It is impossible to tell if the goblets had belonged to the famous Q. Fabius Maximus Cunctator, who saved the state from Hannibal in 217 B.C. during the Second Punic War.

20.43 imprudens: adjective modifying the subject of *incidi*; English would use an adverb here.

incidi: "I made a slip."

nollem dixisse: "I wish I hadn't said it"; potential subjunctive.

iactabit se: "he will talk boastfully of himself; he will boast."

in his: take with *eculeis*.

equitabit: figuratively.

est tanti: "it is worthwhile, I may as well"; genitive of value.

cedo: old imperative form ("bring here").

Calidianum: "Calidian," i.e., "against Calidius."

sane . . . dum . . . possim: expresses a concessive ("if only I can . . .").

verum tamen = verumtamen: "but, as I was saying."

quid erat quod: "why was it that . . . , why?"

quod . . . quereretur: subjunctive in a subordinate clause ("would . . . have complained"). Compare the indicative *confirmabat* below with the same construction. The indicative verb indicates an action already done.

cum . . . negotiaretur: "although . . ."

una: "together (with)"; adverb.

posses facere . . . ?: potential subjunctive ("could you have seen to it that . . . ?").

L. Sisenna: ablative with *tam familiariter uteretur* ("was on such familiar terms with"). On Sisenna see *L. Sisennam* above at 15.33.

cum: take with *reddidisses*.

ceteris familiaribus: "other friends"; dative.

Sisennae: genitive dependent on *familiaribus*.

20.44 te: subject of the infinitive *negaturum esse*, accusative and infinitive dependent on *opinor*.

homini honesto: dative of indirect object with *te . . . reddidisse*, accusative and infinitive dependent on *negaturum esse*.

L. Curidio: dative in apposition to *homini*.

Potamonem: Papirius Potamo, a Roman *eques* on Verres' staff.

qui = et is (connecting relative); i.e., Curidius.

cum . . . confirmasses: "although you had . . ."

te . . . redditurum: supply *esse*, an accusative and infinitive dependent on *confirmasses*.

confirmasses = *confirmavisses*.

reddendi: genitive of the gerund dependent on *finem*.

praeda . . . de manibus emissa: ablative absolute.

te . . . non posse: accusative and infinitive dependent on *intellexisti*.

testimonium: object of *effugere*.

licuit + dative: "it was allowed to . . ."

omnis = **omnes**.

domesticis copiis: "with the furnishings of his own house"; ablative of means.

superiorem: "more distinguished person."

convivium: "banquet, feast."

domi: locative.

Cn. Calidi: genitive dependent on *domi*.

cum potestate atque imperio: Romans with civil and military power.

qui . . . eriperet, . . . qui posceret, . . . qui postularet: relative clauses of result after *tam* ("so . . . as to . . .").

et non ferundum: "and a thing not to be endured"; gerundive.

20.45 dicere praetorem: "for the praetor to say"; accusative subject of the infinitive *dicere*.

non es dignus . . . qui habeas: see on *non dignum quod . . . haberet* above at 14.32. ("not worthy to have . . .").

quae . . . facta sunt: supply *ea* as antecedent.

meae dignitatis: "characteristic of my rank"; predicate genitive.

tu: supply *es*.

qui: "how so, how do you mean?"; an old Latin form, adverbial.

conferam ("compare"): a purpose clause; *ut non* is used when the *non* belongs to a particular word, here *conferam* (*AG* 531 n.2).

cum: supply *vita et existimatione*.

est conferenda: passive periphrastic; supply *haec* (i.e., *vita et existimatio*) as subject.

quod: "the fact that, because."

divisoribus: "hired bribery agents."

ut . . . renuntiarere: "in order that you might be declared elected as . . ."

renuntiarere = **renuntiareris.**

accusatori: the reference is to some unknown previous case involving Verres, in which Cicero alleges that Verres paid off a prosecutor to let the case go or throw it in his favor.

ea re: "therefore, on that account."

quicquam: object of *habere*.

Calidium: accusative subject of the infinitive, *habere*.

21.46 iam dudum + present tense: see *iam* at 18.38 above ("he has long been . . .").

se: accusative subject of *emisse*.

num: implies the question expects the answer no ("you surely didn't . . . did you?").

turibulum: "a vessel in which to burn incense, a censer."

qui = **et is** (connecting relative).

pro testimonio dixit: see *pro testimonio dixisse* above at 9.19.

inspiciendum: "in order to have a look at it"; future participle passive expressing purpose.

evulso emblemate: ablative absolute.

emblemate < **emblema, -atis:** "raised ornament on a vessel."

ut intellegatis: purpose clause.

cupidum . . . fuisse: read as *(istum) cupidum fuisse*; the indirect discourse continues after the semicolon.

artifici . . . non argenti: genitives with *cupidum*; asyndeton (lack of a connective).

argenti: "silver," the metal is here contrasted with the masterpiece, the finished product. Cicero is being sarcastic about Verres' pretensions at being an art connoisseur.

in Papinio: "in the case of Papinius."

hac abstinentia: ablative of description; take in the predicate.

tenuit hoc institutum: "he followed this practice."

in: "in dealing with."

quam multa . . . fuerint: subjunctive in an indirect question introduced by *incredibile est*.

opibus et copiis: ablative of means with *florebat*.

nulla: modifies *domus*. In this complicated sentence, Cicero maintains that affluent Sicilians had managed to keep their religious vessels despite misfortune that caused the loss of other treasures—that is, until Verres' arrival.

locupletior: "more affluent."

paulo: "by a little, a little"; ablative of degree of difference.

qua in domo = **in qua:** the antecedent (*domus*) has been incorporated into the relative clause (*domo*).

argenti: partitive genitive with *nihil*.

patella (a plate) . . . **patera** (a libation bowl) . . . **turibulum:** nominatives in apposition to *haec*.

qua: ablative with *uterentur*.

qua . . . uterentur: subjunctive in a relative clause of characteristic ("of the kind that . . .").

haec . . . facta: supply *erant*.

antiquo opere et summo artificio: ablatives of manner.

ut . . . liceret: result clause.

hoc: accusative, object of *suspicari*.

peraeque . . . cetera: "other objects . . . all alike."

pro portione: "proportionally."

fuisse . . . cetera: accusative and infinitive in apposition to *hoc* ("namely, that there were other objects").

quibus: "from whom"; the antecedent is *eos*. Dative of separation with *ademisset*.

multa: object of *ademisset*.

21.47 ea: accusative subject of *remanisse*, accusative and infinitive in apposition to *hoc*.

idem: modifies *ego*, but English requires an adverb here ("I, also").

ne . . . quidem: "not even."

unum: hyperbole.

monstrum . . . prodigium: both of these nouns have strongly negative religious connotations.

quod hoc monstrum: supply *est*.

nonne vobis id egisse videtur . . . ?: "does he not seem to you to have aimed at this . . . ?"

ut . . . expleret: a substantive clause of result in apposition to *id* (*AG* 570).

unius < **unus:** genitive singular.

qui = **et is** (connecting relative).

quodpiam: "some"; indefinite adjective.

simul atque: "as soon as"; subordinate conjunction.

illi . . . Cibyratici canes: see *Cibyratae* above at 13.30.

quod: "any"; modifies *vas.*

inventum: take as a predicate adjective ("if there were any . . . found").

laeti: an adjective modifying the subject of *adferebant*; English would use an adverb here.

minus: "not."

eius modi: i.e., large valuable objects.

venari . . . lepusculis: Cicero continues the hunting imagery.

lepusculis: "young rabbits," i.e., "small game."

patellae, paterae, turibula: take in apposition to *illa*, subject of *capiebantur.*

hic: adverb.

quos . . . fletus (fieri solitos esse) . . . , quas lamentationes fieri solitas esse: accusative and infinitives dependent on *putatis.*

quae = **eae res** (connecting relative).

mulierculis: "to the poor women"; diminutive to express the pathetic nature of the situation.

quibus: ablative with *uti.*

consuerunt: "they were accustomed (to), were in the habit of."

quae . . . quae: *ea* is the antecedent.

suis: "their own families."

22.48 Assorted thefts from various towns and cities around Sicily (48–52).

nolite exspectare: "do not wait."

dum . . . agam: subjunctive implying expectancy ("for me to . . .").

crimina agam ostiatim: "I will enumerate the several houses where a crime was perpetrated."

istum . . . abstulisse: accusative and infinitive dependent on an implied verb of saying in *crimina agam.*

Agrigentino: an inhabitant of Agrigentum, near the south coast of Sicily.

testis = **testes.**

cum . . . dabo: future time in a temporal clause ("when I [shall] provide . . .").

volet: future; English uses the present here.

eligat: "let him choose"; jussive subjunctive.

quem: supply *eum* as the antecedent.

quem . . . interrogem: relative clause expressing purpose ("for me to question").

expers + genitive: "free of."

qui = **et is** (connecting relative).

quicquam caelati: "anything engraved"; *caelati* is a partitive genitive.

Philo: as his new name, Gnaeus Pompeius, suggests, a Sicilian who had been granted Roman citizenship.

in Tyndaritano: "in the district of Tyndaris."

civis Romanus: take inside the *quod* clause.

quod: "because."

se: accusative subject of *facturum (esse)*, accusative and infinitive dependent on *putabat.*

impunius: "at rather little risk"; comparative of the adverb.

ut vidit: "when . . ."; a temporal clause.

insigne: "symbol"; a noun.

hospitaliumque deorum: "and of the gods, patrons of hospitality."

hospitali: "of the host."

quod: "as to what, with regard to what."

sigillis avulsis < **avello:** ablative absolute.

sine ulla avaritia: Verres removed the decoration but returned the vessel to its owner.

22.49 Calactino: an inhabitant of Calacte, a town on the north coast of Sicily.

Lucullorum: the Licinii Luculli were a very well-known Roman family.

cum L. Lucullo: L. Licinius Lucullus, famous for his high living, had a command in Asia Minor from 74 to 66 B.C. to deal with Mithridates and other problems in the east.

idem: accusative singular neuter.

ille: Eupolemus.

ceterum: neuter singular adjective modifying *argentum* ("the rest of the silver plate, most of the silver plate").

purum: "without decoration"; predicate adjective.

purus: a pun ("stripped bare").

pocula: supply *apposuerat.*

hic: pronoun; Verres.

festivum acroama (a Greek neuter singular): "an entertaining act; a buffoon." Since slaves provided entertainment at dinner parties, Cicero insults Verres royally with this comparison.

corollario: "a tip."

convivis spectantibus: ablative absolute.

emblemata . . . curavit: on the construction with *curavit* see *(ea) imponenda . . . curabat* above at 10.23 ("he had the embossed work torn off").

tantum: adverb.

unius cuiusque: take with *generis.*

indicia . . . et exempla: direct objects of *profero.*

tamquam . . . esset redditurus: a conditional clause of comparison ("as if he were going to render an account").

esset redditurus . . . esset futurus . . . venturus esset: active periphrastics.

prorsus ita: "exactly so."

quasi: introduces a conditional clause of comparison.

quo plura . . . eo minore periculo: *quo . . . eo* are used with comparatives to express "the more . . . the more" ("the more things . . . with the less danger").

qui = nam is (connecting relative).

pro imperio et potestate: "by virtue of his miltary and civil power."

23.50 Miscellaneous thefts of silver from Catina, Centuripae, Haluntium.

Catinam: Catina, a town on the east coast of Sicily, now Catania.

locuples: neuter singular accusative.

proagorum: the chief magistrate in some Greek-speaking towns in Sicily.

COMMENTARY ON THE TEXT

ut . . . argentum . . . conquirendum curaret et . . . adferendum: on the construction with *curaret* see *(ea) imponenda . . . curabat* above at 10.23.

Phylarchum: see the Latin text at 12.29 for other testimony by Phylarchus.

genere, virtute, pecunia: ablatives of specification or respect with *primum.*

non: take with *audistis?*

hoc idem: "this very same thing."

iuratum: "under oath"; take with *Phylarchum.*

istum . . . dedisse atque imperasse: accusative and infinitives dependent on *dicere.*

ut . . . conquireret et . . . iuberet: substantive clauses of purpose (indirect commands) introduced by *imperasse.*

Centuripinis: dative of separation with *conquireret.*

Agyrio: Agyrium, a town in Sicily near Henna; ablative of separation.

per Apollodorum: "through the agency of . . ."

testem: take in apposition to *quem.* Reference to his evidence occurs at *In Verrem* II.III.74.

23.51 Syracusas < **Syracusae** (feminine plural): Syracuse, a major city on the east coast of Sicily, where Verres had his headquarters as governor.

[est]: bracketed by the editor because the context demands *sunt* or the omission of the verb ("but these circumstances are the best, the fact that . . .").

quod: "the fact that."

Haluntium: Haluntium, a town near the coast in northern Sicily.

laboriosus et diligens: sarcastic.

difficili ascensu atque arduo: ablative of description.

tota Sicilia: *in* is sometimes omitted with *tota.*

quid: after *si,* "anything."

Corinthiorum: partitive genitive with *quid.* On *aes Corinthium* see above at 1.1.

qui . . . vellet: subjunctive in a relative clause of characteristic ("of the kind who . . .").

ferebat graviter: "he was much distressed."

provinciam: "official duty, charge."

nec habebat: "nor did he know."

quid faceret: indirect question introduced by *habebat*.

pronuntiat . . . ; iubet: historical presents to make the narrative vivid. Regularly governs subjunctive in secondary sequence.

ipse . . . tyrannus: Verres.

lectica: "litter."

ad: "near."

23.52 quem concursum . . . factum: supply *esse*; an accusative and infinitive dependent on *putatis*. Cicero describes the consternation in the town in the same way in which a Roman historian would describe a town under siege by an enemy.

qui: here = **si quis.** The relative clause is conditional ("if anyone saw . . . , he would say"). On the construction see *AG* 519.

equum . . . introductum, urbem captam: supply *esse* in each clause; accusative and infinitives dependent on *videret . . . diceret*.

efferri . . . extorqueri . . . ecfringi . . . revelli: historical infinitives; subjects are in the nominative case.

thecis < theca: "cover, case."

foris = fores.

scuta: subject of *conquiruntur*.

a privatis: here "from . . ."

inviti: modifies *homines*.

dari: supply *scuta* as subject in the accusative and infinitive dependent on *sentiunt*.

ad salutem communem: i.e., to save everyone from destruction.

ne . . . putetis: negative purpose clause.

quem . . . protulisse: accusative and infinitive dependent on *putetis* ("that anyone . . .").

quod alter . . . eriperet: relative clause of characteristic expressing purpose ("for a second party to rob it").

pauca: object of *improbant*.

improbant: "they reject."

probarant = probaverant.

iis = **eis:** antecedent of *quae probarant*; here dative of separation.

crustae < **crusta:** "inlaid or embossed work on a vessel"; Verres had the valuable decorations ripped off the vessels and then had them returned to their owners.

excussis deliciis: ablative absolute.

puro: see *purum* above at 22.49.

24.53 A digression on Verres' outrageous behavior in Sicily (53-55).

quod: take with *everriculum*.

everriculum (diminutive): "dragnet, broom"; a pun on Verres' name.

quam + superlative: "as . . . as possible."

per magistratum: "by virtue of their holding office."

solebant: supply "men" as subject.

non numquam: two negatives are equivalent to a positive ("sometimes").

ut . . . detraham: subjunctive in a substantive clause of purpose (indirect command) introduced by *quaeritis*.

detraham: "speak disparagingly."

accusatores: "real prosecutors," i.e., in the past; take in the predicate after *esse*.

presso: perfect participle passive modifying *vestigio*.

leviter: Cicero means that secret crimes are normally hard to detect because of the few clues left behind; Verres on the contrary leaves tracks everywhere, like the prints of a pig that has just rolled in the mud.

nos: subject of *facimus*; Cicero refers to himself in the first person plural.

in Verre: "in the case of Verres." Cicero is playing on Verres' name, which resembles the word for boar pig (*verres*).

volutatum: < *voluto*, "roll, rollabout." Here the passive participle is used in a middle or intransitive sense: "having rolled (himself)."

vestigiis: ablative of means.

totius corporis: genitive dependent on *vestigiis*.

permagnum est: sarcastic.

qui . . . compilaverit: subjunctive in a relative clause of characteristic.

eum: antecedent of *qui*.

lectica . . . deposita: ablative absolute.

praestigias: "sleights of hand, tricks."

uno: take with *imperio* ("alone").

compilaverit: "plunder."

ac tamen: "and yet, all the same."

illis: antecedent of *quorum.*

nummulorum (diminutive): partitive genitive with *aliquid.*

dicis causa: *dicis* is an archaic genitive dependent on *causa* ("for the sake of appearance").

qui vellent: subjunctive in a relative clause of characteristic.

repetere: "claim back in a court of law."

Cn. Lentulus Marcellinus: a descendant of Marcellus, conqueror of Sicily; he had been adopted into the Lentulus family. Like all Marcelli he was a patron of Sicily. The Sicilians had turned to him for help with their case.

audistis = audivistis.

recita: Cicero asks the court clerk to read the testimony of the witnesses.

24.54 hominem . . . voluisse: accusative and infinitive dependent on *existimetis.*

vim: "quantity."

quanti: "how much"; sarcastic.

quanti . . . fecerit: indirect question introduced by *videte* ("how much he valued . . .").

[negotiatores]: the editor brackets this word as not necessary to the text; if retained, take in apposition to *testis.*

ut . . . reliquisset: subjunctive in a clause of result.

emblematum: genitive dependent on *multitudinem.*

officinam: "a workshop."

Syracusis: locative. Syracuse (modern *Siracusa*), once the richest and most famous city in Sicily, served as the headquarters for the governor.

in regia: the former palace of King Hiero II, i.e., the governor's official residence.

vascularios: "metalworkers."

omnis . . . compluris: masculine plural accusatives.

mensis octo continuos: accusative of duration of time.

his: dative with *defuit.*

cum: "although . . ."

patellis . . . turibulis . . . poculis . . . scaphiis: see *scaphia* above at
17.37 and *patella . . . turbibulum* above at 21.46.

ita . . . ita . . . ut . . . diceres: result clause.

scite: "ingeniously"; adverb.

ea . . . nata esse: accusative and infinitive dependent on *diceres* ("that
those things were designed").

diceres: indefinite second person singular, potential subjunctive ("one
would have said").

sua vigilantia: ablative of cause (*AG* 404).

cum tunica . . . et pallio: hardly suitable dress for a Roman governor!
The *pallium* is considered a characteristic form of Greek dress; the
tunica pulla (a grey garment worn by the poor) would have been
worn by an artisan. Verres apparently enjoyed playing the part of an
artist or sculptor!

25.55 auderem . . . ni vererer: a contrary-to-fact condition in the
present.

ne . . . diceretis: construction dependent on a verb of fearing ("that you
might say").

vos audisse: accusative and infinitive dependent on *diceretis*.

qui . . . non audierit: subjunctive in a relative clause of characteristic.
quem voles: take *virum* as the antecedent.

conventu: the Roman community residing in a non-Roman town or
district.

nominato: second person singular, future imperative, used to refer to future time ("name").

quin = qui non in a relative clause of characteristic.

se audisse aut (se) vidisse: accusative and infinitives dependent on *dicat*.

o tempora, o mores: accusative of exclamation.

nimium: adverb modifying the adjective *vetus*.

vetus: take as a predicate adjective with *nihil*.

25.56 Verres is compared, to his detriment, to L. Piso, an example of a
scrupulous governor.

aliquam: adverb modifying the adjective *multi* ("a considerable number").

vestrum: partitive genitive with *multi*.

qui . . . cognorint: subjunctive in a relative clause of characteristic.

cognorint = cognoverint.

huius L. Pisonis . . . praetor: praetor in 74 B.C., the same year as Verres, and one who vetoed a number of Verres' edicts. He is present in court.

patrem: take in apposition with *L. Pisonem*; his name was L. Calpurnius Piso Frugi.

ei: dative of reference (*AG* 377).

qua in provincia: the antecedent, *provincia*, has been incorporated into the relative clause (*provincia in qua*).

occisus est: the date of his death was 112 B.C.

nescio quo pacto: "I don't know in what way," i.e., "in some manner or other."

exercetur: *dum* takes the present indicative to indicate continued action in the past ("while he was . . .").

comminutus est: "was shattered into pieces."

facere: "to have (something) made."

ad sellam: "to the magistrate's seat", where the governor was presiding over legal cases. *sellam* in the next clause means "work stool."

omnibus praesentibus: ablative absolute.

nimium: adverb modifying the adjective, *diligentem*.

hactenus . . . nihil amplius: "to this point . . . nothing more."

reprehendet, si . . . volet: a more-vivid future condition.

qui: "anyone"; used after *si* for *quis* (*AG* 148 n.).

ei: dative with *concedendum fuit* ("to him").

fuit . . . concedendum: passive periphrastic.

eius: take in apposition to *L. Pisonis*.

primus . . . legem tulit: "first passed the law," i.e., "was the first to . . ."; 149 B.C.

de pecuniis repetundis: "on the recovery of monies, on extortion," the charge on which a governor might be tried for financial misbehavior in a province. See *hac lege* above at 8.17. It is easy to see why

Cicero found an example from the Piso family attractive for his purposes here.

25.57 me . . . dicere: subject accusative and infinitive with *ridiculum est* ("for me to . . .").

cum: "since . . ."

quantum intersit: "how great a difference there is"; indirect question introduced by *videte.*

intersit: impersonal verb.

aliquot abacorum: objective genitive with *vasa aurea* ("gold vessels for several cupboards").

quid . . . audiret: Hall translates as "what men would say of him."

non laboravit: "he did not care."

ille: Piso.

in . . . semuncia: "in the matter of a half an ounce . . ."

ut . . . sic: "as . . . so."

hic: Verres (on the other words that his name suggests, see *everriculum* etc. above at 24.53).

comprobavit: "justified, lived up to."

cognomen: Piso's third name *Frugi* ("honest, thrifty").

26.57 memoria: ablative of means.

complecti < complector: "to cover" (i.e., in a book or speech).

genera: "topics."

ut: "as".

hic: adverb.

me commonuit: "reminded me."

quod: "a matter that"; *id,* the antecedent of *quod,* has been omitted.

effluxerat: "had escaped my memory."

totum: take with *quod* ("entirely").

quam: adverb modifying *multis* ("from how many . . .").

multis . . . hominibus honestis: dative of separation with *abstulisse.*

istum . . . abstulisse: accusative and infinitive dependent on *putatis.*

alicuius: genitive of possession with *gemma aut anulo.*

gemma aut anulo: ablative of means.

ipsum: "the man himself."

ipsum negaturum: supply *esse*; accusative and infinitive dependent on *arbitrer*.

26.58 Verres' passion for rings and tapestries belonging to other people (58–60).

Valentio . . . interpreti: dative. A. Valentius, an interpreter Verres had hired to help him with Greek in Sicily. In *In Verrem* II.III.84 Cicero alleges that Verres really used him as a go-between in thefts and debaucheries.

cretula: "clay" (used for making seals).

primo quoque tempore: "at the earliest possible time"; *quoque* < *quisque*.

patri familias: dative of separation with *detractus est*; *familias* is an archaic genitive. A Roman designation for the father as head and representative of the family. Verres has no respect even for the possessions of a Roman citizen.

ut . . . quaereret: concessive clause ("although . . .").

in singula conclavia: "for each dining room." *conclavia* < *conclave*, "dining room."

tricenos lectos: "thirty couches." Normally Roman dining rooms had three couches.

stratos < **sterno** ("cover"): perfect participle passive.

convivi < **convivium:** genitive singular.

nimium: adverb with *multa*.

comparare: "to collect" (of a connoisseur).

videretur: potential subjunctive ("he might have seemed").

locuples: "rich"; modifies *domus*.

ubi . . . instituerit: the equivalent of a relative clause of characteristic.

26.59 textrinum: "a place where weaving is carried on, a shop for weaving."

[est]: in the manuscripts but rejected by the editor because it is superfluous if *mulier* is taken as the subject of *confecit*.

Segestana: a native of Segesta, a city in northwest Sicily.

isti: dative of indirect object.

plena domo: ablative absolute; Latin does not have a present active participle of the verb, *sum.*"

telarum < **tela** ("a loom"): genitive dependent on *plena.*

stragulam vestem: "woven fabric" (for coverlets of various uses).

nihil nisi: "nothing except, the whole lot."

conchylio: "with purple dye." Since the dye was rare and expensive, Verres was having some very costly material made for himself.

tinctum: supply *est*; this sentence is easier to read if a semicolon or period is added after *tinctum.*

Neti < **Netum:** locative; a city in Sicily, southwest of Syracuse.

Lyso Lilybaei: on Lyso, a leading citizen from Lilybaeum, see the Latin text at 17.37.

Aetnae . . . Syracusis: locatives.

Helori < **Helorus:** a city on the east coast of Sicily.

dies . . . nomina: "the day would run out on me more quickly than their names." Cicero means that he does not have enough time to give all the names of those whose households were conscripted by Verres to weave.

defecerit: potential subjunctive; there is no difference between the present and perfect subjunctive in referring to the immediate future (*AG* 446; 447.3).

tantum: adverb ("only").

amici: supply (*dabant*).

omnia criminari: "to charge him with all his crimes."

quasi . . . hoc . . . sit: subjunctive in a conditional clause of comparison ("as if this were . . .").

ad crimen: "with respect to the charge."

habuisse . . . voluisse . . . esse . . . usum: supply *istum* as accusative subject in a series of accusative and infinitives introduced by an implied verb of accusing.

quod daret: subjunctive in a relative clause of result ("to give"). Cicero means that it seems odd that Verres would have so much purple dye to supply.

hoc denique: repeats the subject of the *quasi* clause.

operis < **opera:** ablative with *esse . . . usum* ("work people").

26.60 iam vero: "further, besides" (transition to a new subject).

lectos . . . et candelabra aenea . . . facta esse: accusative and infinitive dependent on *existimatis*.

num . . . existimatis?: "you surely don't think . . . do you?"

cui: "for anyone."

vos certiores . . . facio: "I am making you more certain, I am informing you."

praetor: "as praetor."

ne . . . videatur: a negative purpose clause.

cui: "to anyone."

se: object of *instruxisse et ornasse*.

instruxisse et ornasse: complementary infinitives with *videatur*.

satis: Cicero is being extremely sarcastic here.

27.60 An extended episode describing Verres' theft from a Syrian prince (61–71).

nefaria: charges of disrespect to Roman religious beliefs were likely to cause a strong emotional reaction in a jury. This episode also involves Roman national honor, foreign relations, and the tradition of hospitality.

in quo . . . videantur: subjunctive in a relative clause of result.

di . . . existimatio atque auctoritas . . . hospitium . . . reges nationesque: this clause consists of a list of nouns modified by perfect passive participles for maximum impact on the listener.

abalienati: "estranged"; perfect participle passive modifying *reges*.

27.61 reges Syriae: "princes of Syria."

reges . . . fuisse: accusative and infinitive dependent on *scitis*.

nuper: Two sons of Antiochus XII, former king of Syria, had come to Rome in 75 B.C. to pursue their claim to the throne of Egypt; they were in Rome till 73 B.C.

qui = et ei (connecting relative).

regnum . . . pertinere: accusative and infinitive dependent on *arbitrabantur*.

Selenen (Greek accusative): the princes' mother was the daughter of Ptolemy VII, king of Egypt.

ut . . . acceperant: "in so far as; since . . ." There was no question about their right to the throne of Syria, from which their father had been expelled in 83 B.C. by Tigranes of Armenia.

ii = et ei (connecting relative).

temporibus: ablative of cause ("by the circumstances"). During this period Rome was having problems with a slave uprising in Italy, Sertorius in Spain, Mithridates in the East and pirates in the Mediterranean.

exclusi: perfect participle passive modifying the subject of *potuerunt.*

agere: "to accomplish."

isto praetore: ablative absolute.

27.62 hic: adverb.

hereditatem: i.e., "windfall."

hereditatem . . . venisse: accusative and infinitive dependent on *arbitratus est.*

quem . . . habere: accusative and infinitive dependent on *et audierat . . . et suspicabatur.*

homini: used here in place of a pronoun ("him").

ad + accusative: "for."

olei, vini: genitives dependent on *munera . . . haec.*

quod visum est: "the amount that seemed proper".

tritici: "wheat"; genitive, as *olei* and *vini* above.

quod . . . esset: "the amount that, as he thought, seemed enough."

decumis < decumae: "tithe." Some of the tithe, paid by the province, went to provide for the governor's maintenance instead of being sent to Rome. Verres in fact treated the whole tithe as if it were his own.

haec aurea: the gold vessels Cicero alleges in the Latin text at 26.59 Verres had had made in his workshop at Syracuse.

omnibus . . . rebus: ablative of respect.

instructum et paratum: take in the predicate with *convivium.*

quid multa?: supply *dicam.*

ita . . . ut: "in such a frame of mind that . . ."

istum . . . ornatum et se . . . acceptum: supply *esse*; accusative and infinitives dependent on *arbitraretur.*

ornatum: "distinguished."

omnis = **omnes.**

erant distincta < **distinguo:** "adorn, decorate."

vas vinarium: "a vessel for serving wine."

pergrandi: ablative singular of a third declension adjective.

trulla excavata: nominative in apposition to *vas vinarium*; a *trulla* is a small ladle for pouring wine.

manubrio aureo: ablative of description.

testem . . . dicere: accusative and infinitive with *audistis.*

satis: "sufficiently, quite."

idoneum . . . gravem: take with *testem.*

Q. Minucium: a Roman *eques* with business interests in Syracuse; Antiochus stayed in his house while there.

27.63 unum quodque: "one by one."

sumere, laudare, mirari . . . gaudere: historical infinitives; subject is in the nominative. Translate as imperfect indicatives.

praetori: dative with *iucundum et gratum.*

illud . . . convivium: accusative subject of *esse* in an accusative and infinitive dependent on *gaudere.*

discessum est: "there was a going away, they left the dinner."

nihil . . . aliud . . . nisi: "nothing else except."

iste: subject of *cogitare*, historical infinitive.

ipsa res: "the event itself, the outcome."

quem ad modum . . . dimitteret: indirect question introduced by *cogitare.*

rogatum: the accusative of the supine after a verb of motion expressing purpose ("to ask for").

pulcherrima: take with *vasa ea.* A predicate adjective belonging to the antecedent may stand in the relative clause rather than in the main clause.

apud eum: "at the prince's house."

qui . . . nosset: relative clause expressing cause; *nosset* = *novisset.*

illum: Verres.

se: accusative subject of *velle* in an accusative and infinitive introduced by an implied verb of saying.

28.64 reliquum: here a noun, antecedent of *quo*.

pervagatum est: supply *quod* as the subject of this clause.

candelabrum: object of *ponere . . . neque . . . ostendere ac proferre*.

opere mirabili: ablative of manner.

nondum perfectum templum: the Capitoline temple burned down in 83 B.C.; the new temple was not dedicated until 69 B.C.

offenderant: "they had come upon, found."

neque . . . potuerunt neque . . . voluerunt: the main verbs in this elaborate sentence.

vulgo: "in public."

recens . . . integra: take with *pulchritudo*.

simulacrum . . . dedicatum: supply *esse*; accusative and infinitive introduced by *audissent*.

qui . . . adferrent: relative clause of purpose ("to bring").

28.65 auris: take with *ad*.

nescio quo modo: "I don't know how, somehow."

non quo + subjunctive: "not because."

ut ne multi: negative purpose; the *ne* is used to negate a single expression ("so that few").

ante: take with *quam*.

ante praeciperent oculis quam: "anticipate with their eyes before, see . . . before."

se: take as the accusative subject of *cupere* in an accusative and infinitive dependent on *dicit*.

qui . . . esset: relative clause expressing cause.

videndi: genitive of the gerund dependent on *potestatem*.

et puerili . . . et regio: adjectives modifying *animo*; ablative of description.

suis: dative with *imperat* ("to his own people").

involutum: "wrapped up"; perfect participle passive modifying *id*.

quam + superlative: see above at 24.53.

praetorium: Verres' official residence.

quo = et eo: "and there" (connecting relative).

involucrisque reiectis: "and with the wrappings removed"; ablative absolute.

regno . . . regio munere . . . Capitolio: ablatives with *dignam* ("worthy of").

eo splendore . . . ea varietate . . . ea magnitudine: ablatives of description.

esse debebat: "was to be expected."

operum: genitive plural < *opus* ("workmanship").

ut . . . videretur: result clause.

copia: "richness (of its material)."

apparatum . . . ornatum: take with *ad*.

esse factum: supply an accusative subject *id*; accusative and infinitive dependent on *intellegi posset*.

cum . . . videretur: after the historical present (*incipiunt*), *cum* temporal with the subjunctive takes secondary sequence.

referrent: i.e., back to where the prince was staying.

etiam atque etiam: "again and again."

se esse satiatum: accusative and infinitive introduced by an implied verb of saying.

inanes: "empty-handed."

revertuntur < revertor: "return."

29.66 metuere, . . . suspicari; . . . referri: historical infinitives.

alter: "a second."

mittit: "he sends word."

si videatur: "if it should seem fit (to him)," a very polite way of saying "please."

posterius: "at a later time."

reverti: supply *id* as the nominative subject of the historical infinitive.

illi: the prince.

videri: historical infinitive.

os: here "effrontery."

quod sciret, quod . . . audisset . . . quod . . . videret: relative clauses of characteristic expressing a concessive ("although").

esse ponendum: take *quod* as the accusative subject of the accusative and infinitive dependent on *audisset* ("although he knew that it had to be placed").

servari: take *quod* as the accusative subject in the accusative and infinitive ("although he saw that it was being kept").

id: antecedent of the four *quod* clauses that precede it.

religione: "by respect (for)."

Iovis Capitolini: objective genitive with *religione*.

hominum: subjective genitive with *existimatione*.

existimatione: note chiastic word order of ablatives and genitives.

quod . . . essent: subjunctive after *quod* because the reason given is on the authority of some one other than the speaker ("because, as he said . . .").

muneris: to the prince the gift was as good as given, although it had not yet been put on display.

homini: dative with *minari* ("threaten"); used here in place of a pronoun ("him").

nihilo: ablative of degree of difference.

ante noctem decedere: Verres had no legal authority to give this order.

ex eius regno: a trumped up excuse of the most obvious kind since Antiochus had no power in his own kingdom of Syria—Tigranes of Armenia was currently in control of it.

29.67 maximo conventu: "during a very large public gathering" i.e., of the Roman community in Syracuse; ablative of time during which.

ne . . . arbitretur: negative purpose clause.

me . . . versari atque (me) adfingere: accusative and infinitives dependent on *arbitretur*.

suspicione hominum: ablative of cause ("because of men's suspicion").

candelabrum: repeated in *id* below, the object of *abstulisse*.

missurus esset: an active periphrastic verb form.

sibi: dative of separation with *abstulisse:*

C. Verrem abstulisse: accusative and infinitive dependent on *clamare*.

quae sua . . . essent: relative clause of characteristic expressing a concessive ("although they were his own . . .").

penes + accusative: "in the possession of . . ."

se non laborare: "that he is not concerned about (*de*); accusative and infinitive introduced by an implied verb of saying (*clamare*).

151

hoc sibi eripi: a subject accusative and infinitive, subject of *esse*, dependent on an implied verb of saying ("that this was stolen from himself was a terrible and unworthy thing").

etsi . . . tamen: "although . . ."

tum: "then and there."

se . . . dare donare dicare consecrare . . . adhibere: the accusative and infinitives continue after the implied verb of saying (*clamare*).

testemque: take in apposition with *Iovem*.

suae voluntatis ac religionis: genitive with *testem* ("of his own intention and religious obligation").

30.67 A passage in which Cicero reacts with outrage to Verres' theft from the prince.

latera: "lungs."

huius . . . criminis: genitive depending on *querimoniam*.

qui . . . fuisset: a relative clause of concession ("although he . . .").

comitatu regio atque ornatu: ablatives of description.

is: repeats the subject for emphasis.

cum . . . esset: concessive clause.

amicissimo . . . maioribus: ablatives of description.

maioribus: supply *amicissimis*.

antiquissimis . . . regibus, opulentissimo . . . regno: ablatives in apposition to *amicissimo . . . maioribus*.

praeceps: "headlong"; modifies the subject of *exturbatus est*.

provincia: ablative of separation.

31.68 quem ad modum: "how?"

nationes exteras: take as accusative subject of *accepturas (esse)*; an accusative and infinitive dependent on *putasti*.

famam . . . perventuram: supply *esse*.

aliorum: supply *regum*.

violatum regem . . . amicum: a series of accusative and infinitives dependent on *audirent*; note the emphatic word order (accusative subject follows the infinitive) and the suppression of *esse*.

nomen . . . futurum (esse): an accusative and infinitive dependent on *scitote*.

populique Romani: supply *nomen*.

odio atque acerbitati . . . nationibus exteris: double dative construction with *futurum (esse)*. On the double dative see *urbi . . . ornamento* above at 2.3.

scitote: "know"; future imperative, in the apodosis of a more-vivid future condition; the future imperative is regularly used for this verb.

iniuria: subject of *discesserit*.

impunita: predicate adjective modifying *iniuria*.

discesserit: future perfect in the protasis of a more-vivid future condition ("has ended up, has passed").

praesertim cum . . . percrebruerit: "particularly since . . ."; causal clause.

istius solius . . . eorum: genitives dependent on *facinus*.

hoc esse: accusative and infinitive dependent on *arbitrabuntur*.

percrebruerit: "has been spread abroad" (of gossip).

qui adprobarint: relative clause of characteristic. By acquitting Verres, the jury would send a message to Rome's allies that such behavior was acceptable.

adprobarint = adprobaverint.

sic . . . ut: "so . . . as."

desiderat: "demand." Latin often gives double abstract noun subjects a singular verb.

qui = et ei (those foreigners who wish to give gifts to the Roman people).

si intellexerint . . . arbitrabuntur: a more-vivid future condition.

interverso . . . dono: "with the gift having been embezzled, because of the embezzlement of the gift"; ablative absolute.

graviter vos tulisse: "that you have taken badly"; accusative and infinitive dependent on *intellexerint*.

fore: future infinitive of *sum*.

sua studia ac dona: take as the accusative subject of *fore* in an accusative and infinitive dependent on *arbitrabuntur*.

vobis populoque Romano: dative with *grata*.

sin: "but if."

sin . . . audient, . . . erunt: a more-vivid future condition.

hoc: direct object of *neglexisse*.

vos . . . neglexisse: accusative and infinitive dependent on *audient*.

in + ablative: "in the case of."

re tam eximia: such a valuable object as the candelabrum.

operam curam pecuniam: asyndeton.

quas . . . fore: accusative and infinitive dependent on *arbitrentur*.

31.69 hoc loco: ablative of place where without a preposition.

Q. Catule: Q. Lutatius Catulus (consul in 78 B.C.), a distinguished senator, a member of the jury; the man responsible for the restoration of the Capitoline temple.

monumento: the temple of Jupiter Optimus Maximus.

iudicis: genitive with *severitatem*.

inimici atque accusatoris: genitive dependent on *vim*.

vim < **vis:** "violence."

suscipere: "to make (a matter) of one's concern."

debes: Cicero is speaking directly to Catulus.

illo templo: supply *in*.

senatus populique Romani: genitive dependent on *beneficio*.

beneficio: ablative of cause.

aeterna: predicate adjective with *memoria*.

memoria: nominative; like *honos*, subject of *consecratur*.

tibi: dative of agent with the passive periphrastic, *cura suscipienda (est)*.

ut Capitolium: take with *ornatum sit*, a substantive clause of purpose introduced by *cura suscipienda, . . . opera sumenda est*.

quem ad modum . . . sic: "as . . . so."

ut . . . videatur: result clause introduced by *sic copiosius*.

flamma: "conflagration"; the burning of the temple in 83 B.C.; see *nondum perfectum templum* above at 28.64.

divinitus: "divinely, by the will of the gods"; adverb.

exstitisse < **exsto:** "to have happened."

non quae deleret . . . sed quae . . . deposceret: relative clauses expressing purpose ("not to . . . but to . . .").

templum: supply as object of *deposceret*.

31.70 deversatum esse: "stayed."

se . . . scire: accusative and infinitive, dependent on an implied verb of saying, continues after the semicolon.

illud: the candelabrum.

illud . . . esse delatum, (illud) non redditum (esse): accusative and infinitives dependent on *scire*.

qui . . . dicant: relative clause of characteristic; the antecedent is implied as plural from *conventu* (*AG* 306b).

ita = ea (with a verb of saying).

sese audientibus: ablative absolute.

illud . . . dicatum esse . . . et (illud) consecratum (esse): accusative and infinitives dependent on *dicant*.

si . . . esses et . . . esset, . . . oporteret: a present contrary-to-fact condition.

te potissimum: "you above all."

oporteret: impersonal verb that takes as subject a series of accusative and infinitives (*te . . . persequi, te petere, te agere*).

quo animo: "with what attitude."

qui . . . esse deberes: relative clause expressing cause ("since you ought to have been . . .").

actor accusatorque: nominatives in apposition to the subject of *deberes*.

32.71 vobis: dative with *videri*.

hoc: ablative of comparison with *indignius*.

ferendum: "bearable, to be borne"; predicative.

domi suae: obviously the candelabrum belonged in a sacred temple, not in a private home.

cuius: the antecedent is *id*; understand *candelabrum* ("that candelabrum, by whose brightness . . .").

conlucere atque inlustrari: "to make light and to light up."

oportebat: "it ought to have . . ."

id . . . constituetur?: the main subject and verb of an interrogative sentence.

apud + accusative: "at the house of."

quae . . . flagrabunt: take *conviviis* as antecedent.

stupris flagitiisque: suggests the polluted environment of Verres' house.

flagrabunt: "will be aflame."

lenonis ("pimp") . . . **Chelidonis < Chelidon:** see above at 4.7.

Capitoli: genitive dependent on *ornamenta*.

quid . . . fore aut quid . . . fuisse: accusative and infinitives dependent on *putatis*.

sacri . . . religiosi: partitive genitives with *quid*.

qui . . . sentiat, qui . . . veniat: antecedent of these relative clauses of characteristic is *huic*.

ne . . . quidem: "not even."

Iovem Optimum Maximum: Verres cannot even pray to Jupiter because he has committed a crime against that god too.

more: "in the customary way."

quo = et eo (connecting relative); Verres.

sua: Cicero will allege in the second half of the speech that many of Verres' thefts were directed at objects belonging to the gods.

hominibus: dative of agent.

ad . . . repetendas: gerundive expressing purpose.

Deli < Delos: locative. Island birthplace of Apollo.

Sami < Samos: an island off the coast of Asia Minor, site of an important temple of Juno.

Pergae < Perga: a city in Pamphylia in southeast Asia Minor, where Artemis (Diana) was especially worshiped.

multos . . . deos . . . violatos (esse): accusative and infinitive dependent on *miramur*.

tota Asia Graeciaque: *in* is sometimes omitted with *tota*.

qui . . . potuerit: relative clause expressing cause.

a Capitolio: ablative of separation with *abstinere*.

quod . . . ornant ornaturique sunt: take *id* (the Capitolium) as antecedent.

ornaturi sunt: active periphrastic ("intend to adorn").

32.72 This concludes the first half of the speech in which Cicero presents evidence about Verres' thefts from individuals. Cicero now turns to examples of Verres' thefts from the gods. The first example concerns a statue of Diana from Segesta (73–83).

hoc . . . concepto: ablative absolute.

nihil: take in the predicate of the accusative and infinitive (*esse*) after *duxit* ("that there was nothing").

neque sacri neque religiosi: partitive genitives with *nihil*.

hominibus verum etiam dis: dative with a compound verb *indictum* (*esse*).

dis = deis < deus.

indictum: supply *esse*; infinitive dependent on *putaretur* ("to have been declared").

putaretur: take *bellum* as subject.

Segesta: Cicero probably chose an example from this city because of its alleged mythical and religious connections with Rome.

demonstrant: "they allege."

se . . . coniunctos esse: accusative and infinitive dependent on *arbitrantur*.

cum . . . cum Poenis . . . bellaret: the date is not known.

ornamento urbi: double dative; see *urbi . . . ornamento* above at 2.3.

omniaque . . . sunt . . . deportata: note the effect achieved by placing *deportata* in an emphatic position at the end of the sentence.

apud + accusative: here "in the possession of."

cum . . . tum: "both . . . and."

summa atque antiquissima: take with *religione*.

opere: "workmanship."

translatum < transfero: perfect participle passive modifying *hoc* (the statue).

locum . . . hominesque: direct objects of *mutarat*.

tantum: "only"; adverb.

mutarat = mutaverat.

33.73 digna: modifies subject of *videbatur*, "she" (i.e., Diana).

quam . . . colerent: relative clause with the subjunctive in a construction dependent on *digna* ("worthy whom they should worship," i.e., "worthy of their most devout devotion").

aliquot saeculis post: "a few centuries later"; ablative of measure of difference.

Carthaginem cepit: 146 B.C.

qua = et ea (connecting relative).

domesticis: "familiar."

domesticis . . . exemplis: ablative with *gaudeatis*.

eo: "for that reason."

maiore odio: ablative with *dignam*.

convocatis Siculis omnibus: ablative absolute.

Siciliam vexatam . . . esse: accusative and infinitive dependent on *cognorat*.

cognorat = cognoverat.

sibi magnae curae: "a great concern to him"; double dative expressing purpose.

cuiusque: genitive of possession.

Himera: ablative of separation with *erant sublata*; a city on the north coast of Sicily.

de quibus antea dixi: on earlier evidence regarding treasures taken from Himera see *In Verrem* II.II.86–88.

Thermitanis: inhabitants of Thermae, the place where the citizens of Himera settled when their city was destroyed.

Gelensibus: the inhabitants of Gela, a city on the southern coast of Sicily.

Phalaris: tyrant of Agrigentum (ca. 570–555 B.C.); an early tyrant, known for his monstrous behavior.

quo: "where."

supplici: "as a punishment"; genitive with *causa*.

quem = et eum (connecting relative).

aequum esse: accusative and infinitive dependent on *dixisse*.

illos cogitare: subject accusative and infinitive dependent on *aequum esse* ("that it was reasonable for them to consider").

utrum: "which thing (of two)."

suisne . . . anne: the *-ne . . . anne* asks a double question.

suis: dative with *servire*.

populo Romano: dative with *obtemperare*.

monumentum: take in apposition with *idem* ("the same thing as a monument").

34.74 illo tempore: at the end of the Third Punic War.

maxima cum cura: ablative of manner.

sane: "very"; adverb modifying *excelsa*.

excelsa: ablative modifying *basi*.

basi: regular ablative of a parasyllabic noun ending in *-is*.

eumque . . . restituisse: accusative and infinitive dependent on *perscriptum (erat)*.

quaestor: see *Lilybitanum* above at 14.32.

admodum: adverb modifying *amplum*.

in illa magnitudine: Cicero suggests that the statue had a very youthful appearance despite its huge size.

34.75 dextra: supply *manu*.

sacrorum omnium et religionum: genitives dependent on *hostis praedoque*.

hostis praedoque: nominatives in apposition to *iste*.

face < **fax:** the torch held in the statue's hand.

magistratibus: dative with *imperat*.

demoliantur: "tear down."

nihil . . . futurum: supply *esse*; accusative and infinitive dependent on *ostendit*.

dicere: historical infinitive.

nefas: a very strong word indicating a religious prohibition.

illi: nominative plural (the Segestans).

cum . . . tum: see above at 33.72.

P. Africani: the Roman general who had restored the statue to them.

populi Romani . . . esse: possessive genitive that stands in the predicate ("that it belonged to the Roman people").

se . . . habere: accusative and infinitive dependent on an implied verb of saying (*dicebant*).

potestatis: partitive genitive with *nihil*.

in eo . . . quod: "in the case of an object that . . ."

urbe . . . capta: ablative absolute.

34.76 nihilo . . . multo: ablatives of degree of difference.

remissius . . . vehementius: comparative adverbs.

instaret: "presses in a hostile fashion, threatens."

cotidie: note the emphatic position.

agitur: "is discussed."

in senatu: the local council.

reclamatur: "it was objected loudly, there was loud objection"; impersonal passive.

adventu: it was Verres' first visit to Segesta.

pernegatur: "the answer was a flat no"; impersonal passive.

oneris: partitive genitive dependent on *quidquid*.

in nautis . . . exigendis, in frumento imperando: gerundives with *in* + ablative.

remigibus < remex: "rowers."

Segestanis: dative with the compound verb *imponebat*.

aliquanto: "by a little, somewhat"; ablative degree of difference.

quemque + superlative: "all the best and most distinguished."

fora: towns where the governor had to go to hold court.

rapiebat: supply *eos*.

uni cuique calamitati: double dative.

se: take as the accusative subject of *fore* in an accusative and infinitive dependent on *denuntiabat*.

funditus: "totally, utterly"; adverb.

aliquando: "at last."

victi: perfect participle passive, modifying *Segestani*.

praetoris: genitive with *imperio*.

imperio: dative with *parendum esse*.

parendum esse + dative: passive periphrastic in an accusative and infinitive dependent on *decreverunt* ("that it had to be obeyed, they had to obey").

simulacrum: take as subject of *locatur*.

tollendum: gerundive modifying *simulacrum*; on the construction see on (*ea*) *imponenda . . . curabat* above at 10.23 ("the statue is contracted for being removed; the contract is put out for the removal of the statue").

35.77   religio: "religious feeling."

apud + accusative: "among, in the mind of."

scitote: on the form see above at 30.68.

neminem: take as the accusative subject of *repertum esse*; accusative and infinitive dependent on *scitote*.

operarios: take in the predicate of the accusative and infinitive ("as laborers").

totius negoti ac religionis: genitives with *ignari*.

mercede accepta: ablative absolute.

quod = et id (the statue); connecting relative.

quem conventum . . . factum esse; quem fletum (factum esse): accusative and infinitives dependent on *arbitramini*.

maiorum natu: "of the older people"; *natu* is ablative of specification.

quorum = et eorum (connecting relative).

illum diem: seventy-six years before!

memoria: ablative of means.

revecta: perfect participle passive modifying *Diana*.

Segestanis: dative of indirect object rather than *ad* + accusative to express more than the idea of motion.

recuperatos: take with *deos*.

hoc: ablative of comparison.

quam: "than."

omnis . . . matronas et virgines convenisse . . . unxisse . . . complesse . . . , prosecutas esse: a series of accusative and infinitives dependent on an implied verb of saying ("what is more famous than this event, than that . . . ?").

ture, odoribus incensis: "frankincense and burnt fragrances."

complesse = complevisse.

35.78 in imperio: "in your governorship."

pertimescebas . . . perhorrescis: very forceful verbs.

in tanto tuo liberorumque tuorum periculo: "in your so great danger and in the danger of your children; in the very great danger to you and to your children"; *periculo* refers to the wrath of the gods toward Verres for his impious behavior.

quem . . . aut hominem . . . aut . . . deum . . . futurum (esse): accusative and infinitive dependent on *putas*.

tibi . . . auxilio: double dative.

invitis dis immortalibus . . . tantis eorum religionibus violatis: ablative absolutes.

in pace: Cicero implies that in wartime irregular behavior might be necessary and even acceptable.

quae = nam ea (connecting relative).

cum: "although . . ."

locata fuerat = locata erat; the form indicates a past state rather than an action.

captas incensasque: take with *urbis*.

victoria: ablative of cause.

loco mutato: ablative absolute. On events see the Latin text at 33.73.

religionem: "sanctity."

loco: "her original home."

quo = et eo (connecting relative).

quo . . . scelere suscepto: ablative absolute.

religiones esse violatas, verum etiam . . . C. Verrem sustulisse: accusative and infinitives dependent on an implied verb of saying.

gestarum < gero: perfect participle passive.

gloriam, memoriam . . . monumenta: objects of *sustulisse*.

35.79 quod = et id (connecting relative).

homines . . . esse venturos si . . . sustulisset: a more-vivid future condition in indirect discourse standing for *homines venient, si sustulerit (AG* 589 a.3).

in oblivionem . . . esse venturos + genitive: "come into forgetfulness, to forget."

basim: accusative singular.

tollendam (basim) locaverunt: see *simulacrum . . . locatur* at 34.76 above ("they let a contract for it to be removed.")

locatio: "contract."

quae . . . locatio = et ea locatio (connecting relative).

priore actione: "in the first stage of the trial."

P. Scipio: surname Nasica, a supporter of Verres and a cousin of the Metelli. A descendant of P. Cornelius Scipio Africanus Aemilianus, victor over Carthage, who returned the Diana to Segesta.

debitum: perfect participle passive modifying *officium*.

generi et nomini: dative with *debitum*.

M. Tullius: Cicero. It is ironic that Cicero, a *novus homo*, finds himself
   defending the old and glorious name of Scipio.

depeculatus: "defraud, steal."

P. Scipio . . . defendit: supply *cur*.

ea: accusative subject of the infinitive *ornari*.

isti: dative with *aderis* ("support").

aliqua ex parte: "in some way or another."

obstruxit < **obstruo** + dative: "interfered with."

monumento: dative with *obstruxit*.

36.80 quisnam: "who, pray . . . ?"

mortui: take with *Scipionis*.

nec solum = et non solum.

illa: accusative subject of the infinitive *spoliata (esse)* dependent on
   patieris.

clientes: the Segestans who looked to the Scipios to take care of their
   interests in Rome.

certiorem te faciunt + accusative and infinitive: "they inform you
   that . . ."

Carthagine deleta: ablative absolute.

positum ac dedicatum fuisse: *fuisse*, rather than *esse*, implies a past
   state rather than an action. The statue was no longer there.

Verrem . . . curasse: accusative and infinitive dependent on an implied
   verb of saying.

demoliendum et asportandum: take with *hoc*, object of *curasse*; on the
   construction see *(ea) imponenda . . . curabat* above at 10.23.

delendum tollendumque: take with *nomen*, a second object of *curasse*.

religionem: "the object of their worship."

recuperarint = recuperaverint.

id: antecedent of the relative clause, *quod . . . recuperarint*.

praedonis domo: Verres is no better than a common brigand.

37.80 his: dative of indirect object with *respondere*.

illi: the Segestans.

facere: supply *possunt*.

nisi ut: "unless to."

ut . . . implorent: purpose clause.

non praecerpo fructum: "I do not prevent (you) . . . from reaping the reward."

alienam: "someone else's."

non est pudoris mei: genitive of characteristic ("it is not a characteristic of my modesty").

P. Scipione . . . vivo et incolumi: ablative absolute.

me: object of *profiteri* ("declare").

propugnatorem . . . defensoremque: take in apposition to *me*.

37.81 me . . . silere . . . sed . . . laetari: subject accusative and infinitives with the impersonal verb, *oportebit* ("it will be necessary not only for me to be silent . . . but also to rejoice").

P. Africani: genitive with *fortunam*.

eius modi: take in the predicate with the accusative and infinitive *fortunam esse* ("that the fortune . . . was of that kind").

mortui: take with *P. Africani*.

adventicium: "outside"; adjective with *auxilium*.

istius: objective genitive with *amicitia* ("friendship with the defendant").

minus = non.

arbitrabere = arbitraberis.

vicarius: "substitute"; take in apposition with *ego*.

tuo muneri: dative with *succedam*.

partis < pars: "task."

desinat + infinitive: jussive subjunctive ("let . . . stop complaining").

populum Romanum . . . mandare . . . mandasse: accusative and infinitives dependent on *queri*.

hominibus novis: men like Cicero who had not previously been ennobled by having had a consul in the family.

industriis: emphasized by asyndeton with *novis*.

honores: "offices".

non est querendum: "one must not complain"; impersonal passive.

virtutem plurimum posse: accusative and infinitive dependent on *est querendum*; *plurimum* is a neuter accusative used adverbially ("that character has the highest influence").

sit . . . ornentur: jussive subjunctives.

imago: "death mask."

apud alios: "in the possession of others."

mortui: genitive with *virtute ac nomine*.

de . . . meritus est: "he acquired a claim to the gratitude of . . ."

commendatus esse: the perfect infinitive agrees with the subject of *debeat*.

virilis: take with *pars* ("proper").

est aliqua . . . virilis: "it is in some way my proper duty."

eius civitatis sum: "I am a member of that state"; predicate genitive.

amplam inlustrem claramque: take with *quam*.

pro mea parte: "to the best of my ability."

in his rebus . . . versor: "I concern myself with these things."

quarum: genitive with *princeps*.

aequitate . . . odio: take in apposition to *in his rebus*.

quae = et ea (connecting relative).

prope modum non minus quam: "almost no less than; almost as closely as"; *prope modum = propemodum*.

ista: supply *cognatio*.

generis et nominis: take with *ista (cognatio)*.

38.82 repeto: Cicero takes up the task that he claims P. Scipio ought to have undertaken, that of demanding the statue, memorial to his ancestor, P. Scipio Africanus, from Verres.

iudicium . . . ne sit: "let this trial not take place"; take *iudicium* as the subject of *sit*.

ne sit . . . neglegantur . . . restituatur . . . incidatur . . . reponatur: jussive subjunctives; asyndeton (lack of connectives).

de pecuniis repetundis: see above at 25.56.

Carthagine captum: participial phrase modifying *signum*.

haec: direct object of *postulant*. Note the unusual word order that Cicero uses to make his point.

tuendam conservandamque suscepit: "undertook to defend and preserve"; the gerundives modify *laudem gloriamque*.

ne hoc officium meum . . . non probem: a clause dependent on a verb of fearing ("that I do not win approval for this duty of mine").

P. Servilio (dative with *probem* ["from . . ."]): a member of the jury
who had held a command against the pirates in the Mediterranean
during 78–76 B.C. See *P. Servilius* above at 10.22.

qui: subject of *volet*.

cum . . . gesserit . . . cum . . . constituat atque . . . elaboret: "since
. . ."; causal.

haec: object of *tradere*, modified by *defendenda . . . spolianda*. See
note above on *tuendam*.

tibi: dative with *displiceat*.

Q. Catule: a member of the jury. On Catulus see above at 31,69.

orbi terrarum: locative; "in the whole world."

quam plurimos esse custodes: "for the guards to be as many as possible"; accusative and infinitive dependent on *displiceat*. For *quam*
+ superlative see above at 24.53.

omnis bonos: take as accusative subject of *putare*; accusative and infinitive dependent on *displiceat*.

defensionem . . . pertinere: accusative and infinitive dependent on
putare.

38.83 ea reprehendenda (esse): passive periphrastic in an accusative
and infinitive dependent on *putem*.

hic: adverb.

Verres Africani: an effective juxtaposition of names.

simulacrum: take in apposition to *monumentum*.

meretricum lenonumque: genitive plural with *flagitia*; see above at 4.7
on allegations about the kind of company Verres kept.

39.84 The next evidence concerns the theft of a statue of Mercury from
Tyndaris (84–92).

quid?: see above at 7.13.

a Tyndaritanis: ablative of separation.

eiusdem Scipionis beneficio positum: participial phrase modifying
simulacrum.

quem ad modum: "in what a way!"

Mercurium . . . esse sublatum: accusative and infinitive dependent on
dicere.

sacris anniversariis: "in annual rites"; ablative of means.

qui = **et is** (connecting relative).

ut primum . . . venit: "when he arrived for the first time; on his first visit."

tamquam . . . oporteret . . . necesse esset: "as if it were proper . . ."; subjunctives introduced by *tamquam*.

ita: corresponds with *tamquam* above; there is no need to translate.

continuo: "immediately."

signum: take as object of *demolirentur* ("pull down").

39.85 quod = **et id** (connecting relative). Take *id* as subject of *videretur*.

cum: subordinate conjunction with *videretur*.

qui audiebant: supply *illis* as antecedent.

non est ab isto . . . perseveratum: "it was not persisted by the defendant; he did not persist"; impersonal passive.

primo illo adventu: ablative of time when.

proagoro: "magistrate"; the highest official in some Sicilian towns of Greek origin.

ne multa: supply *dicam*.

capitis: genitive of the penalty with *poenam* ("a capital offense, the death penalty").

poenam . . . constitutam (esse): accusative and infinitive dependent on an implied verb of saying.

senatus: genitive with *iniussu*.

religio: "the reverence felt for it."

moriere = **morieris.**

traditur: "is handed over."

praetoris: genitive with *nuntio*.

40.86 nihil . . . praetermittendum (esse): a subject accusative and infinitive (passive periphrastic) dependent on *videtur*.

videtur: "it seems right."

de sella ac de loco superiore: "from the governor's seat and superior position."

hiems summa: "the height of winter."

ut: "as."

lictoribus: dative with *imperat*. As a magistrate with *imperium* Verres was entitled to be accompanied by six lictors during official appearances.

nudumque constituant: "and strip him naked."

erat . . . imperatum: impersonal passive.

cum . . . videres: "when you would have seen."

stipatum: "surrounded."

lictoribus: ablative of means, not as normally, ablative of agent.

fore . . . ut . . . caederetur: a construction used in place of the future infinitive passive in an accusative and infinitive ("that he would be flogged"). On this usage see *AG* 569a.

virgis caederetur: "be beaten with rods, flogged, scourged."

fefellit . . . homines opinio: "expectation deceived people";

fefellit < fallo.

hic: adverb.

caederet: potential subjunctive.

socium: technically a citizen of Tyndaris should not be called an ally since the city held the status of a *civitas stipendiaria*.

usque eo: "right up to that point, so . . . as that."

accepit: "treated."

Marcellorum: the family of the Marcelli had been closely connected with Sicily as a whole after M. Claudius Marcellus captured Syracuse in 212–211 B.C. and took on the patronage of that city.

C. Marcelli: governor of Sicily in 79 B.C. One of the jurors in the case.

in illam civitatem: "toward, to."

cum . . . tum: "both . . . and."

summo magistratu praeditum: Sopater was a *proagorus*; see *proagoro* above at 39.85.

divaricari: "to place astraddle."

40.87 quo . . . sit adfectus: indirect question introduced by *venire in mentem*.

in aere, in imbri, in frigore: note the unusual word order of this triplet phrase; asyndeton.

imbri: an alternative ablative form for *imbre*.

commota: perfect participle passive modifying *multitudo*.

ut . . . polliceretur: subjunctive in a substantive clause of purpose (an indirect command).

fore ut . . . ulciscerentur: used instead of the future infinitive in an accusative and infinitive; see *fore . . . ut . . . caederetur* above at 40.86.

ipsi: take with *di* < *deus.*

hominem . . . perire: subject accusative and infinitive with *oportere.*

non oportere: accusative and infinitive dependent on *clamabant* ("that it was not necessary.")

frequens: "in a body."

cum . . . obriguisset: "when he had almost frozen stiff"; note secondary sequence with the historical present *aufertur.*

disposite: "methodically."

ingenio . . . artificio: ablative with *opus est.*

41.88 unum: predicate adjective ("a single one").

pro uno ponitur: "it has been presented as a single charge" (historical present).

de . . . Tyndaritano: take with *hoc crimen.*

quo pacto: "how."

pecuniarum captarum: genitive of the charge ("there is the charge of . . .").

pecuniae magnae: genitive of value with *signum* ("of great value").

peculatus: "an embezzlement of public money"; genitive of the charge.

signum: object of *auferre.*

nomine: "by the authority . . ."

maiestatis: "treason."

imperi . . . gestarum: genitives with *monumenta.*

religiones: "religious sanctions."

supplici: genitive with *genus.*

41.89 illud: take as part of the indirect question (*quid sit iam*).

non queo . . . nescio: main verbs of the clause; asyndeton.

quod in . . . statua: supply *id* as antecedent ("the crime [that he committed] using the statue of Marcellus").

quod: "because."

patronusne: a reference to Marcellus; predicate nominative in the *quod* clause. The *-ne* indicates a question ("was it because he was their patron?").

quo: "where?"

spectat: here "point."

ad (+ accusative) **. . . valere:** "to serve as."

clientium atque hospitium: i.e., of the Marcelli.

an: "or"; continues the direct question.

hoc: ablative.

ut . . . ostenderes: a purpose clause.

in patronis: "among patrons."

praesidi: partitive genitive with *nihil*.

nihil esse: accusative and infinitive in apposition to *hoc*.

intellegeret: potential subjunctive.

vim < **vis:** accusative subject of the infinitive *esse*; accusative and infinitive in apposition to *hoc*.

illa tua singularis: take with *insolentia, superbia, contumacia*.

significatur: agrees with *insolentia*, the singular noun nearest it.

te: accusative subject of *detrahere*, accusative and infinitive dependent on *putasti*.

Marcelli . . . Verres: sarcasm.

41.90 quam . . . tantam virtutem esse aut dignitatem: accusative and infinitive dependent on *arbitratus es*.

conarere = conareris.

traducere . . . auferre: complementary infinitives dependent on *conarere*.

ista nequitia, stultitia, inertia: ablatives of description with *tu*.

clientelam: "protection."

patibulo: "a fork-shaped yoke" to which criminals were fastened.

tibi: dative of reference ("in your mind").

in + accusative: "for."

illi: dative of indirect object.

quid . . . tuis statuis fore: accusative and infinitive dependent on *arbitrabare* ("what would happen to your statues").

arbitrabare = arbitrabaris.

accidit: perfect tense.

statuam: object of *deturbarunt*.

propter + accusative: "near."

altiore . . . basi: supply *in*.

poni: present passive infinitive.

simul ac: "as soon as."

successum (esse): "there had been a succession; he had a successor"; impersonal passive in an accusative and infinitive dependent on *audierunt*.

isti: dative with *successum* (*esse*).

iudicem: take in apposition with *C. Marcellum*.

te praetore: ablative absolute.

religione . . . iudicibus: the manuscripts show several readings here. As it stands, the text may be translated: "we have handed you over, bound and constrained by Marcellus' religious scruples, to these jurors."

42.91 ac: "and what is more."

Tyndaritanos . . . vendidisse: accusative and infinitive dependent on *dicebat*.

huic: i.e., "who is here in court."

sua causa: "for his own [i.e., Verres'] sake" (*AG* 404c).

M. Marcellum: this is Marcus Marcellus Aserninus who seems to have given evidence at the trial. Also a *patronus Siciliae*.

M. Marcellum ipsum . . . esse dicturum: accusative and infinitive dependent on *sperabat*.

quod = et id (connecting relative).

veri simile = verisimile.

adulescentem . . . commodaturum (esse): accusative and infinitive dependent on *visum esse*.

illo loco: ablative of source ("of that rank").

isti: dative of indirect object.

mihi: dative of agent ("by me"), common with the perfect participle passive.

maxime: "actually, indeed."

nihil: used with adverbial force ("not at all").

ut . . . dubium esse nemini possit: "so it can be doubtful to no one."

42.92 publicae litterae: "public documents"; introduces an accusative and infinitive.

Mercurium: accusative subject of the infinitive *deportatum esse* in an accusative and infinitive.

huic negotio: dative with *praefuisse* ("be in charge of").

legatum: accusative subject of the infinitive *praefuisse*; an accusative and infinitive dependent on (*dicunt*).

Poleam < **Poleas:** accusative in apposition to *legatum*; a native of Tyndaris given the task of getting the statue to Messana for Verres.

qui = **is** (connecting relative).

quid?: accusative of exclamation ("tell me!").

demoliendum: supply *signum*.

curavit: on the construction see (*ea) imponenda . . . curabat* above at 10.23.

gymnasiarchus: "person in charge of a gymnasium."

ei loco: dative with the compound verb *praeerat* (i.e., the place where the statue stood).

hoc nos dicimus?: "is it I who say this?"; *nos* = Cicero.

ipsum istum: accusative subject of *esse pollicitum* in an accusative and infinitive dependent on an implied verb of saying.

sese . . . redditurum (esse): accusative and infinitive dependent on *esse pollicitum*.

si . . . cautumque esset: "and if there was a guarantee"; impersonal passive.

Zosippus: take as subject of *dixit*.

43.93 Two examples of theft from Agrigentum follow (93–95).

Agrigento: ablative of separation.

eiusdem P. Scipionis: P. Cornelius Scipio Africanus Aemilianus who figured prominently in the previous two episodes.

Myronis: see above at 3.5.

Aesculapi < **Aesculapius**, son of Apollo, god of healing.

fano: "temple."

quod = **et id** (connecting relative).

duces . . . adiutores: accusatives in apposition to *homines*.

uno . . . tempore: "at one time, simultaneously."

Agrigentini . . . requirebant: "the Agrigentines were feeling the loss of . . ."

religionem domesticam: "a local object of veneration."

praecipitur et negotium datur: "orders were given and the task was assigned"; verbs are impersonal passive and historical present.

quaestoribus et aedilibus: officials of the town. Cicero uses the equivalent Roman titles.

ad aedis sacras: the word order of the sentence emphasizes the kind of location in which Verres was likely to strike.

Agrigenti: locative.

coniunctissimo animo: ablative of manner.

quae placebant: supply *ea* as antecedent.

placebant: supply *isti* (dative).

43.94 Herculis < Hercules.

apud illos: "in their view."

quo: ablative of comparison with *pulchrius*.

dixerim: potential subjunctive; there is no distinction between the present and perfect subjunctive ("I would say").

me vidisse: accusative and infinitive dependent on *dixerim*.

quam: "as."

usque eo . . . ut: "to such an extent that . . . ."

rictum: "mouth"; neuter singular nominative.

rictum . . . ac mentum . . . sit: verb is singular because the nouns express one idea.

paulo: "somewhat."

attritius < attritus < attero: "rather worn down."

quod: "because."

duce Timarchide: ablative absolute.

Timarchide: see above at 10.22.

nocte intempesta: "in the dead of night."

servorum armatorum: genitive with *concursus atque impetus*.

armatorum: perfect participle passive.

fani: genitive dependent on *custodibus*.

qui = et ei (connecting relative).

cum: take with *conarentur*.

mulcati: "beaten up"; perfect participle passive modifying *qui*.

clavis ac fustibus: ablative of means with *mulcati*.

repagulis: "bars."

convulsis . . . valvis: two ablative absolutes.

vectibus < **vectis:** "crowbar."

conantur: supply Timarchides and his men as subject.

tota urbe: *in* may be omitted with *tota*.

deos patrios: accusative subject of *expugnari* in an accusative and infinitive dependent on *fama . . . percrebruit*.

domo: supply *praetoria*. The order for the attack had come from the governor himself.

cohorte: "staff." The governor's guard (*cohors praetoria*) were made up of armed slaves, normally from the temple of Venus on Mount Eryx.

manum . . . instructam armatamque: accusative subject of *venisse* in an accusative and infinitive dependent on *fama . . . percrebruit*.

fugitivorum: "jailbirds, thugs."

43.95 aetate . . . adfecta . . . viribus . . . infirmis: ablatives of description.

qui . . . surrexerit, (< **surgo**) **. . . arripuerit:** relative clauses of result. The perfect subjunctive in secondary sequence is used to stress that the result is something completed.

telumque: object of *arripuerit*.

concurritur: "there was a rush"; impersonal passive and historical present.

horam amplius: "during an hour (and) more, for more than an hour."

illud: the statue.

nulla lababat ex parte: "slipped on no side, did not slip on any side."

cum . . . conarentur: "although . . ."

alii . . . alii: "some . . . others."

vectibus subiectis: ablative of means.

deligatum (signum) omnibus membris . . . funibus ("ropes"): the statue "tied with ropes to all its limbs."

rapere: supply *conarentur*.

fit: present indicative passive of *facio*.

lapidatio "throwing of stones."

istius praeclari imperatoris: genitive with *nocturni milites*. Sarcasm.
nocturni milites: subject of *dant*.
sigilla < **sigillum:** diminutive of *signum*.
perparvula: a diminutive, used only in this speech by Cicero.
religionum: "of religious objects."
numquam tam male est + dative: "it never goes so badly for the Sicilians, the Sicilians never have it so bad."
quin = **ut non** in a relative clause of result introduced by a negative main verb ("but that"). On the usage see *AG* 559 n.
facete et commode: adverbs.
hunc . . . verrem: accusative subject of the infinitive *referri* in an accusative and infinitive dependent on *oportere*.
in labores . . . referri: "to be counted among . . ."
verrem < **verres:** "boar pig"; a play on Verres' name. See also the Latin text at 24.53 for more word plays on his name.
aprum Erymanthium: "Erymanthian boar"; the fourth labor of Hercules involved capturing a boar on Mount Erymanthus.
oportere: impersonal verb in an accusative and infinitive dependent on *aiebant*.

44.96 Like the Agrigentines, the people of Assorus managed to beat off a major theft planned by Verres (96).
Assorini: inhabitants of Assorus, a town in the interior of Sicily near Henna.
habetur: "is considered."
deus: predicate nominative with *habetur*.
in agro: "in the countryside."
propter + accusative: "near."
qua: ablative of the way by which.
itur: "one goes"; impersonal passive of an intransitive verb.
Chrysae < **Chrysas;** genitive.
factum: perfect participle passive modifying *simulacrum*.
id . . . Assorinos: double accusative with *poscere* ("it . . . from the Assorini").
religionem: "sanctity."
Tlepolemo . . . Hieroni: Verres' art hounds; see above at 13.30.

noctu: "at night"; adverb.

facta manu armataque: "with a band (of men) having been collected and armed"; ablative absolute.

foris = fores.

aeditumi: "templekeepers."

bucina: "horn"; ablative of means.

desideratum est: "was found missing."

44.97 A major theft from a shrine of the Magna Mater at Enguion (97–98).

Enguinos: the inhabitants of Enguion, a city in the interior of Sicily.

mihi: dative of agent with the passive periphrastics, *dicendum* (*esse*) and *praetereunda . . . esse.*

quoque < quisque: take with *de uno*; neuter.

dicendum (esse): supply *videtur.*

permulta: subject of *videntur.*

ad maiora . . . et inlustriora: take with *furta et scelera.* Cicero will shortly examine at length Verres' thefts at Henna and Syracuse.

in hoc genere: "in this category."

loricas galeasque . . . hydriasque: "breastplates, helmets, water jars"; accusatives, object of *posuerat.*

opere Corinthio: see at 1.1 on Corinthian bronze.

grandis = grandes.

idem ille Scipio: P. Scipio Africanus Aemilianus, conqueror of Carthage, who figured above in a number of episodes.

ille Scipio: "that famous Scipio."

omnibus rebus: ablative of respect with *praecellentissimus.*

inscripserat: presumably a notice saying he had given the objects to the shrine.

quid . . . dicam aut querar?: deliberative subjunctives. Cicero uses the device as a way to cut short this episode.

quid: "why?"

nihil: object of *reliquit.*

violatae: perfect participle passive modifying *religionis.*

his praeclaris nominibus amissis: ablative absolute.

in instrumento atque in supellectile < supellex: hendiadys ("furniture").
in . . . nominabuntur: "will be named among . . ."

44.98 tu . . . tu . . . tu . . . : anaphora (repetition of the initial word for emphasis).
vasis Corinthiis: ablative of means with *delectaris* ("you take pleasure in").
temperationem: "the composition."
operum < opus: "workmanship."
liniamenta: "the designs."
vide ne . . . vicerit: idiomatic; used to express a possibility in opposition to a previous assumption ("perhaps he has surpassed . . .").
temperantia . . . intellegentia: ablatives of respect.
elegantis = elegantes: take in the predicate with *se . . . dici.*
quam . . . essent: indirect question introduced by *intellegebat.*
idcirco: "for this reason" (with *quia*).
existimabat: the subject is *Scipio.*
ea . . . esse facta: accusative and infinitive dependent on *existimabat.*
†ut . . . videantur†: Editors believe that some words either have fallen out of the text here or were added later.

45.99 Verres' slaves commit a daring theft against the ancient shrine of Ceres at Catina (99–102).
singularem: take with *cupiditatem, audaciam, amentiam.* The unusual position of the adjective suggests that even for Verres this example is monstrous.
in iis praesertim sacris polluendis: *in* + gerundive ("in polluting these especially sacred rites").
iis = et eis.
Cereris < genitive from Ceres: Roman goddess of agriculture.
est . . . eadem religione qua . . . : "is held in the same reverence as . . ."; ablative of description.
Catinensis = Catinenses: the inhabitants of Catina, a town on the east coast of Sicily at the foot of Mount Aetna.
intimo: "the innermost part of."

quod . . . ne esse quidem: accusative and infinitive dependent on *sciebant* ("not even that it existed").

non modo . . . sed ne . . . quidem: "not only *not* . . . but not even" (*AG* 217e).

cuius modi esset: indirect question introduced by *sciebant* ("of what kind it was").

viris: "there is not entrance to men; men do not have entrance"; dative of possession.

per + accusative: "by."

sacerdotes: "priestesses."

antistitae: "high priesteses."

maiores natu: see above at 35.77.

45.100 sceleris illius: genitive dependent on *suspicio*.

hospiti suo: take in apposition to *cuidam*.

quem illud fecisse insimularet: relative clause of purpose and accusative and infinitive ("whom he might falsely claim to have done that").

daretque operam: "and to work hard"; relative clause of purpose.

ne . . . esset: negative purpose.

ipse: Verres.

esset in crimine: "stand charged with (it)."

Catina: ablative of place from which.

nomen defertur: "the name . . . is given (to the praetor)."

ficti < **fingo:** "false, lying" of witnesses.

quaeritur: impersonal passive.

quid . . . arbitrarentur: indirect question introduced by *quaeritur*.

quem ad modum . . . esset ablatum: indirect question introduced by *quaeritur*; asyndeton.

illae: subject of *respondent*.

praetoris: genitive with *servos*.

quae esset: relative clause of characteristic expressing concession ("although").

sacerdotum: genitive dependent on *testimonio*.

perspicua: feminine singular nominative modifying *res*, used in the predicate.

itur: impersonal passive.

quo . . . possitis: purpose clause introduced by *quo* because of the comparative, *facilius* (*AG* 531a).

45.101 hunc: Verres.

quem . . . aut deum aut hominem . . . futurum (esse): accusative and infinitive introduced by *putas*.

tibi . . . auxilio: double dative.

eone = eo ("there") **+ ne.**

ad spoliandum fanum: *ad* + accusative of the gerundive expressing purpose.

quo: correlative with *eo* ("where").

ornandi . . . causa: genitive of the gerund with *causa*, expressing purpose.

iis rebus: dative with *adferre*.

religionum: genitive with *iura*, subject of *cogebant*.

tametsi: "and yet."

captus: perfect participle passive modifying the subject of *decidisti*.

decidisti < decido: "fall."

45.102 eam: refers to Verres' *cupiditatem* ("it").

at: introduces an imaginary objection.

audieras: supply *de signo*.

bono auctore: "on good authority"; ablative absolute.

qui: "how"; adverb.

potes: supply *audire*.

qui . . . audire potueris: relative clause of characteristic expressing cause ("since you could have heard . . .").

nosse = novisse < nosco.

qualem . . . illam feminam fuisse putatis: "what kind of woman do you think that she was"; accusative and infinitive introduced by *putatis*.

quam pudicam (illam fuisse) . . . quam religiosam: accusative and infinitives dependent on *putatis* ("how chaste . . .").

quae . . . loqueretur . . . quae ostenderet: relative clauses of characteristic expressing cause ("since she . . .").

sacrari spoliandi: genitive of the gerundive dependent on *rationem*.
minime: "not at all."
mirum: supply *est*.
sacra: antecedent of *quae . . . fiant*, placed inside the relative clause.
quae fiant: relative clause of characteristic.
eadem: refers back to the antecedent *sacra*.
eadem . . . esse violata: accusative and infinitive construction, subject
of (*est*) *mirum*.

46.102 hoc solum: object of *expetere*.
cum . . . vidisset: "although . . ."
quibus = et eis (connecting relative).
eligam: "choose"; the main verb in this clause.
priore actione: see above at 35.79.
testis = testes.

46.103 A major theft from the temple of Juno on Malta (103–104).
Melita: modern Malta. It was considered one of the sixty-eight *civitates*
of the province of Sicily. Take in apposition with *insula*.
lato . . . mari periculosoque: ablative of means with *diiuncta*.
est . . . diiuncta: the participle, *diiuncta*, is used here as a predicate adjective ("is separated").
qua = et ea (connecting relative).
eodem nomine: ablative of description with *oppidum*.
quo: "a place where."
quod tamen . . . fuit: take *oppidum* as antecedent ("but which").
textrinum: on Verres' weaving factories see above at 26.59.
ad muliebrem vestem conficiendam: gerundive expressing purpose.
antiquum: note emphatic position of this adjective. Take with *fanum*.
ab eo oppido: ablative of separation with *non longe*.
tanta religione: ablative of description.
illis Punicis bellis: ablative of time during which.
navali copia: "naval operations"; ablative of means.
hac: take with *multitudine* ("during the present-day . . ."); the construction is parallel with *illis Punicis bellis* above.
praedonum: genitive with *magnitudine*. The pirate problem was finally

settled in 67 B.C. when the *lex Gabinia* gave Pompey a major command to exterminate piracy in the Mediterranean.

inviolatum sanctumque fuerit: the form *fuerit* (rather than *sit*) suggests a past state rather than an action (*AG* page 94 n.1).

quin etiam: "in fact."

memoriae: dative with *proditum est*.

classe . . . adpulsa: ablative absolute.

Masinissae < Masinissa: king of Numidia, former enemy and eventually friend of the Roman people; he died in 148 B.C.

praefectum regium: accusative subject of *sustulisse . . . portasse . . . donasse*.

dentis eburneos: object of *sustulisse*.

incredibili magnitudine: ablative of description with *dentis eburneos*.

regem . . . delectatum esse: accusative and infinitive dependent on an implied verb of saying (*proditum est*).

ubi . . . essent: supply *dentes* as subject.

misisse: supply *se* as the subject of the infinitive in the accusative and infinitive.

quinqueremi: "a large warship"; ablative singular.

qui . . . reponerent: relative clause of purpose ("to . . .").

litteris Punicis: ablative of means.

imprudentem: English would use an adverb here ("unwittingly").

accepisse: supply *eos* as object.

re cognita: ablative absolute.

(se eos) reportandos reponendosque curasse: on the construction with *curasse* see (*ea) imponenda . . . curabat* above at 10.23 ("that he had seen to it that they were . . .").

vis: here "quantity."

46.104 in quibus: supply *erant* ("among which there were").

haec . . . omnia: object of *curavit*.

ne multis morer: "in short" (literally "in order that I not delay you with many things").

per + the accusative: "by."

servos Venerios: temple slaves of Venus Erycina.

eius rei causa: "for the sake of this thing, for this purpose."

tollenda atque asportanda: gerundives modify *haec . . . omnia*; on the construction with *curavit* see above at 10.23.

47.104 pro di immortales !: see *pro . . . fidem* above at 4.7.

tabellam: the tablet used to record the individual votes of the jury.

sententiam per tabellam feretis?: "will you bring in a verdict . . . ?"

Iunonis: genitive with *templum*.

templum: accusative subject of *spoliatum . . . esse* in an accusative and infinitive dependent on *dicunt*.

istum . . . reliquisse: accusative and infinitive dependent on an implied verb of saying (*dicunt*).

locum: antecedent of the relative clause that has been incorporated into the clause ("into which spot; a spot into which").

accesserit: "enter"; subjunctive in a subordinate clause in indirect discourse dependent on *dicunt*.

quotannis = quot annis: "every year, yearly."

id: acts as antecedent of the relative clauses, *quod neque . . . violarit . . . neque . . . attigerit*; it also refers back loosely to *quem in locum* and *ubi*.

id . . . spoliatum esse: accusative and infinitive dependent on an implied verb of saying (*dicunt*).

reus . . . accusator . . . iudicium: nouns used as predicate nominatives after a passive verb.

enim: "indeed, in fact."

ablati < aufero.

earum . . . rerum nullam . . . infitiandi rationem: one would expect *eas res* here; the genitives of noun and gerund depend on *rationem* ("no opportunity for denying these things, no opportunity for denying").

tenetur: "he is caught."

etiam: "even now."

manet: "he holds his ground."

tacitus: modifies the subject of *recognoscit*. English would use an adverb here.

recognoscit: "he reviews."

182

47.105 Robberies at Henna, a very sacred place (105–115).

nimium: take with *diu*.

criminum: genitive plural with *in uno genere* ("with one type of charges; charges of one type").

occurrendum esse: impersonal passive in an accusative and infinitive dependent on *sentio* ("it must be remedied; a remedy must be supplied").

satietati: dative with the compound verb *occurrendum esse*.

dicturus sum: active periphrastic denoting an intended action in the future.

vos: accusative, object of *reficite*; take in a middle sense ("restore yourselves," i.e., "recover your strength").

iam diu dicimus: "I have long been speaking"; equivalent to the perfect (*AG* 466).

id . . . facinus: Verres' theft of the Ceres statue from Henna.

quo provincia tota commota est: take *id . . . facinus* as the antecedent.

quo = et eo (connecting relative).

paulo altius: "a little too far back."

ordiri: "to begin to speak."

memoriam religionis: "history of the cult."

rei: genitive with *magnitudo*.

48.106 quae constat: "which is well known."

insulam . . . esse consecratam: accusative and infinitive dependent on an implied verb of saying (*opinio*).

Siciliam: accusative in apposition to *insulam*.

consecratam: used here as a predicate adjective with *esse*.

Liberae < Libera: an Italian goddess, daughter of Ceres, also identified with Proserpina.

cum . . . tum: "both . . . and."

ipsis Siculis ita persuasum est: "it was so persuaded to the Sicilians themselves, the Sicilians themselves were so persuaded." Intransitive verbs that govern the dative are used impersonally in the passive (*AG* 372).

has . . . deas: accusative subject of the infinitive *natas esse*; an accusative and infinitive dependent on *arbitrantur*.

fruges: Ceres (the Greek Demeter) is credited with the invention of corn.
in ea terra: Sicily.
Liberam: accusative subject of *raptam esse*; an accusative and infinitive
   dependent on *arbitrantur.*
eandem: "the same one, also."
Hennensium < Hennenses: the inhabitants of Henna.
qui locus = locus, qui: the antecedent, *locus,* has been incorporated into
   the relative clause.
quod: "because."
in media . . . insula: "in the middle of the island."
situs: used here as a predicate adjective with *est.*
umbilicus: predicate nominative with *nominatur.*
quam = et eam (connecting relative). Cicero recounts the myth of the
   kidnapping of Libera by the king of the underworld.
dicitur: supply Ceres as subject.
Aetnae < Aetna: the famous volcano of Sicily.
quas = et eas (*taedas*).
cum . . . praeferret: the whole *cum* clause is the equivalent of a present
   participle ("holding these before her").
peragrasse < peragravisse: "to travel over" every part of the country;
   supply *dicitur.*
orbem omnem . . . terrarum: "the whole circle of the lands, i.e., the
   whole world."

48.107   ea: nominative plural, subject of *memorantur.*
loco: supply *in.*
edito: "lofty."
quo in summo: "on the top of which."
aequata agri planities: i.e., plateau.
ab omni aditu: "on every side."
circumcisa atque directa: "precipitous and steep."
quam = et eam (*planities*); take with *circa.*
omni tempore: ablative of time when.
locus: take inside the result clause, *ut . . . videatur.*
raptum illum virginis: according to the myth Pluto abducted Proserpina
   from a meadow of flowers.

a pueris: "from childhood"; plural because the main verb is plural.
infinita altitudine: "of bottomless depth"; ablative of description.
qua: "from which."
Ditem patrem < **Dis Pater** (Pluto).
Ditem . . . exstitisse . . . asportasse . . . penetrasse: accusative and
    infinitives dependent on *ferunt.*
ferunt: "they say."
abreptamque: perfect participle passive modifying *virginem.* A perfect
    participle in agreement with the object gives the first step in the ac-
    tion and may be translated as a main verb ("and that he abducted the
    maiden and . . .").
Syracusis < **Syracusae;** ablative.
lacumque . . . exstitisse: accusative and infinitive dependent on *ferunt.*
usque ad hoc tempus: "right up to this time."
celeberrimo ("very well-attended") **. . . conventu:** ablative absolute.

49.107 huius opinionis: see *ŏpinio* above at 48.106.
quod: "the fact that."
horum: take with *deorum.*
incunabula (neuter plural): "cradle, birthplace."
mira quaedam: take as predicate adjectives modifying *religio.*
religio . . . Cereris Hennensis: "devotion to Ceres of Henna"; objec-
    tive genitive.
numen: "divine presence."
multis: dative of the indirect object.
praesens: "ready, prompt."

49.108 colunt: Cicero wants to impress the jury with the ancient and
    very venerable nature of the worship of Ceres at Henna in order to
    increase the enormity of Verres' crime.
Atheniensium: genitive plural dependent on *sacra.*
sacra: the Eleusinian mysteries celebrated at Eleusis, Demeter's (Ceres)
    most famous place of worship.
quos: the Athenians.
quantam esse religionem: subject accusative and infinitive with the im-

personal verb *convenit* ("how great is it fitting for (their) feeling of reverence . . . to be?").

eorum: genitive dependent on *religionem*.

eam: subject of *natam esse* and *invenisse*.

constat: see the description of Ceres' birth in the Latin text at 48.106.

atroci ac difficili: take with *tempore*.

Tiberio Graccho occiso: ablative absolute. When the tribune Tiberius Gracchus tried to run for election after a year of introducing land reform and other revolutionary measures, he was killed by his opponents in 133 B.C.

portenderetur: subjunctive with *cum*.

P. Mucio L. Calpurnio consulibus: ablative absolute, the traditional Roman way of dating a year. Cicero is describing an incident in 133 B.C. during the crisis of the murder of the tribune Tiberius Gracchus.

aditum est: "they had recourse"(to); impersonal passive.

libros Sibyllinos: the predictions of a Sibyl from the time of the kings. These oracles, deposited in the Capitoline, were consulted in the time of danger by a special college of priests in order to ascertain how to placate the gods.

ex quibus = ex eis (connecting relative).

Cererem . . . placari: accusative and infinitive, subject of the impersonal verb, *oportere* ("that it was necessary for Ceres to be placated").

ex . . . collegio decemvirali ("of ten men"): take with *sacerdotes*; the college of priests charged with looking after the Sibylline books.

cum esset . . . tamen: "although."

ad ipsam Cererem: "to the very presence of Ceres herself."

49.109 obtundam: "beat upon" (ears); supply *vos*.

iam . . . vereor: "I have long been afraid"; on the construction see above *iam diu dicimus* at 47.105.

vereor ne + subjunctive: expresses a fear of what will happen.

aliena: predicate adjective after *esse*.

Cererem . . . esse sublatam: accusative and infinitive in apposition to *hoc* ("I am saying this, that . . .").

principem: "the most eminent."

omnium sacrorum: the many cults of Ceres all over the Mediterranean.

fiunt: present indicative passive of *facio*.

sedibus < **sedes:** "home, dwelling place."

qui . . . Hennam: the antecedent of the relative clause is (*vos*), subject of *vidistis*.

Liberae: supply *simulacrum*.

perampla atque praeclara: predicate adjectives.

quoddam . . . perantiquum: supply *simulacrum*.

modica amplitudine ac singulari opere: ablatives of description.

cum facibus: the bronze statue of Ceres was depicted holding torches, symbol of her search for her daughter.

multo: "by much, by far"; ablative of degree of difference.

id sustulit: Verres stole the statue that was the most venerated in the shrine.

eo: ablative with *contentus*.

propatulo: "unenclosed."

49.110 Triptolemi < **Triptolemus:** son of a king of Eleusis who, according to the myth, received Demeter in her wanderings. She later sent him throughout the world teaching men about agriculture.

periculo . . . saluti: datives of purpose.

amplitudo: the statues were simply too large to move.

grande simulacrum: nominative, subject of *insistebat* ("stood").

avellendum asportandumque: gerundives modifying *hoc*, the object of *curavit*. On the construction see (*ea*) *imponenda . . . curabat* above at 10.23.

50.110 qui: interrogative adjective with *animus* ("what feeling").

venit . . . in mentem: like other verbs of remembering this impersonal expression takes the genitive of the thing remembered.

omnia, dies ille: asyndeton (lack of connective); both are subject of *versantur*.

quo: ablative of time when.

cum ego . . . venissem: on Cicero's trip to investigate Verres' crimes.

praesto: "at hand, present"; adverb.

50.110   COMMENTARY ON THE TEXT

cum infulis ac verbenis: "with fillets (woolen headbands) and sacred boughs"; these were insignia indicating that the priests had come to Cicero as suppliants because of the loss of their statues.

contio conventusque: supply *fuerunt*.

ego: take inside the *cum* clause as subject of *loquerer*.

tota urbe: *in* may be omitted with the adjective *tota*.

50.111 non . . . non . . . non . . . : anaphora (repetition of the initial word in a passage). Note the many rhetorical devices Cicero uses throughout this emotional passage.

illi: subject of *conquerebantur*.

decumarum < decumae: a tax of ten percent owed to the Romans on the produce of the land.

imperia: "exactions."

bonorum: neuter plural.

Cereris . . . religionem: note the genitive, accusative word order of the three pairs of nouns; asyndeton.

numen . . . vetustatem . . . religionem: accusatives, subject of the infinitive, *expiari*.

istius sceleratissimi atque audacissimi: genitive with *supplicio*.

supplicio: ablative of means.

se . . . pati ac neglegere: accusative and infinitives dependent on *dicebant*.

alter Orcus = Pluto: "a second Pluto"; predicate nominative.

venisse . . . et non . . . asportasse sed . . . abripuisse: complementary infinitives dependent on *videretur*.

videtur: supply *esse*.

esse: supply *videtur*.

Cererem: accusative subject of *habitare* in an accusative and infinitive dependent on *arbitrantur*.

omnes sacerdotes . . . antistites: the whole town and its inhabitants seemed to belong to Ceres.

50.112 Henna: ablative of separation.

Cereris Victoriam . . . deam deae: chiasmus.

deae: dative of separation with *detrahere* (*AG* 381).

quorum = et eorum (connecting relative), i.e., the sacred belongings of Ceres: partitive genitive with *nihil*.

ausi sunt: the implied subject is explained in the next sentence as the slaves who revolted in the Henna area in 133 B.C.

sceleri . . . religioni: datives with *propiora*.

P. Popilio P. Rupilio consulibus: on the construction see *P. Mucio L. Calpurnio consulibus* above at 49.108. The date was 132 B.C.

servi, fugitivi, barbari, hostes: nominative plurals, subject of *tenuerunt*; asyndeton. This list of four nouns will be repeated twice more in the following several lines.

illi . . . tu: an elaborate comparison between the slaves who were in revolt and Verres—to Verres' detriment.

tam . . . quam: "so much . . . as."

servi . . . fugitivi . . . barbari . . . hostes: predicate nominatives; supply *sunt* as the repeated verb in this elaborate sentence ("these men are not so much slaves . . .").

dominorum: genitive dependent on *servi*.

lingua et natione . . . natura et moribus: ablatives of specification or respect (*AG* 418).

hominibus . . . dis immortalibus: dative with *hostes*.

deprecatio: "appeal to mercy."

qui . . . vicerit: "who surpassed . . ."; relative clause of characteristic.

indignitate . . . temeritate . . . scelere . . . crudelitate: ablatives of specification or respect.

51.113 haec: take with *mandata*.

ut . . . adirent et . . . reposcerent: substantive clauses of purpose (indirect commands) implied after *haec . . . mandata* ("these instructions that they should; these instructions to . . .").

eum simulacrum: double accusative with *reposcerent* ("demand the statue back from him").

impetrassent: the pluperfect subjunctive in indirect discourse is equivalent to the future perfect indicative in the protasis of a more-vivid future condition ("if they obtained . . .").

ut . . . conservarent . . . ne . . . dicerent: substantive clauses of purpose (indirect commands) implied after *haec . . . mandata* as above.

publice in eum . . . testimonium: take inside the *ne . . . diceret* clause.

quod: "any"; take with *testimonium*. Apparently the legates were told not to testify against Verres if he returned their statues.

sin = si non: "but if".

ea: the two statues.

ut . . . adessent . . . ut . . . docerent, sed . . . quererentur: substantive clauses of purpose (indirect commands) implied after *haec . . . mandata* as above.

religione: "sacrilegious behavior."

quas = et eas.

nolite . . . aspernari: "do not scorn."

quas . . . querimonias: object of *aspernari . . . contemnere ac neglegere*.

aguntur: "are at stake."

iniuriae sociorum: "wrongs done to the allies"; objective genitive.

quae = et ea (connecting relative).

tanta religione: ablative of means.

mentis = mentes.

quaecumque: take with *incommoda*.

quaecumque . . . incommoda: the relative clause acts as subject of *videantur*.

propter eam causam sceleris istius: Cicero claims that Verres' sacrilegious behavior has led the province to believe that every misfortune visited upon it has its origin in this one source. The Roman courts must therefore act to punish the defendant and thus appease the gods.

sceleris: an appositional genitive, used instead of a noun in apposition; "because of this reason, the sacrilege of the defendant." On the construction see *AG* 343d.

istius: genitive dependent on *sceleris*.

51.114 Herbitensis: citizens from Herbita, a town north of Assorus.

quae solitudo esset . . . omnia: a series of indirect questions introduced by *dicere*.

quam: "how."

deserta . . . inculta . . . relicta: take as predicate adjectives with *omnia*; supply *essent* as the verb.

plurimum valet: "has the most influence."

Cerere violata: ablative absolute.

omnis cultus fructusque . . . interisse: accusative and infinitive dependent on *arbitrantur*.

interisse < intereo: "perish".

medemini: imperative < *medeor*, "provide a remedy for, heal"; + dative.

religioni: "religious feelings"; dative with *medemini*.

vestram: supply *religionem*.

quodsi: "but if."

quodsi . . . esset, si . . . nolletis . . . oporteret: imperfect subjunctives in a contrary-to-fact condition in the present.

suscipere: "to uphold."

in eo . . . sancire: "in the case of that man . . . to provide a punishment."

nunc vero: "but as it is."

inque iis sacris = in + que ("and").

51.115 adscita atque arcessita: "adopted and introduced"; perfect passive participles modifying *quae*. Translate as main verbs. On the construction see *abreptamque* above at 48.107.

quae sacra: read as *sacra, quae*; the antecedent has been incorporated into the relative clause.

re vera: "in fact."

Graeca: neuter plural accusative; here a predicate adjective modifying *quae sacra*.

neglegentes ac dissoluti: predicate adjectives agreeing with the subject of *cupiamus*.

qui = quo: "how?"

52.115 The whole last section of the speech is devoted to examples of Verres' behavior in the city of Syracuse, capital of the province (115–149). Like Messana it received special attention from Verres.

unius . . . urbis: genitive dependent on *direptionem*.

pulcherrimae atque ornatissimae: take with *urbis*.

Syracusarum < Syracusae: genitive in apposition with *urbis*.

in medium proferam: "I will make known."

aliquando: "now at last."

ut . . . concludam atque definiam ("put an end to"): a purpose clause.

totam huius generis orationem: "the whole speech of this type," i.e., "this whole section of my speech".

vestrum: partitive genitive.

quin = qui non: "who has not . . ."; a relative clause of characteristic may be introduced by *quin* after a general negative.

quem ad modum captae sint . . . Syracusae: indirect question introduced by *audierit, . . . legerit*.

M. Marcello: although Cicero paints the conqueror of Syracuse as benign, the truth was somewhat different. The city was sacked against Marcellus' will and he is said to have wept because of it.

non numquam: "on occasion."

quin . . . legerit: the most famous account of the taking of the city can be found in Livy 25.24–31.

conferte: imperative < *confero*, "compare."

bello: Marcellus captured Syracuse during the war against Hannibal, after a long siege (213–211 B.C.).

huius . . . illius: Verres; Marcellus.

conditas, [supply (*esse Syracusas*)] **. . . captas (esse) Syracusas:** accusative and infinitives dependent on *dicetis*.

52.116 constitutas: "already established"; perfect participle passive modifying *Syracusas*. Cicero alleges that Marcellus, the conqueror of the city, treated it as a founding father; Verres who came to the city in peacetime acted as if he were a conquering general.

ac iam . . . cognoscite: an elaborate periodic sentence that describes how Verres held the city under a state of siege for three years.

illa omitto: Cicero uses exaggeration, antithesis and *praeteritio* (the mention of a topic that the orator says he will not mention) to make the point about Verres' treatment of Syracuse.

forum . . . id . . . redundasse, portum . . . eum . . . patuisse: accusative and infinitives dependent on *omitto*; asyndeton.

purum: take as a predicate adjective after the passive verb, *servatum est*.

servatum est: the parallel construction below, *clausus fuisset*, takes the subjunctive, although there is little distinction between them (*AG* 583 n.).

id: repeats the accusative subject, *forum*.

Siculorum innocentium: genitive dependent on *sanguine*.

tum: before the victory of the Romans in 211 B.C.

Carthaginiensium: supply *classibus*.

eum: repeats the accusative subject, *portum*.

isto praetore: ablative absolute.

myoparoni < myoparon: "galley."

Cilicum: genitive dependent on *myoparoni*. On the Cilicians as pirates see another incident at *In Verrem* II.V.97.

mitto: "I pass over."

ingenuis: "freeborn people."

familias: archaic genitive singular.

quae . . . commissa non sunt: supply *ea* as the antecedent ("things, which . . .").

coniuncta: "connected."

cognoscite: Cicero now returns to the main theme of this section, Verres' attack on the temples of Syracuse. But first he provides a tour of the city. For a map of the city see p. 5.

52.117 Graecarum . . . omnium: supply *urbium* with each adjective.

et . . . est . . . et . . . habet: supply *urbs* as the subject for each verb.

situ . . . cum munito tum . . . praeclaro: ablative of description with (*urbs*); *cum . . . tum:* "not only . . . but also."

vel terra vel mari: "either by land or by sea."

portus: accusative plural. Syracuse had both a large and a small harbor.

inclusos: at least the small harbor is enclosed on three sides by buildings of the city.

qui = et ei (connecting relative), i.e., the harbors.

cum . . . habeant: "although . . ."

aditus: "entrances" (from the sea).

in exitu: "at their head."

eorum coniunctione: "at their junction" (where the two harbors meet).

disiuncta: "separated"; perfect participle passive modifying *pars*.

mari: ablative ("arm of the sea").

53.118 quarum = **et earum** (connecting relative).

Insula: also called Ortygia.

quae . . . proiecta est: "which, surrounded by the two harbors, projects into the mouth and entrance of each harbor."

qua = **et ea** (connecting relative), i.e., the *Insula*.

Hieronis regis: genitive of possession. Hiero II (270–215 B.C.), king of Syracuse, under whose guidance the city flourished.

qua: ablative with *uti* < *utor*.

praetores: the palace was the official residence of the governor of Sicily.

in ea: the *Insula*.

antecellant + dative: "surpass."

Dianae, et altera . . . Minervae: "that of Diana and the other of Minerva."

Minervae: the ancient temple is still visible as part of the cathedral of modern Syracuse (*Siracusa*).

extrema: adjective modifying *insula* ("the end of").

aquae dulcis (genitive): "freshwater."

Arethusa: the spring got its name from a nymph who fled a river god from the Peloponnesus under sea to Syracuse.

operiretur: "covered, overwhelmed."

qui . . . operiretur, nisi . . . diiunctus esset: a mixed contrary-to-fact condition ["that would be . . . , had it (the spring) not been . . ."].

totus: adjective modifying the understood subject of the verbs (*fons*); English would use an adverb here ("completely").

53.119 altera: "second."

Syracusis: locative.

qua = **et ea** (connecting relative).

porticus: feminine plural.

prytanium: a public building in Greek cities in which magistrates and committees assembled, town hall.

transversis: supply *viis*.

divisae: perfect participle passive modifying *quae*.

continentur: "are filled with."

Tycha: the Greek name of Fortuna.

frequentissime: the position of the adverb suggests that this was the most densely populated part of the whole city.

quarta: supply *urbs*.

Neapolis: in Greek, "new city."

quam ad summam: "at the highest point."

theatrum: supply *est*. Extensive ruins of the theater are still visible.

Temenites: an epithet of Apollo at Syracuse.

quod = **et id** (connecting relative).

si . . . potuisset . . . dubitasset: contrary-to-fact condition in the past.

54.120 sine causa: Cicero anticipates that by now the audience will have begun to wonder why he presented such a long physical description of Syracuse.

qui = **et is** (connecting relative).

vi copiisque: hendiadys ("by force and by his troops," i.e., "by an armed attack").

hoc pertinere: accusative and infinitive dependent on *putavit*.

hanc pulchritudinem: object of the infinitives, *delere et exstinguere*.

periculi: partitive genitive with *nihil*.

delere et exstinguere: take the infinitives in apposition with *hoc*.

aedificiis omnibus, publicis privatis, sacris profanis: dative with *pepercit* < *parco*, "spared." Asyndeton, antithesis, alliteration.

ad . . . defendenda . . . oppugnanda: ad + gerundives, expressing purpose.

in ornatu urbis: "in dealing with the city's treasures."

rationem: "policy." Cicero claims that Marcellus weighed the claims of the conqueror against those of the conquered.

victoriae putabat esse . . . humanitatis: the genitives are predicative ("he thought it was [the task of] victory . . . of humanity").

multa: direct object of *deportare*.

ornamento urbi: on the double dative construction see *urbi . . . ornamento* above at 2.3.

plane: "entirely."

humanitatis: supply *esse* in the same construction as above with *victoriae*.

quam . . . voluisset: take *urbem* as the antecedent.

54.121 ornatus: genitive singular.

adpetivit: "sought to obtain"; here + dative.

quae adportata sunt: supply *ea* as the antecedent of the relative clause and object of *videmus*.

ad + accusative: "in the vicinity of."

Honoris et Virtutis: the double temple of *Honor* and *Virtus* was located on the Via Appia, just outside the Porta Capena. Marcellus restored a temple of *Honos* and added to it a shrine to *Virtus*.

itemque: "and also."

aedibus < **aedis:** in the plural, "house."

suburbano: "country house."

domum suam: prepositions are omitted with this noun.

domum . . . futuram (esse): accusative and infinitive dependent on *putavit*.

urbis ornamenta domum . . . domum . . . ornamento urbi: chiasmus spread over three members (word order which inverts the second of two parallel structures, i.e., ABCCBA).

nullum: supply *deum*.

ne qua ("any") **. . . iniuria:** negative purpose clause.

adventum: "visitation" (of magistrates).

comitatum: "staff, retinue."

55.122 quam . . . quam = **et eam . . . eam** (connecting relative).

quae = **et ea** (connecting relative).

non: take closely with *ab hoste*.

qui . . . retineret: relative clause of characteristic.

religionem: "respect for the gods."

COMMENTARY ON THE TEXT

55.122

---

vexata esse: agrees with (*aedis*), subject of *videatur*.

Agathocli < Agathocles: king of Syracuse (317–289 B.C.).

in tabulis: "on wooden panels."

picta < pingo: "painted"; take as a predicate adjective.

praeclare: adverb modifying *picta*.

iis . . . tabulis: ablative of means with *vestiebantur*.

ea pictura: ablative of comparison.

magis visendum: "more worth seeing"; predicative.

cum . . . fecisset, tamen: "although . . ."

victoria illa sua: ablative of means.

profana: "no longer sacred"; take with *omnia*. After a military victory even religious items were felt to belong to the victor since the gods had left the place before its capture.

sacra religiosaque: take in apposition with *illa*, the object of *accepisset*. The objects were again considered to be *sacra*.

omnis = omnes.

parietes: direct object of *reliquit*.

ornatus: nominative plural subject of *manserant*.

tot saecula: accusative of extent of time.

55.123 duo templa: the double temple of Honos and Virtus that consisted of two separate *cellae*.

se dedicaturum (esse): accusative and infinitive dependent on *voverat*.

is: repeats the subject, *Marcellus*, for emphasis.

erat aedificaturus: active periphrastic.

qui . . . deberet: relative clause expressing cause.

quem ad modum: "as."

Veneri et Cupidini: a sarcastic reference to Verres' personal life; see *lenonis* above at 4.7.

deorum: genitive dependent on *spoliis*.

in meretriciam domum: elsewhere Cicero alleges that Verres kept a mistress, Chelidon, at his house. On Chelidon see above at 4.7.

Siciliae: genitive dependent on *regum ac tyrannorum*.

quae . . . delectabant: the antecedent is *imagines*.

quanto . . . fuerit: indirect question introduced by *videte*.

197

quanto: ablative of degree of difference.

tyrannus: Verres is put in the same class as certain earlier rulers of Syracuse whom the citizens hated for their arbitrary behavior.

Syracusanis: dative with *taetrior*.

cum . . . tamen ornarint: "although . . ."

illorum monumenta atque ornamenta: the tyrants at least had one redeeming feature; they paid respect to the gods by decorating their temples.

56.124 quid . . . commemorem: deliberative subjunctive in a rhetorical question.

ne . . . arbitrentur: subjunctive construction dependent on a verb of fearing.

haec: take with *omnia* as object of *viderunt*.

(ei) qui non viderunt: relative clause subject of *arbitrentur*.

me . . . augere atque ornare: accusative and infinitives dependent on *arbitrentur*.

quod = et hoc (connecting relative).

me: accusative subject of *esse*, in an accusative and infinitive in apposition to *quod* ("namely, that . . .").

tot viros primarios: accusative subject of the infinitive *esse*.

temeritati et mendacio meo: dative with *conscios*.

conscios + dative: "privy to"; predicate adjective modifying *viros*.

liquido "with complete certainty"; adverb.

valvas . . . fuisse: accusative and infinitive dependent on *confirmare*.

incredibile dictu est: a special use of the ablative of the supine with an adjective ("it is unbelievable to say").

scriptum reliquerint: "have left something written, speak in their writings (about)."

illi: nominative plural. Greek writers who, unlike the Romans, do not hesitate to appreciate works of art.

mirentur atque efferant: subjunctive with *forsitan* (" . . . may perhaps . . .").

esto: "granted"; future imperative of *sum*.

rei publicae nostrae: dative with *honestius*, "a more honorable thing."

ea: direct object of *reliquisse quam . . . abstulisse*.

imperatorem . . . reliquisse quam praetorem . . . abstulisse: subject accusative and infinitives, subject of *honestius est* ("it is more honorable for a . . .").

perfecta: perfect participle passive modifying *argumenta*.

argumenta: "scenes."

ea . . . omnia: object of *curavit*, modified by the gerundive *detrahenda*; on the construction see *(ea) imponenda . . . curabat* above at 10.23.

Gorgonis < Gorgo: Medusa, whose hair consisted of snakes, turned all who looked at her to stone.

et tamen: "all the same."

se . . . duci: accusative and infinitive dependent on *indicavit*.

bullas: "knobs, studs"; Verres apparently wanted these for their metal alone.

quarum = et earum (connecting relative).

eius modi: "of that kind, in such a state."

ad ornandum templum . . . ad claudendum: *ad* + gerundive expresses purpose.

factae esse: the doors without ornament now served the purpose merely of being doors.

56.125 etiamne: introduces a rhetorical question whose subject and verb are withheld until *concupisti*.

gramineas hastas: "reed spears, bamboo spears"; object of *concupisti*. Often placed in the hands of statues of Athena, these items were of no artistic value but apparently impressed Verres because of their size.

vos . . . commoveri: accusative and infinitive dependent on *vidi*.

in hoc nomine: "on this point".

quod erat . . . esset: "(a thing) that was of the kind that it was enough to have seen it once." Although we expect a plural relative because of *hastas, quod* is used and looks forward to *id*.

vel: "even."

etiam: repeated because a parenthesis and several relative clauses have intervened since the word occurred at the beginning of the sentence.

id: refers to the object *hastas* ("that stuff").

57.126 nam . . . iustam excusationem: sarcasm.

Sappho: a statue of the famous lyric poet of the seventh century B.C.

de prytanio: see *prytanium* above at 53.119.

prope (est) ut . . . videatur: "so that it almost seems that . . ."; a substantive clause of result (*AG* 568 n.2).

concedendum atque ignoscendum esse: impersonal passives in a passive periphrastic construction.

Silanionis < Silanion: a celebrated sculptor of the fourth century B.C.

opus: object of *haberet*.

haberet: "should have had"; potential subjunctive.

elegantissimus: "most discriminating."

nostrum: genitive plural, antecedent of *qui*.

unus quisque: "every single one."

eat < eo; det . . . spectet: jussive subjunctives.

aedem Felicitatis, . . . monumentum Catuli . . . porticum Metelli: three public buildings in Rome that housed well-known collections of Greek art.

det operam: "let him make an effort."

istorum: friends of Verres.

Tusculanum: "Tusculan villa." Many rich Romans had country houses near the town of Tusculum in the Alban hills about fifteen miles southeast of Rome.

suorum: partitive genitive dependent on *quid*.

aedilibus: Verres might lend some of his collection to friends who were aediles to put on display for a special occasion. See *aedilitatem* above at 3.6.

si . . . commodarit: future perfect indicative in the protasis of a more-vivid future condition.

habeat . . . habeat: jussive subjunctives. Note asyndeton, unusual word order and anaphora.

ornamentis: ablative with *plenam . . . refertas*.

refertas: < *refercio*, "cram or stuff full."

huius operari: "of this common laborer."

perferetis: future tense.

qui = et is (connecting relative).

et animo et corpore: ablative of specification or respect (*AG* 418).

ferenda . . . auferenda: a play on words. Verres is more fitted for carrying (as an *operarius*) than carrying off (i.e., collecting) works of art.

57.127 haec Sappho sublata: take as subject in the subordinate clause.
quantum desiderium . . . reliquerit: indirect question introduced by *dici*.
cum . . . tum: "not only . . . but also."
ipsa: the Sappho.
eruditus . . . Graeculus: of Verres; sarcastic and contemptuous.
unam litteram Graecam: Cicero alleges that Verres could not read Greek. See *Valentio interpreti* above at 26.58, which suggests that Verres had an interpreter with him in Sicily.
si . . . scisset . . . non sustulisset: pluperfect subjunctives in a past contrary-to-fact condition.
sustulisset: supply *statuam* as object.
nunc: "as it is."
fuerit: supply *ibi*.
id ablatum (esse): accusative and infinitive dependent on *indicat*.
Paeanis < Paean: "the Healer", an epithet of Apollo.
Aesculapi: on Aesculapius see above at 43.93.
quod = et id (connecting relative).
visere: supply *solebant*.
Liberi < Liber: an Italian deity identified with Bacchus.

57.128 Aristaei < Aristaeus: another son of Apollo, said to have taught mankind the art of beekeeping (see Vergil, *Georgics* 4, end).
non: take with *ablatum est*.
Vrion < Vrios: "sending favorable winds"; a Greek title of Jupiter.
agninum: the text is corrupt; for different readings suggested by editors see the critical apparatus below the text.
Paean . . . Aristaeus . . . Iovem . . . Imperatorem: Cicero provides this information in order to show how important these deities were to the Syracusans.
[ut Graeci . . . filius]: editors bracket this phrase because it is believed to be a gloss to the ancient text, i.e, a note added later by way of explanation.

una: adverb

Iovem . . . Imperatorem . . . fuisse: accusative and infinitive dependent on *arbitramini*.

58.129 si . . . volueritis: future perfect in the protasis of a more-vivid future condition.

quanta religione: "with how much respect"; ablative of manner.

eadem specie ac forma: ablative of description with *signum illud*.

signum illud: subject of *fuerit*.

quod . . . captum . . . posuerat: the perfect participle passive, modifying the object, can be translated as a main verb ("which he had taken and . . .").

T. Flamininus: Roman general who conquered Philip V of Macedon in 197 B.C.

tria ferebantur . . . signa: "three statues were said (to be)."

uno in genere: "of the same type."

in Capitolio vidimus: the statue was destroyed when the temple burned down in 83 B.C.

alterum: "the second one."

in Ponti . . . angustiis: "at the mouth and straits of the Black Sea."

ita . . . ut . . . poneret: a purpose clause ("only . . . in order to . . .").

ex aede sua: "from its own temple."

domicilio: the Romans naturally considered the Capitoline temple in Rome Jupiter's major home on earth.

Iovis: place a comma after this word.

58.130 quod . . . Ponti: take *id* as the antecedent.

ad introitum: "near the entrance."

cum . . . emerserint . . . invecta sint: "although . . ."

multa: take with *bella* as subject of both verbs in the *cum* clause.

integrum inviolatumque: predicate adjectives modifying *id*.

colere: supply *solebant*.

id: repeats *hoc tertium* from the beginning of this elaborate sentence.

58.131 ut . . . revertar: purpose clause.

saepius: "once again."

habetote: "consider"; see *scitote* above at 1.2.

pluris: modifies *deos*.

pluris esse . . . deos quam . . . homines desideratos: "that more gods were missing than humans . . . "; accusative and infinitive dependent on *habitote*. Hyperbole.

istius adventu . . . victoria Marcelli: note chiasmus. On chiasmus see *urbis ornamenta domum* above at 54.121.

requisisse: "to have searched for."

Archimedem < Archimedes: mathematician and inventor from Syracuse, killed by a Roman soldier in the sack of that city in 212 B.C. On the incident see Livy 25.31.

Archimedem illum: "that famous . . ."

summo ingenio . . . ac disciplina: ablatives of description with *hominem*.

quem = et eum (connecting relative).

quem . . . interfectum (esse): accusative and infinitive dependent on *audisset*.

permoleste tulisse: "to have taken very badly"; supply *dicitur*.

asportaret: a major theme in this section is that Verres carries off art not for the public good but for himself.

quod . . . Syracusis: a clause in apposition to *illa* ("the fact that, such as . . .").

59.131 mensas Delphicas: tables with three legs, modeled after the tripod used by the Sybil at Delphi.

vasorum Corinthiorum: see above at 1.1.

Syracusis: ablative of separation.

59.132 unum quidque: "every single item."

ostendere: supply *solent*.

mystagogos: guides at a religious site.

conversam: perfect participle passive modifying *demonstrationem*.

ut . . . item: "as . . . so."

mediocri . . . dolore: ablative of cause.

deos patrios . . . colendos (esse) . . . et retinendos esse: accusative and infinitives dependent on *arbitrantur*.

sibi: dative of agent with the passive periphrastic, *colendos . . . retinendos esse.*

nimio opere: "excessively." The Romans by contrast claimed little interest in art.

tametsi: "and yet"; introduces a parenthesis.

vosmet: an emphatic form of *vos.*

certo scio: "I am fully persuaded."

cum . . . acceperint: "although . . ."

multas: take with *calamitates et iniurias.*

socii: strictly those inhabitants of Sicily who lived in one of the *civitates foederatae.* Other inhabitants of Sicily are called here *exterae nationes.*

nullas: supply *iniurias.*

59.133 licet + subjunctive: "although . . ."

se: accusative subject of *emisse.*

hoc: "in this matter"; a cognate accusative (*AG* 390c).

tabulam pictam ullam: *ullam* is not in the manuscripts but is a generally accepted addition to maintain the repetition.

iudicia severa: courts under the control of the *equites* might be expected to deal harshly with governors of the senatorial class who had maltreated provincials. The court was now back in the control of the senatorial class.

iudicia . . . desierunt: "strict trials ceased being held."

cum iudicia fiebant: "when real courts were in existence."

coemebant: "they used to buy up."

L. Crasso, Q. Scaevolae, C. Claudio: datives of possession with *commercium . . . non fuisse.*

aedilitates: Crassus and Scaevola, aediles sometime between 105–100 B.C., had provided unusually splendid shows for the populace. On C. Claudius see above at 3.6.

ornatissimas: predicate adjective.

commercium . . . non fuisse: accusative and infinitive dependent on *arbitramini.*

iis . . . (commercium) fuisse: a second accusative and infinitive dependent on *arbitramini*; asyndeton.

60.134 scitote: on the form see above at 1.2.

civitatibus: dative with *acerbiorem*.

emptionem: accusative subject of *esse*; an accusative and infinitive dependent on *scitote*.

turpitudinem summam esse: "that it was the worst disgrace"; accusative and infinitive dependent on *arbitrantur*.

referri . . . publicas: "for it to be entered in the public records (that)"; introduces accusative and infinitive *adductam (esse) civitatem*.

pretio adductam . . . et pretio parvo: participial phrase modifying *civitatem*.

civitatem . . . vendidisse atque abalienasse: accusative and infinitives dependent on *referri*.

ea: object of *vendidisse atque abalienasse*, "transferred ownership of."

mirandum in modum: "wonderfully."

rebus istis: works of art.

apud illos: "in their possession."

quam + superlative: "as . . . as possible."

vectigalis aut stipendiarios: "tributaries in kind and in money".

oblectamenta et solacia: accusatives in apposition to *haec* (line 11).

60.135 In this section Cicero asks what the cities who were owners of famous works of art would take for their priceless possessions. The cities range from south Italy to Greece and Asia Minor.

Reginos . . . merere velle: "that the people of *Regium* would be willing to take"; accusative and infinitive dependent on *arbitramini*. On the *Reginos* see above at 11.26.

ab iis: ablative of separation.

Venus illa: it is not known which statue this was, but clearly it was a well-known tourist attraction.

Tarentinos: the inhabitants of Tarentum, a Greek city in the heel of Italy. Supply *merere velle*.

Europam in tauro: Zeus in the shape of a bull carried off Europa from Phoenicia. The myth was the subject of many works of art.

ut Satyrum . . . ut cetera: supply *amittant* in each clause.

Satyrum: a demigod of wild places; a satyr.

quid Thespiensis: supply *arbitramini . . . merere velle*.

Thespiensis: see *Thespiis* and *Thespiadas* above at 2.4.

unum: modifies *quod*.

Cnidios: the people of Cnidus, a town in Asia Minor.

Venerem marmoream: an Aphrodite by Praxiteles, one of the most imitated and reproduced statues in antiquity. Pliny (*H.N.* 19.69) called it the most beautiful statue in the world.

pictam: supply *Venerem*.

Coos: the people of Cos, an island in the eastern Aegean.

Ephesos: the people of Ephesus, a famous city in Asia Minor.

Alexandrum: a painting of Alexander the Great by Apelles, probably the most famous painter in antiquity.

Cyzicenos: the inhabitants of Cyzicus, a town in northern Asia Minor.

Aiacem aut Medeam: well-known paintings of Ajax and Medea by Timomachus.

Rhodios: the people of Rhodes.

Ialysum: supply *pictum*. A painting of Ialysus, founder of one of the very old cities on Rhodes.

Atheniensis: the list of cities comes to a climax with Athens, the most famous Greek city of all.

Iacchum: another name for Bacchus.

Paralum: an Athenian hero, painted by Protogenes.

ex aere Myronis buculam: the statue of a bronze cow at Athens by Myron, his most famous work of art. On Myron see above at 3.5.

longum est et non necessarium: "it would be tedious and . . ."; idiomatic.

quae . . . Graecia: supply *ea* as the antecedent.

illud est: "that is the reason."

quam ob rem: "why."

mirum quendam dolorem: object of *accipere*.

accipere eos: accusative and infinitive in apposition to *hoc* ("namely, that . . .").

ut . . . omittamus: purpose clause. Cicero here signals a return to the main topic, the reaction at Syracuse to Verres' thefts.

61.136 ceteros: supply *populos*.

quos = **et eos** (the Syracusans); connecting relative.

ego: when Cicero was at Syracuse investigating Verres' crimes in 70 B.C.

ut: "as."

civitatem . . . non minus esse . . . amicam quam Mamertinam: accusative and infinitive dependent on *existimabam*.

Mamertinam: supply *civitatem*. Messana.

Heracli hereditatem: for the Heraclius affair see *In Verrem* II.II.35–50. Heraclius was a rich Syracusan against whom, Cicero alleges, Verres concocted a legal scheme in order to defraud him of a legacy. Supposedly Heraclius' estate was awarded to the city of Syracuse; in reality Verres got the bulk of it.

societatem: Cicero went to Syracuse expecting that city, like Messana, had been a partner in Verres' crimes.

ne . . . oppugnarer: "lest I be overcome."

gratia: "influence"; ablative of cause.

mulierum nobilium et formosarum: genitive with *gratia*; the wives of the leading citizens of Syracuse.

nimia: take with *lenitudine . . . liberalitate*.

virorumque: genitive with *nimia . . . lenitudine . . . liberalitate*.

litteris: "records."

iniurias: supply *eorum*.

61.137 cum . . . fueram: *cum* + pluperfect indicative expresses repeated action in the past ("whenever . . .").

in negotio curaque: hendiadys; translate as a noun modified by an adjective ("in troublesome business").

ad Carpinati . . . tabulas: L. Carpinatus, a local manager for collecting certain rents in Sicily, was a close associate of Verres and allegedly lent Verres' own money to Verres' victims.

conventu: the Roman community living in the provinces, here the *equites*.

illius Verrucios: in examining the *tabulae* of Carpinatus, Cicero claimed to have discovered transactions with a certain C. Verrucius. In actual fact Verrucius was a thin disguise for payments to Verres himself ("his Verrucius' entries").

de quibus ante dixi: see at *In Verrem* II.II.186–191.

adiumenti: partitive genitive with *nihil*.

Heraclius: a magistrate at Syracuse, not the individual just mentioned above at 61.136.

qui . . . fuisset: subjunctive in a relative clause expressing cause ("since").

qui honos est = honos qui est: the antecedent is incorporated into the relative clause.

agit mecum . . . ut: "he tried to persuade me . . . that"; historical present.

fratre meo: see *frater* above at 11.25.

si . . . nobis videretur: "if it seemed right to us."

ut . . . adiremus: secondary sequence after the historical present.

(se) frequentis esse: accusative and infinitive introduced by an implied verb of saying.

62.138 se . . . petere: a second accusative and infinitive introduced by an implied verb of saying.

senatus: genitive with *iussu*.

illum . . . conventum et locum: accusative subject of the infinitive *non esse vitandum*, in an accusative and infinitive with *venit in mentem*.

nobis: dative of agent with the passive periphrastic *non esse vitandum*.

honorifice sane: "with the utmost respect"; *sane* is an intensive particle.

magistratus: genitive with *rogatu*.

adsedimus < adsideo: "we sat down beside (him)."

usu rerum: "in the use of things, in experience."

Diodorus Timarchidi: "Diodorus, son of Timarchides." A Greek usage.

hanc: take with *sententiam*.

primo: "fundamentally, primarily."

utilitatis . . . salutis: partitive genitives with *quid*.

in illa civitate: Syracuse.

neque . . . legatos Syracusanorum adfuisse, neque me postulare: accusative and infinitives dependent on *respondi*.

communi: ablative modifying *consilio*.

postulare: "expect."

statuam: Cicero implies that Syracuse's sometimes friendly, sometimes ambivalent attitude to Verres led him to believe he could expect no help from that city.

62.139 quod = **et id** (connecting relative).

aspectu . . . et commemoratione: "from the sight of the statue and my mention of it"; ablative of cause.

monumentum: predicate nominative.

scelerum non beneficiorum: asyndeton.

tum . . . defuissent: a long periodic sentence that describes the real story of what Verres did at Syracuse.

quantum . . . poterat: "as much as he was able."

urbem: accusative subject of *spoliatam (esse)*, accusative and infinitive implied after *docere*.

fana direpta: supply *esse*.

de . . . hereditate: take with *ipsum abstulisse*, the third accusative and infinitive in the series.

Heracli: see above at 61.136.

palaestritis: "directors of the wrestling school." In the will leaving a large property to Heraclius, there was a clause requiring him to erect certain statues in an athletic park. Friends of Verres had the *palaestritae* sue on the grounds that the statues had not been properly installed and as a result the estate was forfeited to the park. After the dust cleared most of the estate ended up in Verres' hands.

multo: "by much, much"; ablative of degree of difference.

neque postulandum fuisse + ut + subjunctive: "nor was it to be expected, ought one to have expected"); passive periphrastic in an accusative and infinitive.

qui . . . sustulisset: a relative clause expressing cause ("since . . .").

inventorem olei: Aristaeus. At 57.128 Verres is accused of stealing a statue of the god from the temple of *Liber*.

illam statuam: the gilded statue of Verres in the senate house in Syracuse.

eos . . . curasse: accusative and infinitive.

hereditatis diripiendae: gerundive in the genitive with *participes*.

faciendam statuendamque: take with *illam statuam*, object of *curasse*.

On the construction see (*ea*) *imponenda . . . curabat* above at 10.23.

eosdem: the friends of Verres.

illius: genitive dependent on *improbitatis . . . furtorum . . . flagitiorum*. Verres.

eo: "on that account."

minus mirari . . . oportere: "that I ought not (*minus*) to be surprised.

si . . . defuissent: "if they had failed," i.e., "neglected their duty to"; + dative.

communi . . . voluntati et saluti: dative with the compound verb *defuissent*.

63.140 dolorem . . . esse: accusative and infinitive dependent on *cognovi*.

Siculorum ceterorum: supply *dolorem*.

tum meum animum . . . tum . . . proposui, tum . . . hortatus sum: anaphora and asyndeton.

meum animum: object of *proposui*, "I stated my feelings" (toward).

mei consili negotique totius suscepti: genitives dependent on *causam rationemque*.

suscepti: perfect participle passive modifying *negoti*.

ut . . . ne = ne where the *ne* is taken very closely with *deessent*.

causae communi salutique: dative with *deessent: see si . . . defuissent* above at 62.139.

se . . . decresse: accusative and infinitive dependent on *dicebant*.

decresse = decrevisse.

coactos: "forced, compelled"; perfect participle passive modifying *se*.

paucis illis diebus: "a few days before."

faciunt: historical present.

istius clientes atque amici: apparently Verres' friends did not take long to change sides.

in aerario sanctiore: "in an inner treasury."

quas . . . conditas . . . habebant: "which they were keeping hidden."

in quibus = et in eis (*litterae publicae*); connecting relative.

quae . . . ablata esse: accusative and infinitive dependent on *dixi*.

perscripta: perfect participle passive modifying *omnia*.

perscripta (line 6): supply *sunt*.

hoc modo: Cicero gives the impression of quoting from the original records.

quod: "whereas"; accusative of specification (*AG* 572a).

ut quisque . . . ita perscriptum erat: "as each person . . . , so it had been written, there were single entries for each person . . ."

iis rebus tuendis conservandisque: dative of the gerundive with the compound verb *praefuerat*.

cum rationem . . . redderent: "when they were rendering an account."

e lege: "according to the law."

petisse: supply *se* (the keepers of the treasures) as the accusative subject of the infinitive in an accusative and infinitive introduced by an implied verb of saying.

sibi: dative with impersonal passive *ignosceretur*, "pardon was given to those for . . ."

quod . . . abessent: this clause gives the offense ("for . . .").

omnis: accusative; subject of the infinitive *discessisse* in an accusative and infinitive dependent on an implied verb of saying.

discessisse + predicate adjective: "ended up in a given state (i.e., *liberatos*)."

liberatos: "absolved."

quas = **et eas** (connecting relative).

obsignandas . . . deportandasque: gerundives modifying *quas . . . litteras*. For the construction with *curavi* see (*ea*) *imponenda . . . curabat* above at 10.23.

ratio: "account."

63.141 aliquanto: ablative of degree of difference.

nihil = **non** (emphatic).

oportere: "that it was necessary"; impersonal infinitive in an accusative and infinitive dependent on *commonerent*.

decerni: infinitive dependent on *oportere*.

(eos) esse . . . repudiatos: accusative and infinitive dependent on an implied verb of saying. The friends of Verres who had proposed that the decree be passed.

eum: accusative subject of the infinitive *imperasse* in an accusative and infinitive dependent on an implied verb of saying.

qui summam potestatem haberet: an oblique reference to Verres' successor as governor of Sicily, L. Metellus. According to Cicero, after his arrival in the province Metellus actively tried to obstruct justice (see *In Verrem* II.II.64).

mali . . . boni: partitive genitives dependent on *plus*.

id: object of *cognoscite*.

ut . . . sic: "as . . . so."

vos: nominative, emphatic.

64.142   qua de re = **de qua re** ("about any matter").

ut . . . dicat: a substantive clause of result with a verb signifying the accomplishment of an effort (*mos est*). On this usage see *AG* 568 n.2.

si . . . referant: present subjunctive in the protasis of a less-vivid future condition.

referant: "bring a motion."

qui velit: supply *is* as antecedent.

velit: subjunctive in a relative clause of characteristic.

sortito: "in an order determined by lot"; adverb.

quo = **et eo** (connecting relative).

ut . . . esset: purpose clause.

morae: partitive genitive with *aliquid*.

interpellant: "propose an amendment."

Sex. Peducaeo: Peducaeus had been governor of Sicily (76–75 B.C.); he had earned a reputation for upstanding behavior.

qui de . . . provincia optime meritus esset: "since he had behaved very well towards that city and the whole province"; *meritus est* + de + ablative + *bene* = "behave well towards"; relative clause expressing cause.

sese . . . prohibitos esse: accusative and infinitive dependent on an implied verb of saying.

negotium facessitum (esse): "that a charge had been brought"; accusative and infinitive dependent on *audissent*.

iniquum esse: "that it was wrong"; accusative and infinitive dependent on an implied verb of saying.

non . . . decernere: infinitive with *iniquum esse*.

id: object of *decernere* and antecedent of the two *quod* clauses that follow.

prius . . . quam: "before."

64.143 fieri < **facio:** present passive infinitive dependent on *oportere*.

oportere: impersonal infinitive in an accusative and infinitive dependent on *adprobant*.

senatus: genitive dependent on *consulto*. A *senatus consultum* is the technical term for a decree of the senate. Cicero uses the Roman terms that would be equivalent to the Greek ones employed by the residents of Sicilian towns.

principum: genitive dependent on *sententiae*.

quod: "whereas."

verba facta sunt: "speeches were made, a motion was made."

dicit: "it mentions."

periculorum: objective genitive with *defensor*; "protector against dangers."

inire . . . gratiam: "to win favor."

a praetore: the current governor of Sicily, a friend of Verres.

illi ipsi tui: emphasis on the fact that Verres' own friends did not support him.

in qua curia: *curia*, antecedent of *qua*, has been incorporated into the relative clause ("in the senate house in which").

nuda: supply *statua*.

fili: a statue of Verres' son had also been put up in the senate house.

in ea: repeats the antecedent.

ne . . . quidem: take with *nudus*.

quem . . . commoveret: relative clause of characteristic; *nemo* is the antecedent of the relative.

nudata provincia: ablative absolute. Cicero is making a rather poor pun on *nudus, nudatus* ("stripped bare").

64.144 eius modi . . . laudatores: this is the editor's solution to a problem in the text. Take *laudatores* as subject of the infinitive *fecisse* in an indirect statement in apposition to *hoc*.

non laudationem sed potius inrisionem: accusatives in the predicate of the accusative and infinitive dependent on *intellegere*.

illam: accusative subject of *esse*, in an accusative and infinitive dependent on *intellegere*.

commonefaceret: < *commonefacio*, "impress something on a person, draw attention to"; subjunctive in a relative clause of purpose.

securi: "axe"; ablative singular.

securi esse percussos: "were struck with an axe; were beheaded."

omnis vigilias . . . esse consumptas: accusative and infinitive with *constat*.

constat: "it is well known."

[cuius modi . . . desineret]: these words appear to be a comment on the text rather than part of the original text.

[Verres]: although this word occurs in the manuscripts, it is deleted by the editor so that this decree will read like the others.

insula: on the geography of the city see the Latin text at 52.118. See map of Syracuse p. 5.

65.145 haec: take inside the subordinate clause as object of *cognovi*.
fratre: "my cousin."

nobis absentibus: ablative absolute.

ut . . . fieret: supply *mihi*. After an historical present (*decernunt*) secondary sequence may be used.

eandem voluntatem . . . quam: "the same goodwill . . . as."

quod . . . suscepisset . . . habuissem: the subjunctive is used with *quod* when the reason is given on the authority of someone other than the speaker ("because, as they said, . . . "). On this usage see *AG* 540.
incisum: perfect participle passive modifying *id*.

valde: take with *diligunt*.

te: Verres.

qui . . . putant: the antecedent of the relative clause is *Syracusani tui*.
causam (esse): accusative and infinitive dependent on *putant*.

coniungendae necessitudinis: genitive of the gerundive dependent on *causam*.

accusaturus sit: active periphrastic expressing a strongly future idea.

inquisitum in te: "to search for grounds of accusation against you"; accusative of the supine expressing purpose.

postea: "next."

varie: "with differing opinions."

65.146 in eo: "in this matter."

perscriptum atque . . . relatum: supply *esset*.

cum . . . discessio facta esset: "when the vote had been taken."

praetor appellatur: "the governor was appealed to; appeal was made to the governor." The current governor was L. Caecilius Metellus.

aliqui: a masculine singular nominative adjective modifying *magistratus*.

Syracusanorum aliqui: here *aliqui* is acting like a substantive.

minime: "no."

qui = et is (connecting relative).

P. Caesetius: one of the two quaestors under Verres while he was governor of Sicily. Now he is the only support Verres has in Syracuse against a decree of the Syracusans.

o rem ridiculam ! o desertum hominem . . . relictum !: accusatives of exclamation.

a magistratu Siculo: take with *appellat*, the main verb of the sentence ("from a Sicilian magistrate").

senatus consultum: see *senatus consulto* above at 64.143.

ne . . . possent, ne . . . possent: negative purpose clauses.

obtinere: "to exercise."

quis . . . vidit, quis audivit?: this pair of rhetorical questions suggests that such a situation was unprecedented.

praetor: the current governor of Sicily, L. Caecilius Metellus.

clamare . . . laudare . . . agere . . . discedere: historical infinitives, equivalent to an imperfect indicative. The subjects are in the nominative case. Asyndeton.

sibi: dative of separation with *eripi*.

ius . . . libertatem: subjects of the infinitive *eripi* in a pair of accusative and infinitives dependent on *clamare*.

215

a me nusquam discedere: "they never left me; they kept me company."

quo . . . die = **et eo** (connecting relative).

aegrius: "with greater difficulty"; comparative adverb.

appellatore: P. Caesetius.

65.147 ad praetorem: "before the governor."

ante quam = **antequam**.

abiit: the governor adjourned the court at sunset, as he had the legal right
to do.

cum . . . advesperasceret: "since it was getting to be evening."

Syracusanis . . . reddere: dative and infinitive with *liceret*.

consultum: object of *reddere*.

enim vero: "well, would you believe it?"

quod . . . fecissem: "the fact that I had given a speech . . ."; the clause
acts as subject of the infinitive *esse* in an accusative and infinitive
dependent on *ait*.

quod . . . locutus essem: "the fact that I had spoken . . ."

id . . . posse: accusative and infinitive dependent on an implied verb of
saying.

ut: "as."

cum . . . tum: "not only . . . but also."

me: the editor has supplied this accusative, which is not in the
manuscript.

me . . . dicere: accusative and infinitive dependent on *memini*.

facile: adverb; take with *perspicuum* ("certainly very clear").

quantum . . . interesset: "how much difference there was."

hunc: L. Caecilius Metellus, the current governor of Sicily.

Numidicum: Q. Caecilius Metellus Numidicus (consul 109 B.C.), general in the war against Jugurtha, king of the Numidians.

illum: i.e., Numidicus.

illum noluisse . . . hunc . . . comparare: accusative and infinitives dependent on an implied verb of saying. Asyndeton.

L. Lucullum: the brother-in-law of Numidicus; governor of Sicily in 103
B.C., later charged with embezzlement.

quicum = **quocum**.

quicum . . . convenisset: relative clause of concession.

homini alienissimo: "for a man very different from himself" (i.e., Verres).

66.148 quod = **et id** (connecting relative).

multum: adverb. Take closely with *valuisse* ("have strong influence").

recentis nuntios . . . valuisse: accusative and infinitive dependent on *intellexi*.

tabellas non commendaticias sed tributarias: the meaning of *tributarias* is not clear, but it must mean some sort of financial incentive ("not letters of introduction but letters concerning remuneration").

senatus consultum: the one that rescinded the eulogy for Verres.

ne . . . putetis: negative purpose clause.

istum . . . esse: accusative and infinitive dependent on *putetis*.

Theomnastus . . . Theoractum: a play on the man's name. He is not "remembered by the gods" but "stricken mad by the gods."

qui = **et is** (connecting relative).

illic < **ille** + **ce:** "such a man"; predicate adjective.

huius: genitive dependent on *insania*.

ridicula . . . aliis, mihi . . . molesta: chiasmus.

cum . . . ageret . . . arderet . . . clamaret: "while . . ."

cum spumas ageret in ore: "while he was foaming at the mouth."

oculis: ablative of specification or respect.

vim: object of *adferre*.

me . . . adferre: accusative and infinitive dependent on *clamaret*.

copulati: "having struggled together; struggling together"; deponent, perfect participle modifying the subject of *pervenimus*. Roman law allowed an adversary to be physically brought into court.

66.149 hic: adverb.

dicere, negare . . . negare: historical infinitives; asyndeton.

illud: accusative subject of the infinitive *esse* in an accusative and infinitive dependent on *negare*.

in quo praetor appellatus esset: "in which the governor had been appealed to, an appeal had been made to the governor." Cicero's opponent kept claiming that the *senatus consultum* was not valid since an appeal to the governor had been made against it.

id . . . tradi: subject accusative and infinitive dependent on *oportere*.

recitare . . . urgere: historical infinitives.

omnium: modifies *tabularum* and *litterarum*.

omnium tabularum . . . potestatem: "that access to all records and letters were allowed to me, that I had access."

furiosus: adjective modifying the subject of *urgere*. English would use an adverb here.

nihil = non (emphatic).

nostras leges pertinere: accusative and infinitive dependent on *urgere*.

negare sibi placere: "he kept saying that it did not please him, that he did not agree."

quod senatus consultum . . . deberet: "which ought not to be considered a *senatus consultum*"; *ratum esse < reor*.

id: antecedent of the preceding relative clause, *quod . . . deberet*.

nisi . . . minatus essem, nisi . . . recitassem . . . facta non esset: a contrary-to-fact condition in the past.

homini: dative with *minatus essem*. Refers to the governor, L. Metellus.

ille . . . insanus: Theomnastus.

qui . . . declamasset: relative clause of characteristic expressing concession ("although . . .").

pro isto: Verres.

ut . . . rediret: purpose clause.

istius: genitive dependent on *furta*.

cognoram = cognoveram.

67.150 Cicero has now reached the conclusion of this part of the speech, which he uses to prove that only the Messanians would welcome Verres' acquittal.

laudent . . . laudent . . . laudent: jussive subjunctives. Asyndeton.

qui . . . velint: subjunctive in a relative clause of characteristic.

ita . . . ut Heius . . . adsit, ita . . . ut . . . parati sint: the equivalent of a clause of proviso ("only on condition that . . .").

Heius: Cicero now returns to themes raised in the opening sections of the speech: the people of Messana and Heius' treatment at Verres' hands.

rogati erunt: future perfect indicative passive, indicating time before some other time in the future. English translates as "have been asked."

ne . . . opprimantur: negative purpose.

sum rogaturus: active periphrastic.

debeantne? . . . praebuerintne . . . ? aedificarintne . . . ? sumpseritne . . . ? dederint ?: subjunctives in a series of questions in indirect discourse implied in *haec sum rogaturus* ("I am going to ask these questions; these are the questions I plan to ask: . . ."). On this usage see *AG* 586.

praetore C. Verre: ablative absolute.

aedificarint = aedificaverint.

publice: "at public expense."

quod . . . mitteret: a relative clause of purpose ("to send").

superiores: "his predecessors."

militum aut nautarum: partitive genitives with *quid.*

nullum: supply *militem aut nautam.*

nullum datum (esse): accusative and infinitive dependent on *dicent.*

Messanam: accusative subject of *fuisse* in an accusative and infinitive dependent on *negare.*

receptricem: "one who receives or harbors"; predicate accusative in the accusative and infinitive. A rare word used by Cicero with damning implication; see *receptrix* above at 8.17 also in connection with Messana.

omnium: take with *furtorum* and *praedarum.*

permulta . . . exportata (esse), hanc navem . . . profectam (esse): accusative and infinitives dependent on *fatebuntur.* Asyndeton.

a Mamertinis datam, onustam cum isto: chiasmus.

datam, onustam: take with *navem.*

67.151 tibi habe: "have for yourself, enjoy."

Syracusanam . . . civitatem . . . esse animatam: "that the Syracusan city has been roused against you"; accusative and infinitive dependent on *videmus.*

ut . . . ita: "as . . . so."

adfecta est: "treated"; supply *civitas* as the subject.

Verria: neuter plural. A festival in honor of Verres (see above at 10.24).

minime: "not."

conveniebat: "it is appropriate"; an impersonal verb.

ei: dative of indirect object.

honores haberi: subject accusative and infinitive, subject of *conveniebat*.

qui . . . abstulisset: relative clause of characteristic expressing cause. The antecedent of the relative is *ei*.

in Syracusanis: "in the case of the Syracusans."

reprehenderetur, si . . . agerent: a contrary-to-fact condition in the present.

reprehenderetur: "should be censured."

de fastis suis: "from their own calendar."

celeberrimum et sanctissimum: take with *diem*. Note the emphatic position of these adjectives.

quod: "because." The clause explains why the day was considered so special.

si . . . diem festum . . . agerent: "if they were to observe the festival day."

idem: nominative plural; "the same people," i.e., the Syracusans.

Verris nomine: "in the name of Verres."

a Syracusanis: ablative of separation with *ademisset < adimo*, "steal."

quae . . . reliquerat: supply *ea* as antecedent.

ille calamitosus dies: the day Syracuse was captured by Marcellus in 212 B.C.

qui . . . constituerit . . . imperarit: relative clauses of characteristic expressing cause ("since").

Heracli: on Verres' crime against Heraclius see above at 61.136.

Marcellia: a festival at Syracuse in honor of M. Marcellus, conqueror of Syracuse.

tolli: present infinitive passive with *imperarit*.

ut . . . facerent . . . , (ut) . . . tollerent: clauses of purpose.

ei: "in honor of that man."

quotannis: "every year."

opera: ablative.

omnium annorum: genitive dependent on *sacra*.

eius . . . familiae: genitive dependent on *dies festos*. The Marcelli.

per quam . . . recuperarant: the antecedent of the relative is *eius familiae*.

recuperarant = **recuperaverant**.

The speech ends with a comparison between Verres and Marcellus, in which Verres once again comes off looking bad.

Vocabulary

The following vocabulary is intended to serve only as a basic list of words from the text. All meanings may not be provided for each entry. In addition, proper nouns covered in the commentary are not included. Principal parts are given for third conjugation verbs and any other verbs which may cause difficulty. For all regular verbs, numbers such as (1) or (2), indicate that the verb is a regular example of that particular conjugation.

A

a, ab, abs (*prep. with abl.*) from; by; on

abacus, -i, *m.*, table; sideboard, cupboard

abalieno (1) sell, convey ownership to another; estrange

abduco, -duxi, -ductum (3) lead away from, separate

abicio, -ieci, -iectum (3) throw away

abripio, -ripui, -reptum (3) snatch away; abduct, drag off

absolvo, -solvi, -solutum (3) acquit

abstinentia, -ae, *f.*, abstinence, self-denial

abstineo (2) refrain, keep off; abstain

absum, -fui, -esse be missing

abundo (1) overflow, be rich in

ac see **atque**

accedo, -cessi, -cessum (3) enter, go or come to

accido, -cidi, — (3) happen, come to pass

accipio, -cepi, -ceptum (3) learn, hear; receive, take; treat; undergo

accola, -ae, *m.*, neighbor

VOCABULARY

accurro, -curri, -cursum (3)
hasten to; run up

accusator, -oris, *m.*, accuser,
prosecutor

accusatorie, *adv.*, in the manner
of an accuser

accusatorius, -a, -um like an accuser, accusatory

accuso (1) accuse, prosecute

acer, acris, acre violent, acute

acerbitas, -atis, *f.*, bitterness,
painfulness

acerbus, -a, -um grievous

acroama, -atis, *n.*, entertainer at
table; buffoon

actio, -onis, *f.*, stage (of a trial)

actor, -oris, *m.*, accuser

actum est, *impers.pass.*, it happened; legal action is taken

acute, *adv.*, craftily

acutus, -a, -um sharp, acute,
crafty

ad (*prep. with accus.*) to, towards; for; near; with; in accordance with; with respect to

adamo (1) fall in love with

adduco, -duxi, -ductum (3) prevail upon, bring in; bring to a
certain condition or state of
mind

adeo, *adv.*, to that point; indeed,
truly

adeo, -ii, -itum, -ire approach
(*with* **ad**); go to, enter

adesse in ius to come into court

adfectus, -a, -um inclined, im-
paired, weakened

adfere, -tuli, -latum, -ferre produce; bring to, in; put on

adferre vim to assault

adficio, -feci, -fectum (3) affect,
treat in a certain way; inflict

adfingo, -finxi, -fictum (3) add
falsely

adhibeo (2) summon; use; apply

adhuc, *adv.*, up until now

adimo, -emi, -emptum (3) take,
take away; steal

aditum est, *impers. pass.*, they
had recourse to

aditus, -us, *m.*, entrance, approach

adiumentum, -i, *n.*, aid, support

adiungo, -iunxi, -iunctum (3)
join

adiutor, -oris, *m.*, helper; aide

adiutrix, -icis, *f.*, assistant,
helper

adiuvo (1) assist

administro (1) manage, admin-
ister

admiratio, -onis, *f.*, admiration,
astonishment

admitto, -misi, -missum (3) let
in; admit

admodum, *adv.*, quite, wholly

admoneo (2) remind, admonish

admonitus, -us, *m.*, exhortation

adpello, -puli, -pulsum (3) drive

adpeto, -tivi, -titum (3) seek to
obtain

adpono, -posui, -positum (3)
place near, set out (on a table)

adprobo (1) prove; assent to

adpropinquo (1) draw near, approach

adrogantia, -ae, *f.*, arrogance,
pride

223

VOCABULARY

adrogo (1) associate with; take pride in

adscio (4) take to oneself, adopt; present in court

adsequor, -secutus sum (3) obtain

adsideo, -sedi, -sessum (2) sit down

adstrictus, -a, -um drawn tight, together

adstringo, -strinxi, -strictum (3) bind together, bind tight; constrain

adsum, -fui, -esse support (*with the dat.*); be present in court; appear before a court

adulescens, -entis, *m.*, young man

adulterium, -i, *n.*, adultery

advena, -ae, *m.*, stranger, visitor

advenio (4) approach

adventicius, -a, -um foreign, coming from outside

adventus, -us, *m.*, arrival, approach; visitation (of a magistrate)

advesperascit, -avit (3) evening approaches

aedes, -is, *f.*, temple; pl., house

aedificatio, -onis, *f.*, building, structure

aedificium, -i, *n.*, building, structure

aedifico (1) build, construct; establish

aedilis, -is, *m.*, aedile, one who superintends public works

aedilitas, -atis, *f.*, office of an aedile; aedileship

aeditumi, -orum, *m.pl.*, temple keepers

aegre, *adv.*, with difficulty

aegrius, *comp. adv.*, with greater difficulty

Aegyptus, -i, *f.*, Egypt

aeneus, -a, -um of bronze, copper

aequitas, -atis, *f.*, fairness, justice

aequo (1) make level, smooth

aequus, -a, -um fair, impartial, reasonable

aerarium, i *n.*, treasury

aerarius, -a, -um of bronze or copper

aeratus, -a, -um covered with bronze

aes, aeris, *n.*, bronze, copper

aes alienum, aeris alieni, *n.*, debt

aestimatio, -onis, *f.*, valuation, estimation

aestimo (1) appraise, value, think worth; assess damages

aetas, -atis, *f.*, age, time of life

aeternus, -a, -um eternal

ager, agri, *m.*, countryside, territory, district

agere cum (*with abl.*) . . . **ut** to try to persuade

ago, egi, actum (3) do, discuss, deal with; practice; aim at; take legal action; enumerate; celebrate

aio, assert, say yes

alienus, -a, -um different, foreign to; someone else's

alii . . . alii some . . . others

VOCABULARY

aliqua ex parte in some way or
 another
aliqua mea pars virilis (*idiom.*)
 in some way my task
aliquam with **multi**, *adv.*, a considerable number
aliquando, *adv.*, at some time;
 now at last; at last
aliquanto, *abl.*, by a little,
 somewhat
aliquantus, -a, -um some,
 considerable
aliquis, aliquid someone, anyone, anything
aliquot (*indecl.*) some, a few,
 several
alius, alia, aliud another, other
alligo (1) fetter, bind
alter, -era, -erum one of two, the
 other; second
altitudo, -inis, *f.*, depth
altius, *comp. adv.*, too far back
 in time
altus, -a, -um high; deep
amens, -tis senseless, mad
amentia, -ae, *f.*, madness
amentum, -i, *n.*, strap, thong
amicitia, -ae, *f.*, friendship
amicus, -i, *m.*, friend
amicus, -a, -um friendly
amitto, -misi, -missum (3) lose
amnis, -is, *m.*, river
amo (1) love
amor, -oris, *m.*, affection, love
amplexus, -us, *m.*, embrace,
 encircling
amplitudo, -inis, *f.*, size;
 greatness

amplus, -a, -um splendid, glorious, distinguished
anguis, -is, *m.*, snake, serpent
angustiae, -arum, *f.pl.*, narrow
 place, straits
angustus, -a, -um narrow
animadverto, -rti, -rsum (3) notice, observe
animo (1) incline; dispose
animus, -i, *m.*, mind; soul;
 feeling
annales, -ium, *m.pl.*, records,
 historical works, chronicles
anniversarius, -a, -um annual,
 yearly
annus, -i, *m.*, year
ante, *adv.*, before, previously;
 earlier
ante (*prep. with accus.*) before
antea, *adv.*, before, formerly
antecedo, -cessi, -cessum (3)
 precede, take precedence
antecello (3) surpass (*with dat.*)
antepono, -posui, -positum (3)
 prefer, place before
antequam, *cj.*, before
antiquus, -a, -um old, ancient
antistes, -itis, *m./f.*, chief
 priest(ess)
antistita, -ae, *f.*, chief priestess
anulus, -i, *m.*, finger ring
aper, apri, *m.*, wild boar
apertus, -a, -um accessible,
 open; bare, exposed
Apollo, -onis, *m.*, the god Apollo
apparatus, -us, *m.*, splendor
apparo (1) make ready, equip,
 prepare

appellator, -oris, *m.*, one that appeals, appellant

appello (1) appeal, call upon for assistance; bring to trial

appendo, -ndi, -nsum (3) weigh out

appeto, -tivi, -titum (3) strive after, seek

appono, -posui, -positum (3) appoint, designate

appositus, -a, -um appropriate, suitable

apte, *adv.*, nicely, suitably, properly, closely

aptus, -a, -um suitable, fit

apud (*prep. with accus.*) in the possession of; at the house of; in the presence of; with; among; with respect to; in the eyes of

aqua, -ae, *f.*, water

aquilo, -onis, *m.*, north wind

aratus, -i, *m.*, farmer

arbitratus, -us, *m.*, free-will, choice

arbitrium, -i, *n.*, authority, power, control

arbitror (1) think; give judgment

arcessitus, -a, -um introduced

arcesso, -ivi, -itum (3) call, summon, introduce

arcus, -us, *m.*, bow

ardeo, -arsi, -arsum (2) be on fire, burn; flash

arduus, -a, -um steep

argenteus, -a, -um of silver

argentum, -i, *n.*, silver plate, silver

argumentum, -i, *n.*, proof; scene, subject

arma, -orum, *n.pl.*, weapons, armor

armarium, -i, *n.*, cupboard

armatus, -a, -um armed, equipped

arripio, -ripui, -reptum (3) seize, snatch

ars, artis, *f.*, knowledge, refinement; artistic quality; art

artifex, -icis, *m.*, artist; author

artificium, -i, *n.*, skill, knowledge; art, craft; workmanship

arula, -ae, *f.*, small altar

arx, arcis, *f.*, citadel, refuge

ascensus, -us, *m.*, ascent, approach

Asia, -ae, *f.*, Asia

aspectus, -us, *m.*, appearance, sight; looking at, glance

asperno (1) despise, reject

aspicio, -spexi, -spectum (3) look at

asportatio, -onis, *f.*, a carrying away

asporto (1) carry; bring away

Athenae, -arum, *f.pl.*, city of Athens

Atheniensis, -e, Athenian

atque, *cj.*, and; and even; and what is more

atrocitas, -atis, *f.*, harshness, severity; barbarity

atrox, -ocis terrible, cruel, severe

attendo, -di, -tum (3) pay attention, give attention to

VOCABULARY

attero, -trivi, -tritum (3) wear away

attingo, -tigi, -tactum (3) touch, touch on; engage in

attritus, -a, -um worn down; shameless

auctio, -onis, *f.*, auction

auctor, -oris, *m.*, authority, security

auctoritas, -atis, *f.*, authorization; prestige, credibility

audacter, *adv.*, boldly, rashly

audax, -acis bold, rash, daring

audeo, ausus sum (2) dare

audio (4) hear, listen to

auditio, -onis, *f.*, hearing, listening; report

aufero, abstuli, ablatum take, carry off, away

augeo, auxi, auctum (2) increase, enlarge

aurifex, -ficis, *m.*, gold smith

auris, -is, *f.*, ear

aurum, -i, *n.*, gold

aut, *cj.*, or, or else; **aut . . . aut** either . . . or

autem, *cj.*, however, moreover; on the other hand; but

auxilium, -i, *n.*, help

avaritia, -ae, *f.*, avarice, greediness

avarus, -a, -um greedy

avello, -velli, -vulsum (3) tear away, pull off

averto, -rti, -rsum (3) steal

avus, -i, *m.*, grandfather

B

barbarus, -i, *m.*, foreigner

barbarus, -a, -um foreign, strange

basilica, -ae, *f.*, public building in the forum

basis, -is, *f.*, base, pedestal

beatus, -a, -um prosperous, rich, fortunate

bellor (1) wage war

bellum, -i, *n.*, war

bellum indicare to declare war

bene, *adv.*, well; very much

beneficium, -i, *n.*, favor, kindness, grace

benignus, -a, -um kind

biennium, -i, *n.*, space of two years

bini, -ae, -a a pair

bis, *adv.*, twice

bona, -orum, *n.pl.*, goods, possessions

Bona Fortuna, -ae, *f.*, the goddess, Good Fortune

bonus, -a, -um good

brevis, -e short, brief

breviter, *adv.*, briefly

bucina, -ae, *f.*, horn

bucula, -ae, *f.*, young cow, heifer

bullae, -arum, *f, pl.*, studs, knobs

C

cado, cecidi, casum (3) fall

caedes, -is, *f.*, slaughter

caedo, cecidi, caesum (3) beat, flog (with **virgis**)

caelato (1) carve, engrave, adorn

VOCABULARY

caelator, -oris, *m.*, engraver

caelatus, -a, -um engraved

caelum, -i, *n.*, sky

calamitas, -atis, *f.*, disaster, damage; defeat

calamitosus, -a, -um destructive

candelabrum, -i, *n.*, lamp-stand

canis, -is, *m.*, dog

capio, cepi, captum (3) take, seize, capture, hold

capitalis, -e capital

Capitolium, -i, *n.*, Capitol, temple of Jupiter in Rome

caput, capitis, *n.*, head

careo, ui, — (2) be without, want, miss, be deprived (*with abl.*)

Carthaginiensis, -e, Carthaginian

Carthago, -inis, *f.*, Carthage, a city in north Africa

castimonia, -ae, *f.*, purity, chastity

castra, -orum, *n.pl.*, military camp

castra commoverat he had decamped

casu, *adv.*, by chance

casus, -us, *m.*, falling; end

causa, -ae, *f.*, cause, reason; case

cautum est, *impers. pass.*, there was a guarantee

caveo, cavi, cautum (2) take care, be careful; have a care for

cedo, bring here! (*old imperative form*)

celeber, -bris, -bre distinguished, celebrated; crowded

cella, -ae, *f.*, sanctuary

celo (1) conceal; hide

cena, -ae, *f.*, dinner

ceno (1) dine

cera, -ae, *f.*, wax

certe, *adv.*, surely, certainly

certiorem facere to inform (someone)

certo (1) contend with, vie with

certo scio (4) I am fully persuaded

certus, -a, -um sure, true, dependable

ceteri, -ae, -a the others, the rest

ceterus, -a, -um the rest of, the remainder

Cilices, -um, *m.pl.*, the Cilicians, inhabitants of Cilicia

cingo, cinxi, cinctum (3) make ready; enclose; surround

circa (*prep. with acc.*) around

circensis, -e belonging to the circus

circumcisus, -a, -um precipitous

circumvenio (4) surround, beset

cito, *adv.*, quickly

citreus, -a, -um of citrus wood

civis, -is, *m.*, citizen

civitas, -atis, *f.*, state (a city and its territory)

clam, *adv.*, secretly

clamo (1) shout; proclaim

clamor, -oris, *m.*, shout, cry; complaint; din

clarus, -a, -um eminent, renowned, illustrious

classis, -is, *f.*, fleet

claudo, -si, -sum (3) shut, shut in, close

claustra, -orum, *n.pl.*, locks

VOCABULARY

clava, -ae, *f.*, club, cudgel
clemens, -tis mild, calm, gentle
clementia, -ae, *f.*, moderation, mercy
cliens, -tis, *m.* client
clientela, -ae, *f.*, protection
coacervo (1) accumulate; heap together
coaedifico (1) build on
coarguo (3) demonstrate; prove guilty
coemo, -emi, -emptum (3) buy up
coepi (perf.), **coeptum** (3) began
cogitatio, -onis, *f.*, thought
cogito (1) think, reflect upon
cognatio, -onis, *f.*, blood-relationship
cognitio, -onis, *f.*, conception, knowledge, idea; recognition
cognomen, -inis, *n.*, surname, family name
cognosco, -gnovi, -gnitum (3) become acquainted with
cognovi (*perf.*) know, learn
cogo, coegi, coactum (3) collect; compel, force
cohibeo, -bui, -bitum (2) restrain, hinder
cohors, -tis, *f.*, retinue, suite of a governor
collegium, -i, *n.*, association
colligo, -legi, -lectum (3) collect, consider
collum, -i, *n.*, neck
colo, colui, cultum (3) pay devotion to, honor, celebrate
comitatus, -us, *m.*, staff, retinue

commemoratio, -onis, *f.*, a mentioning, reminding
commemoro (1) recount, mention, remember
commendaticius, -a, -um serving as a letter of recommendation
commendo (1) commend, recommend; trust in
commercium, -i, *n.*, trade, traffic
comminuo, -ui, -utum (3) shatter; shatter into pieces
committo, -misi, -missum (3) commit, place; have confidence in; act in such a way that; venture
commode, *adv.*, skillfully; suitably, fitly, aptly
commodo (1) lend, furnish; benefit
commodum, -i, *n.*, loan
commodus, -a, -um suitable, appropriate
commonefacio, -feci, -factum (3) draw attention to; impress something on a person
commoneo (2) remind
commotus, -a, -um moved, excited
commoveo (2) rouse, disturb, agitate; produce
communico (1) share with
communis, -e public, common
comparo (1) compare
comperendino (1) adjourn a trial
comperio, -peri, -pertum (4) learn, discover
compilo (1) plunder
complector, -plexus sum (3) embrace; cover

compleo, -evi, -etum (2) fill up, complete, cover

complures, -ium several, very many

compono, -posui, -positum (3) compare; place, put together

comporto (1) carry, bring together

comprobo (1) confirm; justify, live up to

conatum, -i, *n.*, attempt, effort

conatus, -us, *m.*, attempt

concedo, -cessi, -cessum (3) grant, admit

conchylium, -i, *n.*, purple dye

concido, -cidi, —— (3) drop in value

concipio, -cepi, -ceptum (3) plan, conceive

conclamo (1) shout together; cause general applause

conclave, -is, *n.*, dining-room

concludo, -clusi, -clusum (3) shut up, confine; end

concupio (3) be very desirous, long much for

concurro, -curri, -cursum (3) run together; engage in conflict; join battle

concursus, -us, *m.*, throng, crowd; attack, assault

condemno (1) try and convict

condicio, -onis, *f.*, agreement, terms; condition

condo, -didi, -ditum (3) found, establish; hide

confero, -tuli, -latum, -ferre remove, transfer; compare

confessio, -onis, *f.*, confession

conficio, -feci, -fectum (3) complete, prepare; keep (records); produce

confirmo (1) assert, affirm

confiteor, -fessus sum (2) confess

confluo, -fluxi, —— (3) flow together

confugio, -fugi, -fugitum (3) flee

conicio, -ieci, -iectum (3) infer, conjecture

coniectura, -ae, *f.*, inference, conjecture

coniunctio, -onis, *f.*, juncture

coniunctus, -a, -um allied, kindred; joined

coniungo, -iunxi, -iunctum (3) connect, join; unite

conloco (1) put, place

conluceo (2) make light, shine

conor (1) attempt, try

conqueror, -questus sum (3) lament, complain

conquiro, -sivi, -situm (3) hunt down, search for carefully

conscius, -i, *m.*, accomplice

conscius, -a, -um privy to (*with dat.*)

consecro (1) dedicate, consecrate

consequor, consecutus sum (3) understand

conservo (1) keep safe, preserve

considero (1) consider, look at, contemplate

consiliarius, -i, *m.*, adviser, counselor

consilium, i, *n.*, advice; council; resolution

conspectus, -us, *m.*, look, sight, view

constat, *impers.*, it is well
known, undisputed; it is agreed
constituo, -ui, -utum (3) place,
settle; set up, establish
consto, -stiti, -staturus (1) exist,
remain; consist; cost
consuesco, -evi, -etum be accustomed to, be in the habit of
consuetudo, -inis, *f.*, habit,
practice
consul, -ulis, *m.*, consul
consumo, -mpsi, -mptum (3)
consume, spend
consurgo, -surrexi, -surrectum
(3) rise, stand up
contemmo, -psi, -ptum (3)
despise
contemplor (1) survey, consider
contentus, -a, -um satisfied,
content
contestor (1) call to witness
continentia, -ae, *f.*, self-restraint,
temperance
contineo (2) hold, house, enclose, contain; connect; *pass.*,
be filled with
continuo, *adv.*, immediately
continuus, -a, -um uninterrupted,
continuous, successive
contio, -onis, *f.*, meeting,
assembly
contra (*prep. with accus.*) against
contra, *adv.*, on the contrary;
opposite
contra ac otherwise than
contra dicere to speak as a coun-
sel of the adversary
controversia, -ae, *f.*, quarrel,
dispute, debate

contumacia, -ae, *f.*, obstinacy,
stubbornness
contumelia, -ae, *f.*, insult, abuse
conturbo (1) disturb
convello, -velli, -vulsum (3) tear
away, pluck up; destroy
convenio (4) assemble
convenire optime cum (*abl.*) to
be on the best of terms with
convenit, *impers.*, it is fitting,
suitable, appropriate
conventus, -us, *m.*, assembly,
public gathering
conversus, -a, -um facing
converto, -rti, -rsum (3) turn to;
reverse
convicium, -i, *n.*, noise, clamor
convinco, -vici, victum (3) convict; refute
conviva, -ae, *m.*, table companion, guest, boon companion
convivium, -i, *n.*, feast, banquet
convoco (1) call together,
assemble
copia, -ae, *f.*, wealth, riches;
richness
copiae, -arum, *f. pl.*, supplies,
furnishings
copiose, *adv.*, in great abundance, plentifully
copiosus, -a, -um wealthy,
plentiful
copulor (1) struggle together
Corduba, -ae, *f.*, Corduba, a
town in Spain
Corinthius, -a, -um Corinthian,
from Corinth
corollarium, -i, *n.*, tip; gift
corona, -ae, *f.*, wreath, garland

corpus, -oris, *n.*, body
cotidiano, *adv.*, daily
cotidianus, -a, -um daily
cotidie, *adv.*, daily
cratera, -ae, *f.*, wine bowl
creber, -bra, -brum thick, frequent, abundant
crebro, *adv.*, frequently, repeatedly
credo, -didi, -ditum (3) believe, trust (*with dat.*)
cresco, crevi, cretum (3) grow, increase
cretula, -ae, *f.*, clay
crimen, criminis, *n.*, charge; crime
criminor (1) accuse, charge with a crime
cruciatus, -us, *m.*, torture
crudelis, -e, cruel
crudelitas, -atis, *f.*, cruelty
crusta, -ae, *f.*, embossed work
crux, crucis, *f.*, cross
cubo, -bui, -bitum (1) lie down, rest
cuius modi, *gen.*, of what kind?
culpa, -ae, *f.*, guilt, fault
cultus, -us, *m.*, cultivation, labor
cum . . . tum, *cj.*, both . . . and
cum . . . tum, *cj.*, not only . . . but also
cum (*prep. with abl.*) with
cum, *cj.*, when, since, although (sometimes with **tamen**)
cunctus, -a, -um all, all together, the whole
cupiditas, -atis, *f.*, desire, passion, longing

Cupido, -inis, *f.*, Cupid, son of Venus
cupidus, -a, -um eager, desiring
cupio, cupivi(-ii), -itum (3) desire, wish
cur, *adv.*, why?
cura, -ae, *f.*, attention, concern
curia, -ae, *f.*, senate house
curo (1) attend to, see to, take care to . . .
currus, -us, *m.*, chariot
curso (1) run to and fro
custodio (4) protect, preserve
custos, -odis, *m.*, protector, guard
cybaea, -ae, *f.*, transport or cargo ship

D

damno (1) condemn
damnum, -i, *n.*, loss, damage
de (*prep. with abl.*) about, concerning; from
dea, -ae, f., goddess
debeo (2) must, ought to; owe
decedo, -cessi, -cessum (3) go away, depart
decemviralis, -e relating to a board of ten men
decerno, -crevi, -cretum (3) decide; resolve, pass a decree
decido, -cidi, -cisum (3) fall, fall down
declaro (1) proclaim, explain
decor, -oris, *n.*, charm, beauty; ornament, adornment
decretum, -i, *n.*, decree
decuma, -ae, *f.*, a tithe, a tax on landholders in a province

VOCABULARY

dedecus, -oris, *n.*, disgrace, shame

dedico (1) dedicate, consecrate

deduco, -duxi, -ductum (3) produce (as a witness)

defendo, -di, -sum (3) ward off, protect, defend

defensio, -onis, *f.*, defense

defensor, -oris, *m.*, protector (against)

defero, -tuli, -latum, -ferre remove, deliver; report

deferre rem ad senatum to report a matter to the senate

deficio, -feci, -fectum (3) be wanting, run out

defigo, -fixi, -fixum (3) fix, fasten (into); plant

definio (4) limit, finish

deformo (1) disfigure

deicio, -ieci, -iectum (3) throw down, cast down, destroy; avert

deinde, *adv.*, then, afterward

delecto (1) delight, please; *pass.*, take pleasure in

deleo, -evi, -etum (2) destroy

Deliacus, -a, -um Delian, from Delos

delicatus, -a, -um charming, delightful

deliciae, -arum, *f.pl.*, treasure, luxury; darling

deligo (1) fasten, bind fast, tie

deligo, -legi, -lectum (3) choose, select

Delphicus, -a, -um Delphic, belonging to Delphi

demitto, -misi, -missum (3) drop, let down

demolior (4) remove, destroy, demolish

demolitio, -onis, *f.*, a tearing down

demonstratio, -onis, *f.*, description, explanation

demonstro (1) show, point out, describe; allege

demorior, -mortuus sum (3) die

demoveo, -movi, -motum (2) drive out

denarius, -i, *m.*, Roman silver coin

denique, *adv.*, finally

dens, dentis, *m.*, tooth

denuntio (1) menace, threaten

depeculatus, -us, *m.*, a swindling

depeculor (1) plunder, rob, swindle

depono, -posui, -positum (3) place, set down

deporto (1) carry away; bring home, bring with

deposco, -poposci, — (3) demand, require

deprecatio, -onis, *f.*, appeal to mercy

deprendo, -ndi, -ensum (3) seize; confine

desero, -serui, -sertum (3) forsake, abandon

desertus, -a, -um deserted, lonely

desideo, -sedi, — (2) sit idle

desiderium, -i, *n.*, longing, desire

desidero (1) miss, lack; demand; *pass.*, be missing, found missing

VOCABULARY

desino, -sii, -situm (3) stop, cease (*with the infin.*)

desperatus, -a, -um desperate; despised

despicio, -spexi, -spectum (3) look down upon; disdain

despolio (1) plunder

desum -fui, -esse be lacking; fail; neglect duty to (*with dat.*)

detraho, -traxi, -tractum (3) take away, remove, tear off; drag; speak disparagingly

detrimentum, -i, *n.*, damage, loss

deturbo (1) thrust down, throw down

deus, -i, *m.*, god; **di** = *nom. pl.*; **dis** = *dat. and abl. pl.*

devenio, -veni, -ventum (4) come to, arrive

deversor (1) lodge as a guest

deverto, -rti, -rsum (3) go to lodge, put up; digress

dexter, -tra, -trum right; on the right hand

dicere sententiam to pronounce a decision

dicio, -onis, *f.*, power, authority

dicis causa (*archaic genitive*) for the sake of appearance

dico (1) dedicate, consecrate

dico, dixi, dictum (3) say, speak

dictio, -onis, *f.*, delivery

dicto audiens esse (*with dat.*) to obey

dictu, *abl. of the supine from* **dico**; *cf.*, **incredibile dictu**

dies, -ei, *m. and f.*, day

difficilis, -e difficult

difficultas, -atis, *f.*, difficulty

digitus, -i, *m.*, finger

dignitas, -atis, *f.*, rank, high office; dignity, worthiness

dignus, -a, -um worthy

digredior, -gressus sum (3) depart, digress

diiungo -iunxi, -iunctum (3) separate

diligens, -tis careful, scrupulous, diligent

diligenter, *adv.*, diligently

diligentia, -ae, *f.*, carefulness, attentiveness

diligo, -lexi, -lectum (3) love, esteem, prize

diluo, -lui, —— (3) dissolve, do away with; remove

dimitto, -misi, -missum (3) send away, dismiss

directus, -a, -um steep

direptio, -onis, *f.*, a plundering

diripio, -ripui, -reptum (3) plunder; pillage

Dis, -itis Pater Pluto, god of the underworld

discedo, -cedi, -cessum (3) go away, depart, leave; end up

discessio, -onis, *f.*, a going over (as in a vote)

discessio facta est a vote was taken

disciplina, -ae, *f.*, learning, education, society

disco, didici, —— (3) learn, find out

disicio, -ieci, -iectum (3) disperse

disiunctus, -a, -um separated from

234

VOCABULARY

disiungo, -iunxi, -iunctum (3)
  separate
disperse, *adv.*, here and there
displiceo, -ui, (-itum) (2) dis-
  please (*with dat.*)
disposite, *adv.*, methodically
dissimilis, -e dissimilar, unlike
  (*with gen.*)
dissolutio, -onis, *f.*, destruction,
  falling apart
dissolutus, -a, -um lax, negligent
dissuadeo, -suasi, -suasum (2)
  advise against
distinguo, -inxi, -inctum (3) treat
  separately; adorn, decorate
diu, *adv.*, a long time
diuturnus, -a, -um lasting, long
divarico (1) stretch apart; place
  astraddle
diversus, -a, -um separate, far
  apart
divido, -visi, -visum (3) separate,
  divide
divinitus, *adv.*, divinely
divinus, -a, -um divine
divisor, -oris, *m.*, hired bribery
  agent
do, dare, dedi, datum give
doceo, -docui, -doctum (2) inform, tell, teach
doctus, -a, -um learned, skilled
dolor, -oris, *m.*, pain; grief,
  sorrow
domesticus, -a, -um belonging to
  the house or family; private
domi, *loc.*, at home
domicilium, -i, *n.*, dwelling,
  abode, home
dominus, -i, *m.*, master

domus, -us, *f.*, house
donatio, -onis, *f.*, gift
donec, *cj.*, as long as, while;
  until
dono (1) give, grant
donum, -i, *n.*, gift
dubitatio, -onis, *f.*, hesitation
dubito (1) hesitate; deliberate;
  (with a negative) doubt
dubius, -a, -um uncertain,
  undecided
duco, duxi, ductum (3) draw
dudum, *adv.*, a short time ago,
  formerly
dulcis, -e sweet, fresh
dum, *cj.*, while, as long as; until;
  provided that
duo, -ae, -o two
dux, ducis, *m.*, leader

E

ea re, *abl.*, therefore, on that
  account
ebur, eboris, *n.*, ivory
eburneus, -a, -um made of ivory
ecce, *adv.*, lo! behold!
ecfringo, -fregi, -fractum (3)
  break open
ecqui, ecqua, ecquod any . . . at
  all?
ecquis, ecquid (is there) any
  (one, thing)?
eculeus, -i, *m.*, young horse; with
  argenteus, silver drinking cup
editus, -a, -um lofty
edo, -didi, -ditum (3) produce,
  put out; publish; proclaim
educo -duxi, -ductum (3)
  educate

VOCABULARY

effero, -tuli, -latum, -ferre praise; utter, spread abroad
effluo, -fluxi (3) escape; flow out
effringo, -fregi, -fractum (3) break open or away
effugio, -fugi, (fugitum) (3) escape
egestas, -atis, *f.*, need, want
ego (*pers. pron.*) I
egregie, *adv.*, excellently, finely
egregius, -a, -um excellent, distinguished
eicio, ieci, iectum (3) drive out, expel
elaboratus, -a, -um elaborate
elaboro (1) work out, elaborate
electus, -a, -um select
elegans, -tis refined, discriminating
eligo, -legi, -lectum (3) choose, pick out
emblema, -tis, *n.*, relief work
emergo, -rsi, -rsum (3) come forth
emitto, -misi, -missum (3) let go, set free
emo, emi, emptum (3) buy; pay
emptio, -onis, *f.*, purchase
enim, *adv.*, for, truly, indeed, in fact
enim vero, *adv.*, truly, certainly, but indeed
enumero (1) count up, reckon
eo, *adv.*, for that reason, on that account; there, thither
eo, ii (ivi), itum, ire go
eodem modo, *adv.*, in the same way
epigramma, -atis, *n.*, inscription

epistula, -ae, *f.*, letter
eques, -itis, *m.*, knight, member of the equestrian order
equestris, -e equestrian
equidem, *adv.*, truly, indeed, for my part
equito (1) ride
equus, -i, *n.*, horse
ereptio, -onis, *f.*, a forcible taking away, seizure
erga (*prep. with accus.*) toward; on account of, because of
eripio, -ripui, -reptum (3) snatch away; rob
erratum, -i, *n.*, error, fault
erro (1) be mistaken; err
error, -oris, *m.*, wandering
eruditus, -a, -um learned
erumpo, -rupi, -ruptum (3) emit, rush forth
escendo, -ndi, -sum (3) ascend, mount
esto (*future imp. of* **sum**) granted!
et, *cj.*, and; **et . . . et** both . . . and
etenim, *adv.*, for; and indeed
etiam, *cj.*, still, even, again, even now
etiam atque etiam, *adv.*, again and again
etiamsi, *cj.*, even if, although
evello, -velli, -vulsum (3) tear out; pull, pluck out
evenio, -veni, -ventum (4) happen, occur
everriculum, -i, *n.*, broom, dragnet
everro, -verri, -rsum (3) clean out, plunder completely

236

everto, -rti, -rsum (3) demolish, destroy

evoco (1) summon, call out; challenge

evulgo (1) make known

e, ex (*prep. with abl.*) out of, from; in accordance with

ex ordine according to rank

excavo (1) hollow out

excelsus, -a, -um high, tall

excito (1) stir up, excite, summon

excludo, -si, -sum (3) shut out

excogito (1) contrive, devise

excusatio, -onis, *f.*, excuse

excutio, -cussi, -cussum (3) shake out; extort

exemplum, -i, *n.*, model, pattern, example

exeo, -ii, -itum -ire go out, away

exerceo, -ui, -itum (2) train; with **arma**, do military exercises

exercitus, -us, *m.*, army

exigo, -egi, -actum (3) expel; require, requisition

eximere de reis to remove from the lists of those on trial

eximius, -a, -um excellent, distinguished

eximo, -emi, -emptum (3) remove

existimatio, -onis, *f.*, reputation, judgment, opinion

existimo (1) think, consider

exitus, -us, *m.*, outlet, head (of a harbor)

exorno (1) adorn, decorate, embellish

expedio (4) extricate

experiens, -tis active, industrious

expers (*prep. with gen.*) free of or from

expeto, -petivi, -petitum (3) seek after

expilo (1) pillage; plunder

expio (1) purify, expiate; atone for

expleo, -plevi, -pletum (2) satisfy, fill up

explico (1) disentangle

expono, -posui, -positum (3) set out, display

exporto (1) carry off

expugno (1) storm, take by assault

exquiro, -sivi -situm (3) seek diligently; investigate

exsisto, -stiti, —— (3) come forth, appear

exspecto (1) wait for; desire; anticipate

exspolio (1) pillage, plunder

exstinguo, -inxi, -inctum (3) destroy, kill, annihilate

exsul, -is, *m.*, exile

externus, -a, -um foreign, strange

exterus, -a, -um foreign

extorqueo, -torsi, -tortum (2) wrest away

extremus, -a, -um the end of

exturbo (1) drive out

F

fabula, -ae, *f.*, story, tale, legend

facere verba to make a speech

VOCABULARY

facesso, -ivi (-ii), -itum (3) perform, cause; depart
facete, *adv.*, wittily, humorously
facile, *adv.*, easily, willingly, certainly
facilis, -e easy
facinus, -oris, *n.*, crime; deed
facio, feci, factum (3) do, make; suppose, see to it (that); have something made; value; suffer; pass a (decree)
factum, -i, *n.*, deed
facultas, -atis, *f.*, opportunity, means
fallo, fefelli, falsum (3) deceive; cheat
falsus, -a, -um pretended, deceitful
fama, -ae, *f.*, report, rumor
familia, -ae, *f.*, family, household; slaves
familiaris, -is, *m.*, friend
familiariter, *adv.*, on friendly terms, familiarily
familiariter uti to be on familiar terms with (*abl.*)
familias *archaic genitive of* **familia**
fanum, -i, *n.*, temple, sanctuary
fas, *n.* (*indecl.*) divine law; what is right or lawful
fasces, -ium, *m.pl.*, bundle of rods and an axe; high office
fasti, -orum, *m.pl.*, calendar
fateor, fassus sum (2) confess, acknowledge
fax, facis, *f.*, torch
Felicitas, -atis. *f.*, goddess of fertility, fruitfulness

femur, -oris, *n.*, thigh
fere, *adv.*, almost, quite, entirely
ferendus, a, um to be endured
fero, tuli, latus, ferre bear, carry; allow
ferrum, -i, *n.*, sword
ferunt, ferebantur (idiom.) they say, they said
festus, -a, -um festal, festive
fictus, -a, -um false, lying
fidelis, -e faithful, trusty
fidelitas, -atis, *f.*, faithfulness, trustiness
fides, -ei, *f.*, trust, good faith, sanctity
figo, fixi, fixum (3) fasten, attach
filius, -i, *m.*, son; child
fingo, finxi, fictum (3) form, fashion, model; sculpt; imagine, invent, feign
finis, -is, *m.*, end; boundary, border
fio, factus sum, fieri become; make; be esteemed; provide
fixus, -a, -um fixed, immovable
flagitiosus, -a, -um shameful, infamous
flagitium, -i, *n.*, shameful act, outrageous behavior
flagito (1) ask urgently, entreat; demand
flagro (1) burn, be aflame
flamma, -ae, *f.*, fire, flame; conflagration
fleo, -evi, -etum (2) weep; lament
fletus, -us, *m.*, weeping, wailing
florens, -tis flourishing
floreo, -ui, — (2) flourish, be prosperous; bloom

VOCABULARY

flos, -oris, *m.*, flower
fluctus, -us, *m.*, surge, billow (of the sea)
fluo, -uxi, —— (3) flow
foederatus, -a, -um allied
foedus, -eris, *n.*, treaty, agreement
fons, -tis, *m.*, spring, fountain
fore, alternative future infinitive of **sum**
fores, -ium, *f.pl.*, folding doors, doors
foris, *adv.*, out of doors, in public
forma, ae, *f.*, shape, appearance
formosus, -a, -um beautiful
fors, forte, *f.*, chance
forsitan, *adv.*, perhaps
fortasse, *adv.*, perhaps
forte, *adv.*, by chance
fortis, -e brave, strong
fortuna, -ae, *f.*, fortune, luck
Fortuna, -ae, *f.*, the goddess Fortune or Fate
forum, -i, *n.*, forum; market-place; courts
frango, fregi, fractum (3) break
frater, -tris, *m.*, brother; here cousin
fraus, fraudis, *f.*, fraud, crime, offense; damage
frequens, -tis crowded, in a body
frigus, -oris, *n.*, cold
fructus, -us, *m.*, produce, fruit; enjoyment; profit
frugi (*indecl. adj.*) thrifty, honest
frumentum -i, *n.*, corn
fuga, -ae, *f.*, flight

fugio, fugi, fugitum (3) flee, escape
fugitivus, -i, *m.*, thug, jail-bird
fugitivus, -a, -um fugitive
fugo (1) put to flight, drive away
fuit . . . in deliciis (*idiom.*) he was regarded with favor by
fulgor, -oris, *m.*, brightness
funditus, *adv.*, completely; utterly
funis, -is, *m.*, rope
furiosus, -a, -um mad, furious
furo, ——, —— (3) rage, be mad
furor, -oris, *m.*, rage, madness, frenzy
furor (1) steal, pilfer
furtum, -i, *n.*, theft; stolen object
fustis, -is, *m.*, club

G

galea, -ae, *f.*, helmet
gaudeo, gavisus sum (*with dat.*) (2) rejoice in, be glad
gemitus, -us, *m.*, groaning
gemma, -ae, *f.*, gem, jewel
gemmeus, -a, -um set with jewels, gems
gener, -eri, *m.*, son-in-law
genera -um, *n.pl.*, groups (of charges); topics, category
gens, gentis, *f.*, people, race
genus, -eris, *n.*, kind, type; race, birth, family
germanus, -a, -um genuine, real
gero, gessi, gestum (3) conduct, accomplish
gloria, -ae, *f.*, glory
Graece, *adv.*, in Greek

Graeculus, -a, -um Greek (in a contemptuous sense)

Graecus, a, -um Greek

gramineus, -a, -um of reed, of bamboo

grandis, -e large, large amount of, great; aged

gratia, -ae, *f.*, influence

gratias agere to thank

gratiis, *adv.*, for nothing

gratiosus, -a, -um popular

gratulatio, -onis, *f.*, joy; congratulation

gratus, -a, -um pleasing, agreeable, charming

gravis, -e weighty, important; oppressive; unpleasant

graviter, *adv.*, vehemently, harshly, violently, deeply

graviter ferre (from **fero**) to be much distressed

gravius, *comp. adv.*, rather violently

gula, -ae, *f.*, throat, gullet

gymnasiarchus, -i, *m.*, the master of a gymnasium

gymnasium, -i, *n.*, physical training school; athletic ground

H

habeo (2) have, hold; know; consider; *pass.*, be considered

habito (1) dwell, reside

habitus, -us, *m.*, appearance, state

hactenus, *adv.*, thus far, to this extent

hasta, -ae, *f.*, spear

hereditarius, -a, -um inherited

hereditas, -atis, *f.*, inheritance, windfall

heres, -edis, *m.*, heir; owner

hic, *adv.*, here; in this affair; on this occasion

hic, haec, hoc this; here (in court)

hiemo (1) pass the winter

hiems, -emis, *f.*, winter

hinc, *adv.*, from this place, hence

Hispania, -ae, *f.*, Spain

histrio, -onis, *m.*, actor, player

homo, hominis, *m.*, man, human being

honestus, -a, -um noble, worthy, respected; honorable

honorifice, *adv.*, honorably

honos, -oris, *m.*, reputation; public office; honor

hora, -ae, *f.*, hour

hortor (1) encourage, exhort

hortus, -i, *m.*, garden

hospes, -itis, *m.*, guest; host

hospitalis, -e having to do with hospitality; hospitable

hospitium, -i, *n.*, lodging

hostes, -ium, *m.pl.*, enemy

hostilis, -e of the enemy, hostile

HS abbreviation for **sestertius**

huc, *adv.*, to this place

humanitas, -atis, *f.*, education, good manners; humanity, kindness

humanus, -a, -um well educated, refined

hydria, -ae, *f.*, jug, urn

I

iaceo, -ui, (iaciturus) (2) lie down, sleep

iacio, ieci, iectum (3) throw, hurl

iacto (1) boast; with **se**, talk boastfully of one's self

iam, *adv.*, already, now; (*with negative*) no longer

iam dudum, *adv.*, (now) for a long time

ibidem, *adv.*, then and there; in the same place

idcirco, *adv.*, on that account

idem . . . quam the same . . . as

idem, eadem, idem the same; also

ideo, *adv.*, on that account

idiota, -ae, *m.*, an uncultured person

idoneus, -a, -um fit, proper, suitable; sufficient

igitur, *cj.*, therefore

ignarus, -a, -um unacquainted with

ignis, -is, *m.*, fire

ignominia, -ae, *f.*, civic disgrace

ignominius, -a, -um disgraceful

ignoro (1) not to know

ignosco, -gnovi,-gnotum pardon (*with the dat.*)

ille, illa, illud that, that famous

illic = ille + ce such a man

illinc, *adv.*, from that place, thence

illuc, *adv.*, to that place or point

imago, -inis, *f.*, image, portrait, likeness; death mask

imber, -bris, *m.*, rain

imitor (1) imitate, copy

immanis, -e savage, enormous

imminuo, -ui, -utum (3) diminish, weaken

immitto, -misi, -missum (3) send in, let loose

immo, *adv.*, on the contrary; no!

immo vero, *adv.*, nay rather

immortalis, -e immortal

immunis, -e free from obligation

impedimenta, -orum, *n.pl.*, luggage, traveling equipment

impedio (4) hinder, prevent, obstruct, check

impeditus, -a, -um hindered

impendo, -ndi, -ensum (3) expend

imperator, -oris, *m.*, general

imperia, -orum, *n.pl.*, exactions

imperium, -i, *n.*, command, power, rule; governorship

impero (1) command, order, levy (*with dat.*)

impetro (1) accomplish; obtain

impetus, -us, *m.*, attack

imploro (1) implore, beseech

impono, -posui, -positum (3) place upon, apply; put on board ship

importunus, -a, -um cruel, savage

improbitas, -atis, *f.*, dishonesty

improbo (1) reject

improbus, -a, -um dishonest; wicked, shameless

imprudens, -tis unwitting, unaware; rash, unwise

impudens, -tis shameless

VOCABULARY

impudentia, -ae, *f.*, shameless-
ness, impudence
impune, *adv.*, unpunished, safely
impunitus, -a, -um unpunished
impunius, *comp. adv.*, at rather
little risk
impurus, -a, -um defiled, infamous
in (*prep. with accus.*) into; in the
matter of; in dealing with
in (*prep. with abl.*) in, on; in the
case of
in altum, *acc.*, into the deep
(sea)
in crimine esse to be charged
with a crime
in primo, *abl.*, exceptionally
inambulo (1) walk up and down
inanis, -e fraudulent; empty-
handed
incendo, -cendi, -censum (3) set
on fire, inflame, burn
incido, incidi, incisum (3) cut
into, engrave
incido, -cidi, -casum make a
slip, fall; happen
incipio, coepi, coeptum (3) begin, undertake
includo, -si, -sum (3) attack; in-
sert; shut up
incola, -ae, *m./f.*, inhabitant,
resident
**incolo, -colui, —— ** (3) dwell,
inhabit
incolumnis, -e uninjured, un-
harmed, safe and sound
incommodum, -i, *n.*, misfortune,
trouble

incredibilis, -e incredible, extraordinary
incredibile dictu incredible to say
incultus, -a, -um uncultivated,
unpolished
incunabula, -orum, *n.pl.*, cradle,
birthplace
index, -icis, *m.*, sign; informer,
betrayer
indicium, -i, *n.*, evidence, proof
indico (1) show, declare, point
indignitas, -atis, *f.*, shamefulness
indignus, -a, -um shameful,
unworthy
industria, -ae, *f.*, diligence,
energy
industrius, -a, -um diligent,
energetic
inertia, -ae, *f.*, laziness
infamis, -e infamous, disgraceful
infinitus, -a, -um bottomless
infirmus, -a, -um weak, feeble
infitior (1) deny
inflammo (1) set on fire; excite
infra (*prep. with acc.*) below,
beneath
infula, -ae, *f.*, sacred fillet
ingeniosus, -a, -um talented
ingenium, -i, *n.*, talents, abilities
ingenuus, -i, *m.*, a free born
person
ingratiis, *adv.*, unwillingly
inimicus, -i, *m.*, enemy
inimicus, -a, -um hostile
iniquus, -a, -um wrong, unjust;
excessive
iniuria, -ae, *f.*, injury, injustice,
wrong

VOCABULARY

iniussu, *abl.*, without orders
inligo (1) attach, fasten
inlustris, -e distinguished, famous
inlustro (1) light up; explain
innatus, -a, -um inborn
innocens, -tis innocent
inquam (*defective verb*) I say; *cf.* **inquit, inquiunt**
inquiro, -sivi, -situm (3) search for, conduct an investigation
inrideo (2) laugh at
inrisio, -onis, *f.*, mockery
insania, -ae, *f.*, insanity, madness
insanio (4) be mad, rage
insanus, -a, -um mad, raving
inscribo, -scripsi, -scriptum (3) write upon, inscribe
insero, -rui, -rtum (3) put in
insigne, -is, *n.*, symbol, token, mark
insignis, -e remarkable, distinguished
insimulo (1) charge; accuse, blame falsely
insisto, -stiti, —— (3) stand upon, stood
insitus, -a, -um ingrafted, implanted
insolentia, -ae, *f.*, arrogance
inspecto (1) look at, observe, view
inspicio, -spexi, -spectum (3) examine, observe, have a look at
instituo, -ui, -utum (3) construct, establish, make
institutum, -i, *n.*, custom, practice, principles

insto, -stiti, (-staturus) (1) threaten, press in a hostile fashion
instructus, -a, -um furnished, provided with
instrumentum, -i, *n.*, material, ornament, goods
instruo, -struxi, -structum (3) furnish, equip, prepare
insula, -ae, *f.*, island
insum, -fui, -esse be present, be contained in
integer, -gra, -grum untouched, unused; honest
intellegentia, -ae, *f.*, intellegence, understanding
intellego, -exi, -ectum (3) understand, perceive
intellegens, -tis intelligent, well skilled in matters of taste
intempestus, -a, -um timeless; with **nox**, the dead of night
inter (*prep. with acc.*) between, among; during
interdum, *adv.*, sometimes, in the meantime
interea, adv., in the meantime
intereo, -fui, -esse (2) perish
interficio, -feci, -fectum (3) kill
interior, -ius, *comp. adj.*, inner, interior
interpello (1) propose an amendment
interpres, -etis, *m.*, interpreter, agent
interpretor (1) interpret to suit one's self; explain, understand
interrogo (1) question, ask

VOCABULARY

intersum, -fui, -esse be different,
difffer

interverto (3) embezzle, defraud

intimus, -a, -um the innermost
part of

intolerandus, -a, -um unbearable

intra (*prep. with acc.*) within

introduco, -duxi, -ductum (3)
lead or bring into

introitus, -us, *m.*, entrance

inveho, -vexi, -vectum (3) carry
in; bring upon; pursue to attack

invenio (4) come upon; meet
with; discover

inventor, -oris, *m.*, discoverer,
inventor

investigo (1) search into, track
out, trace out

invictus, -a, -um unconquered

invideo, -vidi, -visum (2) envy
(*with the dat.*)

invidiosus, -a, -um causing
hatred

inviolatus, -a, -um unhurt, in-
violable

invito (1) invite, entertain

invitus, -a , -um unwilling

involucrum, -i, *n.*, wrappings,
covering

involutus, -a, -um wrapped up

ipse, -a, -um self; himself, herself; itself

iratus, -a, -um angry, enraged
(*with dat.*)

is, ea, id he, she, it; this or that

iste, -a, istud that (of yours); the
defendant; your client

ita, *adv.*, so, in such a frame of
mind

itaque, *cj.*, therefore

item, *adv.*, likewise, also; and
also

iter, itineris, *n.*, journey, trip

iterum, *adv.*, a second time,
again

itur, *impers. pass.*, one goes,
people go

iubeo, iussi, iussum (2) order

iucundus, -a, -um agreeable,
delightful

iudex, -icis, *m.*, member of the
jury; judge

iudicalis, -e, judicial, of the court

iudicium, -i, *n.*, trial; judgment;
opinion

Iuno, -onis, *f.*, the goddess Juno

Iuppiter, Iovis (*gen.*), **Iovi**
(*dat.*), **Iovem** (*acc.*) Jupiter

iuratus, -a, -um under oath

iuro (1) swear, take an oath

ius iurandum, iuris iurandi, *n.*,
oath

ius, iuris, *n.*, law; courtroom

iussu, *abl.*, by order

iuvo (1) please; help

L

labefacio, -feci, -factum (3)
shake, weaken

labo (1) waver; slip

labor, -oris, *m.*, labor, work,
hardship, effort

laboriosus, -a, -um laborious,
industrious

laboro (1) labor under; be
troubled with; care about (**de**)

VOCABULARY

lacrima, -ae, *f.*, tear
lacus, -us, *m.*, lake
laedo, -si, -sum (3) wound; offend
laetitia, -ae, *f.*, joy; beauty
laetor (1) be glad, rejoice
laetus, -a, -um glad, triumphant, pleasing
lamentatio, -onis, *f.*, lamentation
lapidatio, -onis, *f.*, stoning, throwing of stones
lapis, -idis, *m.*, stone, marble
laqueus, -i, *m.*, noose
large, *adv.*, liberally, bountifully
largior (4) bestow; give abundantly
Latine, *adv.*, in Latin
latrocinium, -i, *n.*, robbery
latus, -eris, *n.*, side; *pl.*, lungs
latus, -a, -um wide, broad
laudatio, -onis, *f.*, praise, eulogy
laudator, -oris, *f.*, praiser; eulogist
laudo (1) praise
laus, laudis, *f.*, glory, merit
lectica, -ae, *f.*, litter
lectus, -i, *m.*, couch
lectus, -a, -um choosen, picked, excellent
legatio, -onis, *f.*, legation, embassy; representation
legatus, -i, *m.*, legate, ambassador
lego, legi, lectum (3) read
leniter, *adv.*, gently
lenitudo, -inis, *f.*, mildness, gentleness
leno, -onis, *m.*, procurer; pimp

lepusculus, -i, *m.*, young rabbit
levis, -e unimportant, trifling, small
leviter, *adv.*, faintly
lex, legis, *f.*, law; **e lege,** *abl.*, according to the law
libellus, -i, *m.*, small book; petition
libens, -tis willing
libenter, *adv.*, willingly
liber, -era, -erum free; **liberi, -orum,** *pl.* children
liber, -bri, *m.*, book
liberaliter, *adv.*, generously
libere, *adv.*, freely
libero (1) free, absolve
libet, libuit, libitum est (2) it pleases, is agreeable
libidinose, *adv.*, wantonly, licentiously
libido, -inis, *f.*, desire, longing, lust
licentia, -ae, *f.*, lawlessness, licence
licet, licuit, licitum est it is allowed, permitted
licet (*with the subj.*) although
lictor, -oris, *m.*, an official attendant of a magistrate
ligneus, -a, -um wooden
lingua, -ae, *f.*, tongue; language, speech
liniamentum, -i, *n.*, line, stroke; *pl.*, designs
lis, litis, *f.*, lawsuit; damages (in a legal case)
littera, -ae, *f.*, single letter of the alphabet

VOCABULARY

litterae, -arum, *f.pl.*, records; inscription; culture, learning
locatio, -onis, *f.*, contract
loco (1) give out on contract; put, place, situate
locuples, -etis wealthy, opulent, affluent
locus, -i, *m.*, place; rank
longe, *adv.*, by far, very much; at a distance
longus, -a, -um tedious
loquor, -cutus sum (3) speak, say
lorica, -ae, *f.*, breastplate
luctus, -us, *m.*, sorrow
lucus, -i, *m.*, grove, wood
ludi, -orum, *m.pl.*, public games
luteus, -a, -um worthless; of mud or clay
lutum, -i, *n.*, mud
luxuries, -ei, *f.*, extravagant living

M

Macedonia, -ae, *f.*, a Roman province in northern Greece
Macedonicus, -a, -um Macedonian
mactatus, -us, *m.*, sacrifice; reward
macto (1) sacrifice; kill
magis, *adv.*, more
magistratus, -us, *m.*, a magistrate; magistracy
magnifice, *adv.*, splendidly
magnificus, -a, -um distinguished, splendid, eminent
magnitudo, -inis, *f.*, greatness; size

magno opere, *abl.*, very much, greatly
magnus, -a, -um great
maiestas, -atis, *f.*, treason
maiores, -um, *m. pl.*, ancestors
male, *adv.*, badly
maleficium, -i, *n.*, evil deed, wickedness
malo, malui, malle prefer, choose rather
malus, -a, -um bad, evil
mancipium, -i, *n.*, legal purchase; slave
mandatum, -i, *n.*, order, charge
mando (1) entrust; command, order (*with dat.*)
mane, *adv.*, in the morning
maneo, mansi, mansum (2) stay, remain
manifestus, -a, -um clear, plain; convicted of
mansuetudo, -inis, *f.*, clemency, mildness
manubrium, -i, *n.*, handle
manus, -us, *f.*, hand; band
mare, -is, *n.*, sea; arm of the sea
margarita, -ae, *f.*, pearl
marmor, -oris, *n.*, marble
marmoreus, -a, -um of marble
mater, -tris, *f.*, mother
matrona, -ae, *f.*, (married) woman of rank
mature, *adv.*, early; seasonably; prematurely
maxime, *adv.*, especially, very, most of all; actually, indeed
medeor (2) heal; correct, provide a remedy for (*with dat.*)

VOCABULARY

mediocris, -e commonplace, inferior; moderate

meditor (1) study; contemplate

medius, -a, -um in the middle of

mehercule, *interjection,* so help me Hercules!

membrum, -i, *n.,* limb

memini, -isse (*perf.*) remember

memoria tenere to remember; keep in (one's) memory

memoria, -ae, *f.,* memory; history

memoro (1) relate, mention

mendacium, -i, *n.,* lie, falsehood

mens, -tis, *f.,* mind

mensa, -ae, *f.,* table

mensis, -is, *m.,* month

mentior, -itus sum (4) lie

mentum, -i, *n.,* chin

mercator, -oris, *m.,* merchant

merces, -edis, *f.,* wages, fee

mereo, -ui, meritum (2) willing to take (for an object)

mereor, meritus sum (2) deserve; acquire a claim to gratitude

meretricius, -a, -um relating to a prostitute

meretrix, -icis, *f.,* prostitute

merito, *adv.,* deservedly, justly

meritum, -i, *n.,* service; kindness

metuo, -ui, —— (3) fear

metus, -us, *m.,* fear, anxiety

miles, -itis, *m.,* soldier

militaris, -e, military

militia, -ae, *f.,* military service; warfare

mille (*indecl.*) a thousand (*pl.,* **milia, -ium**)

minae, -arum, *f.pl.,* threats

minime, *superl. adv.,* least; not at all; no!

minitor (1) keep threatening

minor, minus *comp. adj.,* smaller, less

minor (1) threaten (*with the dat.*)

minus, *adv.,* less; not

minutus, -a, -um small, little

mirabilis, -e extraordinary, marvellous

mirandum in modum, *adv.,* wonderfully, in a remarkable fashion

mirandus, -a, -um wonderful

miror (1) wonder at, admire; be surprising

mirus, -a, -um strange, extraordinary

misericordia, -ae, *f.,* mercy

miserus, -a, -um unfortunate, lamentable

mitto, misi, missum (3) send, send word; pass over

modeste, *adv.,* moderately

modestus, -a, -um moderate

modicus, -a, -um moderate

modius, -i, *m.,* a corn measure of about two gallons

modo, *adv.,* only; only recently, just now; but

modo ut (*with subj.*) provided only that

modus, -i, *m.,* kind, limit; measure

moenia, -ium, *n.pl.,* walls

moles, -is, *f.,* structure, heavy mass

247

moleste, *adv.*, with annoyance; badly

molestia, -ae, *f.*, annoyance, vexation; trouble

molestus, -a, -um annoying

molior (4) attempt, work at

monilie, -is, *n.*, necklace

monstrum, -i, *n.*, evil portent, omen; monster

monumentum, -i, *n.*, monument, heirloom

mora, -ae, *f.*, delay

morbus, -i, *m.*, sickness, disease

more omnium in the customary way

more, *adv.*, foolishly

mores, morum (pl. of **mos**) character, morals; conduct

morior, mortuus sum (3) die

moror (1) delay

mortuus, -a, -um dead

mos, moris, *m.*, habit, manner; custom, law

moveo, movi, motum (2) move, disturb, stir

mulco (1) beat, maltreat

muliebris, -e of a woman

mulier, -eris, *f.*, woman; wife

muliercula, -ae, *f.*, (*diminutive*) poor woman

multitudo, -inis, *f.*, crowd, mob; a great number

multo, *abl.*, by much; much (*with compar.*)

multum, *adv.*, much

munio (4) fortify

munitio, -onis, *f.*, fortifying, fortification

munitus, -a, -um fortified

munus, -eris, *n.*, duty; service; gift; public show

muto (1) change

myoparo, -onis, *m.*, pirate's vessel, galley

mystagogus, -i, *m.*, one who guides through a sacred place

N

nam, *cj.*, for

narro (1) tell, relate

nascor, natus sum (3) be born; happen; be designed for

natio, -onis, *f.*, nation

natura, -ae, *f.*, nature

natus, -a, -um born

natus, -us, *m.*, birth; **maiores natu** greater by birth i.e., older

nauta, -ae, *m.*, sailor

navalis, -e naval

navalis copia, *f.*, naval operation

navis, -is, *f.*, ship, vessel

navus, -a, -um active, busy

ne . . . quidem not . . . even

ne multa in a word; to cut a long story short

nec solum = **et non solum**

necessario, *adv.*, necessarily

necessarius, -a, -um necessary

necesse est it is necessary or inevitable

necessitudo, -inis, *f.*, relationship, friendship

necne, *cj.*, or not

necopinatus, -atis unexpected

nefarius, -a, -um abominable, impious

nefas, *n.*, (*indecl.*) an impious or wicked deed

VOCABULARY

neglegens, -tis careless, unconcerned, indifferent

neglego, -lexi, -lectum (3) neglect; disregard

nego (1) deny, say that . . . not

negotiator, -oris, *m.*, merchant, banker

negotior (1) carry on business

negotium, -i, *n.*, business, task, charge; stuff

negotium facessere to bring a charge against (*dat.*)

nemo neminem (*acc.*) no one

nemus, -oris, *n.*, grove, wood

nepos, -otis, *m.*, grandson

nequaquam, *adv.*, by no means

neque (nec) . . . neque (nec) neither . . . nor

nequitia, -ae, *f.*, wickedness

nescio quo modo in some manner or other

nescio quo pacto, in some manner or other

nescio (4) not to know, be ignorant

nihil (*indecl.*) nothing

nihildum, *adv.*, nothing as yet

nihilo (*with a comp.*) by nothing, no

nihilominus, *adv.*, no less, nevertheless

nimio opere, *abl.*, excessively

nimirum, *adv.*, without doubt, to be sure

nimis, *adv.*, too much

nimium, *adv.*, too much, too, very much

nisi, *cj.*, unless, if . . . not

nobilis, -e noble; well-known, famous

nobilitas, -atis, *f.*, noble birth; excellence

nocens, -tis hurtful; culpable

noctu, *adv.*, by night, at night

nocturnus, -a, -um by night, nocturnal

nolo, nolui, nolle be unwilling

nomen, -inis, *n.*, name; authority

nominatim, *adv.*, by name expressly

nomino (1) name; accuse; *pass.*, be named among (in)

non modo . . . verum etiam not only . . . but also

non solum . . . sed etiam not only . . . but also

non quo not because

nondum, *adv.*, not yet

nonne interrog. particle expecting an affirmative answer

nonnumquam, *adv.*, sometimes

nosco, novi, notum (3) become acquainted with; *perf.*, know

noster, nostra, nostrum our, ours

notus, -a, -um known, familiar

novus, -a, -um new, fresh

novus, -i, *m.*, a new man

nox, noctis, *f.*, night

nubo, -nupsi, -ptum (3) marry

nudo (1) plunder

nudus, -a, -um naked; bare; unarmed

nugatorius, -a, -um trifling, silly

nulla ex parte, *abl.*, on any side

nullo modo, *adv.*, in no way

nullus, -a, -um none, no one, not any

num interrog. particle expecting a negative answer

num whether (introducing an indirect question)

numen, -inis, *n.*, divine presence

numerus, -i, *m.*, number, category, class

nummarius, -a, -um of money, pecuniary

nummulus, -i, *m.*, some money, a paltry amount of money

nummus, -i, *m.*, coin; money

numquam, *adv.*, never

nunc, *adv.*, now, as it is

nuntius, -i, *m.*, messenger; message

nuntius, -a, -um announcing

nuper, *adv.*, recently; lately

nusquam, *adv.*, nowhere, on no occasion

O

o, *interjection*, o!, oh!

obfero, -tuli, -latum, -ferre offer, bring to

obicio, -ieci, -iectum (3) throw against, in the teeth of

oblectamentum, -i, *n.*, delight, amusement

oblivionem in venire to forget

obliviscor, oblitus sum (3) forget

obrigesco, -gui, — (3) become stiff

obscurus, -a, -um secret, unknown; obscure

obsecro (1) implore, supplicate

obsigno (1) attest under seal; seal up

obsisto, -stiti, — (3) resist

obstringo, -strinxi, -strictum bind, hamper, fetter, put under an obligation

obstruo, -struxi, -structum (3) interfere with

obtempero (1) obey; comply (*with the dat.*)

obtineo, -tenui, -tentum (2) possess, keep; exercise

obtorqueo, -torsi, -tortum (2) twist round, wrench

obtundo, -tudi, -tusum (3) beat upon

occido, -cidi, -cisum (3) kill

occulte, *adv.*, secretly

occultus, -a, -um hidden

occupo (1) seize, take possession of

occurro, -curri, -cursum assist; remedy, find a remedy for

oculus, -i, *m.*, eye

odi, odisse (*perf.*) hate

odiosus, -a, -um hateful, troublesome, annoying

odium, -i, *n.*, hatred

odor, -oris, *m.*, smell, odor

odoror (1) smell out, scent

offendo, -endi, -ensum (3) come up, find, meet with

offero, -tuli, -latum, -ferre show, offer, cause

officina, -ae, *f.*, workshop

officium, -i, *n.*, duty, service

oleum, -i, *n.*, oil

olim, *adv.*, once; one day; hereafter

VOCABULARY

ommitto, -misi, -missum (3) leave out; omit

omnino, *adv.*, entirely; altogether

omnis, -e all, each, every

oneraria, -ae, *f.*, transport, merchant-vessel

onerarius, -a, -um that carries freight

onus, -eris, *n.*, tax, burden

onustus, -a, -um loaded, freighted

opera, -ae, *f.*, laborer; worker; effort, work

operae pretium est it is worth the trouble

operam dare to work hard

operarius, -i, *m.*, laborer

operio, -erui, -ertum (4) cover; overwhelm

opes, -um, *f.pl.*, wealth, riches; resources

opinio, -onis, *f.*, belief, expectation; opinion

opinor (1) think, suppose

oportet, oportuit (2) it is necessary, proper

oppidum, -i, *n.*, town

oppono, -posui, -positum (3) bring forward, allege

opportunus, -a, -um suitable, advantageous

opprimo, -pressi, -pressum (3) press down, crush

oppugno (1) attack

ops, opis, *f.*, aid, assistance; power, might

optimus, -a, -um best

opto (1) desire; choose

opulentus, -a, -um rich, powerful

opus, operis, *n.*, work, effort; workmanship

opus est there is need

oratio, -onis, *f.*, speech

orbis, -is, *m.*, circle, ring; **orbis terrarum,** the earth

orbus, -a, -um deprived; destitute

ordior, orsus sum (4) begin to speak

ordo, -inis, *m.*, rank; order

ornamentum, -i, *n.*, decoration, ornament, honor

ornatus, -us, *m.*, decoration

ornatus, -a, -um distinguished, excellent, illustrious

orno (1) equip; adorn, embellish, fit out

oro (1) beg, entreat

os, oris, *n.*, face; effrontery, boldness

osculor (1) kiss

ostendo, -ndi, -ntum (3) show, exhibit; point out

ostentum, -i, *n.*, portent, prodigy

ostiatim, *adv.*, from house to house, door to door

ostium, -i, *n.*, door; mouth

otiose, *adv.*, without haste; calmly

otium, -i, *n.*, peace, quiet

P

pacatus, -a, -um peaceful

paene, *adv.*, nearly, almost

palaestrita, -ae, *m.*, director of a wrestling school

palam, *adv.*, openly; publicly

pallium -i, *n.*, Greek cloak

VOCABULARY

paratus, -a, -um ready; skilled
parco, peperci, (parsurus) (3)
  spare (*with the dat.*)
parens, -tis, *m.*, parent
pareo, -ui, (pariturus) (2) obey
  (*with the dat.*)
paries, -etis, *m.*, wall
paro (1) obtain, acquire; prepare
pars, partis, *f.*, part
partes, -ium, *f.pl.*, duty, func-
  tion, task
particeps, -cipis sharing, partak-
  ing in
particeps, -cipis, *m.*, partner
partior (4) share, divide
partitio, -onis, *f.*, division
parvus, -a, -um small
patefacio, -feci, -factum (3) ex-
  pose, reveal; throw open
patella, -ae, *f.*, sacrificial dish;
  offering
pateo (2) be open, accessible,
  manifest
patera, -ae, *f.*, sacrificial dish
patibulum, -i, *n.*, cross, gallows;
  fork-shaped yoke
patria, -ae, *f.*, fatherland
patrius, -a, -um inherited,
  ancestral
patronus, -i, *m.*, patron
paulisper, *adv.*, a little while
paulo, *abl.*, by a little; a little
paulus, -a, -um small, little
pax, pacis, *f.*, peace
peculatus, -us, *m.*, embezzlement of public money
pecunia, -ae, *f.*, money; value
pecuniosus, -a, -um rich,
  wealthy

penates, -ium, *m.pl.*, guardian
  deities of the household
pendo, pependi, pensum (3)
  evaluate
penes (*prep. with the acc.*) in the
  possession of; belonging to
per (*prep. with the acc.*) through;
  by means
pera, -ae, *f.*, bag, wallet
peragro (1) traverse; travel over
perantiquus, -a, -um very old
perbonus, -a, -um very good
percrebresco, -brui (3) become
  frequent; spread abroad
percurro, -curri, -cursum (3)
  traverse; run over
perdives, -itis very rich
perdo, -didi, -ditum (3) destroy;
  lose
perennis, -e lasting throughout
  the year
pereo, -ii, -itum, -ire pass away,
  die
perexcelsus, -a, -um very high
perfamiliaris, -e very intimate
perfrigidus, -a, -um very cold
pergrandis, -e very large
perhorresco (3) shudder, shake
  with terror
periculosus, -a, -um dangerous
periculum -i, *n.*, danger; trial,
  suit
peripetasma, -tis, *n.*, tapestry
peritus, -a, -um skilled
periurium, -i, *n.*, perjury
permagnus, -a, -um very great
permitto, -misi, -missum (3) allow, permit
permoleste, *adv.*, very badly

VOCABULARY

permoleste ferre to take (something) very badly

permoveo (2) influence, prevail on

permulti, -ae, -a very many, very much

pernego (1) deny obstinately; answer a flat, no!

pernobilis, -e very famous

pernocto (1) pass the night

perparvulus, -a, -um very small

perpetuus, -a, -um uninterrupted, continual

perquiro -quisivi, -quisitum (3) search for diligently

perscribo, -scripsi, -scriptum (3) record

perscrutor (1) track down, search thoroughly; examine

persequor -secutus sum (3) prosecute judicially; pursue

persevero (1) persist, persist in

perspicio, -spexi, -spectum (3) examine; observe

perspicuus, -a, -um clear, evident

perstringo, -strinxi, -strictum (3) touch deeply, move

persuadeo (2) persuade (*with dat.*)

pertimesco, -mui, —— (3) be very much afraid

pertineo, -tinui —— (2) belong, pertain, be suitable to (**ad**)

perturbo (1) disturb, confuse

pervagor (1) spread (out)

pervenio, -veni, -ventum (4) reach (*with* **ad**)

pervestigo (1) investigate

pervetus, -eris very old

peto, -tivi (-tii), -titum (3) seek; aim at; demand at law; claim at law; bring an action to recover

phalerae, -arum, *f.pl.*, bosses; metal ornaments worn on the breast

pictor, -oris, *m.*, painter

pictura, -ae, *f.*, painting

pietas, -atis, *f.*, sense of duty, devotion

pingo, pinxi, pictum (3) portray, depict, paint

pirata, -ae, *m.*, pirate

piscis, -is, *m.*, fish

placeo, -ui and **placitus sum, -itum** (2) please

placet, placuit (*with dat.*) it pleases, seems right

placitus, -a, -um pleasing, agreeable

placo (1) placate, appease

plane, *adv.*, clearly; distinctly; fully, entirely

planities, -ei, *f.*, level ground, plain

planus, -a, -um plain, level, flat

plenus, -a, -um full, filled with (*with gen.*)

plures, plura, -ium, *comp. adj.*, more; several

plurimum posse to have the highest influence

plurimus, -a, -um very much, most

plus, *comp. adv.*, more, in a higher degree

poculum, -i, *n.*, cup

poena, -ae, *f.*, punishment

253

VOCABULARY

poena capitis capital punishment
Poeni, -orum, *m.pl.*, the Phoenicians, i.e., the Carthaginians
polliceor, -licitus sum (2) promise; offer
polluo, -ui, -utum (3) defile, pollute
pondus, -eris, *n.*, weight, mass, quantity; importance
pono, posui, positum (3) place; set up, present
pons, pontis, *m.*, bridge
populus, -i, *m.*, a people, the citizens
porro, *adv.*, furthermore; besides, moreover
portendo, -ndi, -ntum (3) foretell; point out; indicate
porticus, -us, *f.*, colonnade
portio, -onis, *f.*, share, portion
porto (1) carry
portus, -us, *m.*, harbor
posco, poposci, — (3) demand; beg; need, bid for
possum, potui, posse be able, can
post, *adv.*, behind, afterward
post (*prep. with acc.*) behind, after, since
postea, *adv.*, afterward, next
posteaquam, *cj.*, after that
posteri, *m.pl.*, descendants, coming generations
posterius, -a, -um at a later time, last
posterus, -a, -um coming after, following
posthac, *adv.*, after this; in the future

postridie, *adv.*, on the following day
postulo (1) request, demand; expect
potens, -tis mighty, powerful
potestas, -atis, *f.*, power, authority; access; office; opportunity
potissimus, -a, -um above all
potius . . . quam rather . . . than
potius, *adv.*, rather; more
praebeo, -ui, -itum (2) offer, furnish, give, show
praecaveo, -cavi, cautum (2) take care
praecellens, -tis excellent, eminent
praeceps, -cipitis headlong
praecerpo, -psi, -ptum (3) take away, lessen, diminish
praecipio, -cepi, -ceptum (3) anticipate; order; command
praecipue, *adv.*, especially
praeclare, *adv.*, excellently, very well
praeclarus, -a, -um noble, admirable, famous, splendid
praeda, -ae, *f.*, plunder
praeditus, -a, -um endowed with, provided with
praedo, -onis, *m.*, pirate; robber
praedor (1) plunder
praefectus, -i, *m.*, commander, admiral
praefero, -tuli, -latum -ferre hold before, carry before
praesens, -tis present in person
praesertim, *adv.*, especially
praesidium, -i, *n.*, protection, aid

praestigiae, -arum, *f.pl.*, sleights of hand; tricks

praesto, *adv.*, at hand, present

praesum, -fui, -esse be in charge of (*with the dat.*)

praeter (*prep. with the acc.*) except; except for

praeterea, *adv.*, besides, moreover

praetereo, -ii, -itum, -ire go by; pass over; omit

praetermitto, -misi, -missum (3) omit, let pass

praetor, -oris, *m.*, governor of a Roman province; praetor

praetorium, -i, *n.*, governor's residence, palace

praetorius, -a, -um of a governor

praetura, -ae, *f.*, governorship

prandium, -i, *n.*, lunch

preces, -um, *f.pl.*, prayers, entreaties

precor (1) beg, entreat; invoke

premo, pressi, pressum (3) oppress, press hard on

pretiosus, -a, -um valuable, precious

pretium, -i, *n.*, worth, value, price

pridie, *adv.*, on the day before

primarius, -a, -um excellent; of first rank

primo, *adv.*, at first; primarily; fundamentally

primo quoque tempore, *abl.*, at the earliest possible moment

primum, *adv.*, for the first time, firstly

primus, -a, -um excellent; (is) the first to

princeps, -ipis, *adj.*, most noble, most eminent

princeps, -ipis, *m.*, leader, head

pristinus, -a, -um original

privatim, *adv.*, privately

privatus, -a, -um private, personal

privatus, -i, *m.*, a private citizen

pro (*prep. with the abl.*) in place of; instead of; in exchange for; in front of; in accordance with

pro, *expletive*, oh! ah!

pro damnato, *abl.*, as good as dead

pro mea parte, *abl.*, to the best of my ability

pro proportione, *abl.*, proportionally

proagorus, -i, *m.*, chief magistrate

probatus, -a, -um of approved goodness, good, excellent

probo (1) approve, try, test, prove

procedo, -cessi, -cessum (3) fit in (*with the acc.*)

procrastino (1) put off until tomorrow

prodigium, -i, *n.*, prodigy, portent, omen

prodo, -didi, -ditum report; hand down, transmit; betray

produco, -duxi, -ductum (3) call as a witness

profanus, -a, -um not sacred, profane, impious

VOCABULARY

profecto, *adv.*, truly, really, indeed

profero, -tuli, -latum, -ferre make known, bring forth, exhibit

proferre in medium to make known

proficio, -feci, -fectum (3) advance, make progress; affect, gain (something)

proficiscor, profectus sum (3) set out, depart

profiteor, -fessus sum (2) declare, offer

profugio, -fugi, -fugitum (3) escape

profundum, -i, *n.*, the deep, the sea

profundus, -a, -um deep; immoderate

progredior, -gressus sum (3) go forth, advance, proceed

prohibeo, -hibui, -itum (2) prevent, hinder

proicio, -ieci, -iectum (3) extend, thrust, project

promitto, -misi, -missum (3) promise

promo, -mpsi, -mptum (3) take out; produce

promptus, -a, -um brave, apparent, visible, ready at hand

promunturium, -i, *n.*, promontory

pronuntio (1) announce, proclaim

propatulus, -a, -um unenclosed

prope (*prep. with accus.*) near

prope, *adv.*, nearly, almost

prope modum, *adv.*, nearly, almost

propinquus, -i, *m.*, neighbor

propono (3) set forth, offer, declare

proprior, proprius, *comp. adv.*, nearer

propter (*prep. with acc.*) on account of; near

propterea, *adv.*, therefore; on that account

propugnator, -oris, *m.*, defender, protector

prorsus, *adv.*, entirely; exactly, utterly, in short

prosequor, -cutus sum (3) attend, follow

protraho (3) draw forth; compel

provideo (2) foresee, take care; provide

provincia, -ae, *f.*, province; governorship; official duty

proximus, -a, -um (*with dat.*) near, closely attached; very devoted

prytanium, -i, *n.*, townhall

publice, *adv.*, officially; at public expense

publicus, -a, -um public, belonging to the people

pudicus, -a, -um modest, chaste

pudor, -oris, *m.*, modesty; sense of shame

puer, -i, *m.*, child; slave; childhood

puerilis, -e boyish, youthful

pugna, -ae, *f.*, battle

pugno (1) fight; contradict

pulcher, -chra, -chrum beautiful, handsome; excellent
pulchritudo, -inis, *f.*, beauty
pullus, -a, -um dark grey
Punicus, -a, -um Punic, Carthaginian
pupillus, -i, *m.*, ward
purpura, -ae, *f.*, purple dye; *pl.*, purple garment
purus, -a, -um pure; without decoration; unstained; undefiled
puto (1) consider, think, believe

Q

quadriduum, -i, *n.*, space of four days
quaero, -sivi (-sii), -situm (3) ask, inquire; want, miss
quaeso, -ivi, —— (3) beg, beseech; please
quaestor, -oris, *m.*, quaestor, a financial official
quaestus, -us, *m.*, gain, profit
qualis, quale what kind of, the kind of
quam than (*with comparatives*); *with* **tam** as, so; how; (*with the superlative*) as . . . possible as
quam ob rem because of this, for this reason
quamquam, *cj.*, although
quando, *interrog.*, when; *adv.*, at such time, when
quantus, -a, -um how great?; as great as, as much as
quare therefore, why
quartus, -a, -um the fourth
quasi, *cj.*, as if; *adv.*, so to speak

quattuor (*indecl.*) four
quem ad modum how; as
queo, quivi (-ii), -itum, -ire be able, I can
querimonia, -ae, *f.*, complaint
queror, questus sum (3) complain, lament
questus, -us, *m.*, complaint
qui, quae, quod, *interr. adj.*, which, what?
qui, *adv.*, how (archaic form of **quo**)
qui, quae, quod, *rel. pron.*, who, which, that
quia, *cj.*, because
quicum = **quocum** with whom
quid ? tell me! (precedes a direct question)
quidam, quaedam, quoddam some, a certain
quidam, quaedam, quiddam a certain man, thing
quidem, *adv.*, certainly, in fact, indeed
quiesco, -evi, -etum (3) rest; be silent
quietus, -a, -um calm, quiet, inactive
quin, *adv.*, why not?; rather
quin, *cj.*, but that, that
quingenti, -ae, -a five hundred
quinqueremis, -is, *f.*, a large vessel (with five banks of oars)
quis, quid, used after **si, nisi, ne** and **num,** anyone, anything
quis, quid, *interr. pron.*, who, what?
quisnam, quaenam, quidnam who, what in the world?

257

quispiam, quidpiam someone, anyone, something, anything

quisquam, quicquam someone, anyone, something, anything

quisque (*with the superlative*) all the (best), most . . .

quisque, quaeque, quoque each, every

quivis, quaevis, quidvis who or whatever you please; any (one), anything

quo . . . eo (with comparatives) the more . . . the more . . .

quo, *cj.*, introduces a purpose clause containing a comparative

quo ?, *interrog. adv.*, to what point? where?; *adv.*, where

quo pacto how in the world?

quod, *cj.*, the fact that, whereas; because; but

quondam, *adv.*, once, formerly; sometimes

quoque, *adv.*, also, too

quotannis, *adv.*, every year, yearly

quotienscumque however often, as many times as

R

rapio, rapui, raptum (3) drag, snatch

raptus, raptus, *m.*, abduction

ratio, -onis, *f.*, reckoning, account; business, affair, policy; manner, way, means

re vera, *abl.*, in fact

recedo, -cessi, -cessum (3) retreat, withdraw; be distant

recens, -tis fresh, recent

receptrix, -icis, *f.*, one who receives or harbors

recipio, -cepi, -ceptum (3) admit, receive; welcome

recito (1) read aloud

reclamo (1) loudly object

recognosco, -cognovi, -cognitum (3) recall to mind, review

reconditus, -a, -um hidden, concealed

recondo, -condidi, -conditum (3) hide, conceal; put away

recordatio, -onis, *f.*, remembrance, recollection

recordor (1) remember, recollect

recte, *adv.*, rightly; suitably, correctly

recupero (1) recover; regain

recuso (1) refuse, decline

reddere rationem to render an account

reddo, -didi, -ditum (3) give back; pay back

redeo, -ii, -itum, -ire return

redire in gratiam mecum to return into my good graces

reditus, reditus, *m.*, return

redundo (1) overflow, abound in

refercio, -rsi, -rtum (4) fill up

refero, rettuli, -latum, -ferre bring back; report, relate

referre ad senatum to propose, make a motion in the senate

referre in (*with acc.*) to be counted among

referre in tabulas publicas to enter into the public records

VOCABULARY

referri nomen for a name to be received; an accusation to be made

refertus, -a, -um stuffed, crammed full

reficio, -feci, -fectum (3) restore, recover

regalis, -e kingly, princely

regia, -ae, *f.*, royal palace

regius, -a, -um royal

regnum, -i, *n.*, kingdom, power

rei capitalis facere rem to accuse (someone) of a capital crime

reicio, -ieci, -iectum (3) remove; repel; throw back

religio, -onis, *f.*, religious feeling, respect; sanctity

religiones -um, *f.pl.*, religious sanctions; religious objects

religiosus, -a, -um scrupulous; revered

relinquo, -liqui, -lictum (3) leave behind; abandon; let remain

reliquum, -i, *n.*, the rest, remainder

reliquus, -a, -um remaining, rest

rem facere to accuse (someone) of a crime

remaneo, -mansi, -mansum (2) remain; be left

remex, -igis, *m.*, rower

remigium, -i, *n.*, rowing; oars

remissus, -a, -um relaxed; yielding

remitto, -misi, -missum (3) send back; relieve; pardon

remotus, -a, -um distant, free from (*with* **a** or **ab**)

removeo (2) remove, withdraw

renuntio (1) report; proclaim, announce elected

reor, ratus sum (2) think, believe, consider

repagula, -orum, *n.pl.*, bars, bolts of a door

repello, reppuli, repulsum (3) drive back, reject

repente, *adv.*, suddenly

repentinus, -a, -um unexpected, sudden

reperio, repperi, repertum (4) find, find out; learn, discover

repeto -petivi, -petitum (3) recover; restore; ask back, seek back; claim back in a court of law

repono, -posui, -positum (3) place, put back; restore; give back

reporto (1) carry back; bring back

reposco, ——, —— (3) claim, demand back

repositus, -a, -um remote, distant

reprehendo, -prehendi, -prensum (3) blame, reprove, find fault with

reprimo, -pressi, -pressum (3) check, hold back

repudio (1) reject

requiesco, -quievi, —— (3) rest, get a rest

requiro, -sivi (-sii), -situm (3) search for; want, miss; feel the loss of; require; investigate

res gestae, *f.pl.*, accomplishments

259

res publica, rei publicae, *f.*, republic, state

res, rei, *f.*, thing, matter, affair; situation; purpose; outcome

res, rerum, *f.pl.*, circumstances

reservo (1) keep back; save up

respondeo (2) reply

responsum, -i, *n.*, answer

restituo, -stituti, -stitutum (3) restore, repair

**reticeo, -cui,—— (2) be silent, keep secret

retineo, -tinui, -tentum (2) keep, maintain, preserve; hold back; detain; hold fast

reus, -i, *m.*, the defendant, the accused

reveho, -vexi, -vectum (3) carry back

revello, -velli, -vulsum (3) tear away

revenio, -veni, -ventum (4) return, come back

reverto, -verti, -versum (3) return

revertor, -verti, -versum (3) return

revoco (1) call back

rex, regis, *m.*, king, ruler; prince

rictum, -i, *n.*, wide open mouth

ridicule, *adv.*, ridiculously

ridiculus, -a, -um laughable, absurd

risus, -us, *m.*, laughter

rixa, -ae, *f.*, quarrel, dispute

rogatus, -us, *m.*, request

rogo (1) ask, ask for

Romanus, -a, -um Roman

rursus, *adv.*, again, back

S

sacer, -cra, -crum sacred, holy

sacerdos, -otis, *m./f.*, priest, priestess

sacrarium, -i, *n.*, shrine

sacrificium, -i, *n.*, sacrifice

sacro (1) dedicate; consecrate

sacrum -i, *n.*, holy rite

saeculum, -i, *n.*, century

saepe, *adv.*, often

saepius, *comp. adv.*, once again

sagacitas, -tatis, *f.*, cleverness, acuteness

sagitta, -ae, *f.*, arrow

salus, -utis, *f.*, safety, deliverance, welfare

salvus, -a, -um safe, sound

sancio, sanxi, sanctum (4) make sacred; provide a punishment

sanctio, -onis, *f.*, sanction, penalty

sanctus, -a, -um sacred, divine, holy

sane, *adv.*, indeed, very; to be sure, certainly

sanguis, -inis, *m.*, blood

sapiens, -tis wise

satias, -atis, *f.*, abundance

satietas, -atis, *f.*, disgust, loathing

satio (1) fill, satisfy

satis, *adv.*, enough, sufficiently, quite

scaphium, -i, *n.*, drinking vessel in the shape of a boat

sceleratus, -a, -um polluted, wicked

scelus, -eris, *n.*, crime, sacrilege

VOCABULARY

scio, scivi (scii), scitum (4)
  know, understand
scite, *adv.*, ingeniously
scribo, scripsi, scriptum (3)
  write
scutum, -i, *n.*, shield
scyphus, -i, *m.*, cup, goblet
se, *reflex. pron.*, himself, herself,
  itself, themselves
se contulerunt (*from* confero)
  they went for refuge
se recipere to withdraw from
secreto *adv.*, secretly
sector (1) pursue, chase
secum = cum se
securi percutere to behead
securis, -is, *f.*, axe; *pl.*, authority
sed, *cj.*, but, however
sedeo, sedi, sessum (2) sit; stay
sedes, -is, *f.*, home; *pl.*, dwell-
  ings (of several persons)
sella, -ae, *f.*, seat, work stool;
  magistrate or governor's seat
semel, *adv.*, once
semper, *adv.*, always
semuncia, -ae, *f.*, half an ounce
senator, -oris, *m.*, senator, member of the senate
senatorius, -a, -um senatorial
senatus, -us, *m.*, senate, meeting
  of the senate
senatus consultum, senatus con-
  sulti, *n.*, a decree of the Senate
sensus, us, *m.*, sense, understanding
sententia, -ae, *f.*, opinion,
  meaning
sentio, sensi, sensum (4) feel,
  perceive, discern

separo (1) separate, divide
sepono (3) lay aside, put aside
sermo, -onis, *m.*, conversation
servio (4) do a service to; be a
  slave to; see to
servitus, -utis, *f.*, subjection,
  servitude
servo (1) keep, save, rescue
servus, -i, *m.*, slave
sese *emphatic form of* se
sestertius, -i, *m.*, sesterce (a
  small silver coin)
sestertium, -i, *n.*, (usu. pl.) a
  thousand sesterces
severitas, -atis, *f.*, seriousness,
  sternness
severus, -a, -um strict, serious
sex (*indecl.*) six
si quando, *cj.*, if ever
sic, *adv.*, so, thus
Sicilia, -ae, *f.*, island of Sicily
Siculi, -orum, *m.pl.*, inhabitants
  of Sicily
sicut(i), *adv.*, just as, as
sigillatus, -a, -um decorated with
  figures in relief
sigillum, -i, *n.*, small figure,
  image
significo (1) indicate, make
  known, mean
signum, -i, *n.*, statue; seal, impression of a seal; signal
sileo, -ui (2) be silent
similis, -e (*with gen.*) resembling,
  similar
simul, *adv.*, at the same time, together; at once
simul ac (atque), *cj.*, as soon as

VOCABULARY

simulacrum -i, *n.*, statue; portrait; image; likeness
simulatio, -onis, *f.*, pretence, deceit
simulo (1) pretend, feign
sin, *cj.*, if however, but if
sine (*prep. with abl.*) without
singillatim, *adv.*, one by one
singularis -e unique, extraordinary
singuli, -ae, -a separate, individual, single
sinister, -tra, -trum left, on the left hand
sino, sivi, situm (3) allow
situs, -a, -um placed, situated
situs, -us, *m.*, situation, location
societas, -atis, *f.*, partnership; association; society; community
socius, -i, *m.*, partner, ally
socius,-a, -um allied, associated with
solacium, -i, *n.*, solace
soleo, solitus sum (2) be accustomed
solitudo, solitudinis, *f.*, desert; destitution
sollers, -rtis clever, skillful
solum, -i, *n.*, soil
solus, -a, -um alone, only
solvo, solvi, solutum (3) set free, release; pay
sordidatus, -a , -um clad in mourning attire
soror, -oris, *f.*, sister
sors, -rtis, *f.*, lot
sortitu, *adv.*, in an order determined by lot

species, -ei, *f.*, appearance, beauty, splendor
specto (1) look at; consider; point
spelunca, -ae, *f.*, cave, grotto
spero (1) hope
splendidus, -a, -um distinguished, noble
splendor, -oris, *m.*, magnificence, splendor
spolatio -onis, *f.*, a plundering, robbery
spoliator, -oris, *m.*, plunderer
spolio (1) rob, plunder, strip
spolium, -i, *n.*, plunder, booty; victory
spuma, -ae, *f.*, foam
spumas agere in ore to foam at the mouth
statim, *adv.*, at once
statua, -ae, *f.*, statue
statuo, statui, statutum (3) determine, resolve; set a penalty
sterno, stravi, stratum (3) cover
stipendiarius, -a, -um liable for paying tribute
stipo (1) surround
sto, steti, statum (1) stand
stola, -ae, *f.*, woman's gown; long robe
stragula vestis, *f.*, that which serves to cover, i.e., a rug
stratum, -i, *n.*, cover
studiosus, -a, -um favorable, devoted
studium, -i, *n.*, pastime, hobby; devotion
stultitia, -ae, *f.*, stupidity
stuprum, -i, *n.*, unchaste behavior

VOCABULARY

sua causa, *abl.*, for his own sake
sua sponte, *abl.*, of one's own accord, willingly
suadeo, suasi, suasum (2) support (a motion)
sub (*prep. with acc.*) under
subicio, -ieci, -iectum (3) place near, put under
sublevo (1) lift up, support
substituo, -ui, -utum (3) substitute, put instead
subtiliter, *adv.*, in a refined manner
suburbanum, -i, *n.*, country house
subvenio, -veni, -ventum (4) come to the aid of (*dat.*)
succedo, -cessi, -cessum (3) succeed, come after, into the place of
successus, -us, *m.*, advance; success
sui, suorum, *m.pl.*, their own families
sum, fui, futurus, esse be; exist
summa, -ae, *f.*, sum, total
summe, *adv.*, greatly; exceedingly; very much
summum, -i, *n.*, top, summit
summus, -a, -um highest, greatest, most important, distinguished
sumo, -mpsi, -mptum (3) take, lay hold of; provide one's self with; suppose; undertake
sumptus, -us, *m.*, charge, expense
supellex, -ectilis, *f.*, furniture; household goods

superbia, -ae, *f.*, insolence
superbus, -a, -um arrogant
superior, ius, *comp. adj.*, past, former, earlier; more important
superiores, -um, *m.pl.*, predecessors
superstitio, -onis, *f.*, excessive religious awe
suppleo (2) supply, repair, replace
supplicium, -i, *n.*, punishment
surgo, surrexi, surrectum (3) get up, rise
surripio, -ripui, -reptum (3) secretly take away; steal
suscipio, -cepi, -ceptum (3) undertake, assume; perpetrate, uphold
suspicio, -onis, *f.*, suspicion
suspicio, -exi, -ectum (3) admire; suspect
suspicor (1) suppose, infer; suspect
sustineo (2) support, sustain; endure; undertake
sustuli, sublatum (3) *from* **tollo**, remove
suus, -a, -um his, her, its, their (own)
syngrapha, -ae, *f.*, contract; written agreement to pay
Syracusae, -arum, *f.pl.*, city of Syracuse
Syracusanus, -a, -um Syracusan
Syria, -ae, *f.*, a country in Asia Minor on the Mediterranean Sea

263

VOCABULARY

T

tabula, -ae, *f.*, writing tablet; *pl.*, wooden panels; accounts

taceo, -cui, -itum (2) be silent

tacitus, -a, -um silent

taeda, -ae, *f.*, torch

taeter, -tra, -trum foul, shocking

talis, -e such, of such a kind

tam, *adv.*, so, so very

tamen, *adv.*, nevertheless, still

tametsi, *cj.*, although, and yet

tamquam, *adv.*, as, as if

tandem, *adv.*, at last, finally

tanto opere, *adv.*, so very much

tantum, *adv.*, only, so much, so far

tantum modo, *adv.*, only, merely

tantus, -a, -um so great, so large

tantus . . . quantus, *correl.*, as much . . . as

taurus, -i, *m.*, bull

tectum, -i, *n.*, dwelling

tectus, -a, -um covered

tela, -ae, *f.*, loom

telum, -i, *n.*, weapon

temeritas, -atis, *f.*, rashness; thoughtlessness

temperans, -tis, moderate

temperantia, -ae, *f.*, moderation

temperatio, -onis, *f.*, composition

tempero (1) restrain; abstain

tempestas, -atis, *f.*, bad weather, storm

templum, -i, *n.*, temple, shrine

tempus, -oris, *n.*, time; opportunity; *pl.*, circumstances

tenebrae, -arum, *f.pl.*, darkness

teneo, tenui, tentum (2) hold, be in the hands of; follow; beset; hold back

tenuis, -e small, trifling, insignificant; poor

terra, -ae, *f.*, earth

terrestris, -e earthly

tertius, -a, -um third

testatus, -a, -um notorius

testificatio, -onis, *f.*, a bearing witness, proof, evidence

testimonium dicere to give evidence

testimonium, -i, *n.*, evidence, proof

testis, -is, *m.*, witness

textile, -is, *n.*, cloth

textrinum, -i, *n.*, weaver's shop

theatrum, -i, *n.*, theater

theca, -ae, *f.*, case, sheath, cover

Thericlius, -a, -um of the work of Thericles, a famous Greek potter

timor, -oris, *m.*, fear

tingo, tinxi, tinctum (3) wet, moisten, dye

tollo, sustuli, sublatum (3) remove, carry away, raise

toreuma, -atis, *n.*, work in relief, embossed work

tot (*indecl.*) so many

totus, -a, -um whole, entire, all

tracto (1) examine, touch, handle

trado, -didi, -ditum (3) hand down, hand over; surrender; bequeath

transfero, -tuli, -latum, -ferre carry over, across, transfer

transigo, -egi, -actum (3) pass over; settle, be done with

264

VOCABULARY

translatio, -onis, *f.*, transferring, shifting

transversus, -a, -um lying across, transverse

tres, tria, trium three

triceni, -ae, -a thirty

triclinium, -i, *n.*, dining room couch

triennium -i, *n.*, space of three years

tristis, -e sad

triticum, -i, *n.*, wheat

Troia, -ae, *f.*, Troy

Troianus, -a, -um Trojan, from the city of Troy

trulla, -ae, *f.*, ladle

tueor, tutus sum (2) behold; protect

tum then, at that time

tumultus, -i, *m.*, civil war, civil disturbance; revolt

tunica, -ae, *f.*, undergarment

turba, -ae, *f.*, confusion, uproar

turibulum, -i, *n.*, censer, vessel for burning incense

turpis, -e indecent, filthy, foul

turpitudo, -inis, *f.*, disgrace, deformity

tus, turis, *n.*, incense

tutor, -oris, *m.*, guardian

tuus, -a, -um your, yours

tyrannus, -i, *m.*, absolute ruler; tyrant, despot

U

ubi (*cj.*) where

ubi (*interrog. adv.*) where?

ubique everywhere, anywhere

ulciscor, ultus sum (3) avenge; punish

ullus, -a, -um any; anyone

ultimus, -a, -um most distant, farthest

umbilicus, -i, *m.*, navel

umerus, -i, *m.*, shoulder

una, *adv.*, together with

unde from where, whence

undique, *adv.*, everywhere, on all sides

ungo, unxi, unctum (3) anoint

unguentum, -i, *n.*, ointment, perfume

universus, -a, -um whole, entire, altogether

unus, -a, -um one; alone, above all; single

unus quisque every single one

urbs, urbis, *f.*, city

urgeo, ursi, —— (2) hem in, beset; insist

usque, *adv.*, all the way, right (up)

usus, usus, *m.*, use, usage

ut . . . ita or **item** as . . . so

ut, uti so that; as; in so far as, since

uter, utra, utrum which, which of two

uterque each of two, both

uti familiter (*with abl.*) to be on familiar terms with

utilis, -e useful

utilitas, -atis, *f.*, use

utinam, *adv.*, would that! oh that!

utor, usus sum (3) (*with abl.*) use; enjoy; practice; borrow

VOCABULARY

utrum, *adv.*, whether
utrum . . . an (asks a double question) —— or ——?

V

vacatio, -onis, *f.*, exemption
vacuus, -a, -um empty; free from
valde, *adv.*, vehemently; very much
valeo, -ui, -iturus (2) be strong; prevail; serve as (**ad**)
valere plurimum to have the most influence; to be the strongest
valere multum to be influential
valvae, -arum, *f.pl.*, a folding door; doors
varie, *adv.*, with differing opinion
varietas, -atis, *f.*, variety, diversity
varius, -a, -um different, diverse
vas, vasis, *n.*, vessel; *pl.*, military equipment, baggage
vascularius, -i, *m.*, worker in precious metals
vastitas, -atis, *f.*, ruin, destruction
vectigalis, -e liable for taxes
vehemens, -tis furious, violent, powerful
vehementius, *comp. adv.*, violently, excessively, very much
vel (*particle*) perhaps, even
vel . . . vel either . . . or
velut as, even as, just as
venalis, -e on sale
Venarius, -a, -um dedicated to Venus

venaticus, -a, -um for hunting
vendito (1) offer for sale
venditor, -is, *m.*, seller
vendo, -didi, -ditum (3) sell
veneo, ii,——, ire be on sale; sell for, bring
veneror (1) worship
venio, veni, ventum (4) come, arrive
venor (1) hunt
venustas, -atis, *f.*, charm, beauty, loveliness
verba facere to make a speech; make a motion
verbenae, -arum, *f.pl.*, sacred boughs or branches
verbum, -i, *n.*, word, expression; discourse
vereor, veritus sum (2) fear
verisimilis, -e probable, likely
veritas, -atis, *f.*, truth, honesty
vero, *adv.*, but in fact; really, indeed
verres, -is, *m.*, boar pig; boar
Verria, -orum (solennia) *n.pl.*, a festival established by Verres
versor (1) be occupied with; engaged in; concern (oneself) with
vertex, -icis, *m.*, top
verum, -i, *n.*, truth
verum, *adv.*, but, but certainly; but still
verumtamen, *adv.*, however, nevertheless, but yet
verus, -a, -um true
vester, -stra, -strum your; yours
vestigium, -i, *n.*, footprint; track; trace

266

VOCABULARY

vestio (4) cover, adorn
vestis, -is, *f.*, clothes; clothing; fabrics
vestitus, -us, *m.*, clothing
vetus, -eris old, aged
vetustas, -atis, *f.*, long existence; antiquity
vexator, -oris, *m.*, disturber
vexo (1) harass, attack; shake
vi copiisque by force and with troops, i.e., by an armed attack
via, -ae, *f.*, road; street
vicarius, -a, -um substitute
vicinitas, -atis, *f.*, neighborhood
victor, -oris, *m.*, victor, conqueror
victoria, -ae, *f.*, victory
Victoria, -ae, *f.*, the goddess Victory
videlicet, *adv.*, clearly, obviously; to be sure
video, vidi, visum (2) see; take care; see to
videor visus sum seem, appear
videtur it seems right, best, fit
vigil, -ilis, *m.*, watchman
vigilanter, *adv.*, carefully
vigilantia, -ae, *f.*, watchfulness
vigilia, -ae, *f.*, keeping watch, guard
viginti et septem (*indecl.*) twenty-seven
villa, -ae, *f.*, country house
vinarius, -a, -um of or for wine; for serving wine
vincio, vinxi, vinctum (4) bind; tie
vinclum, -i, *n.*, fetter, chain; prison

vinco, vici, victum (3) conquer; surpass, be superior to
vinum, -i, *n.*, wine
violo (1) violate, defile; dishonor
vir, viri, *m.*, man; husband
virga, -ae, *f.*, rod
virginalis, -e maidenly, of a maiden
virgo, -inis, *f.*, maiden
virilis, -e *with* **pars** my part, proper task
virtus, -utis, *f.*, excellence, worth; character
vis (*acc.*, **vim**, *abl.*, **vi**) *f.*, force, power; violence; quantity
vis present tense of **volo** (*second pers. sing.*)
viso, visi (3) go to see, visit
vitium, -i, *n.*, defect, vice; crime
vito (1) avoid
vituperatio, -onis, *f.*, blame
vivo, vixi, victurus (3) live
vivus, -a, -um living, alive
vix, *adv.*, hardly, scarcely
vociferor (1) shout; cry aloud
voco (1) call, summon
volo, volui, velle wish; intend
voluntarius, -a, -um willing, voluntary
voluntas, -atis, *f.*, will, free will; wish, desire; good will
voluto (1) roll, wallow
vos (*pl*) you; (*emphatic form*) **vosmet**
votum, -i, *n.*, vow, gift; votive offering
voveo, vovi, votum (2) vow, pledge
vox, vocis, *f.*, voice, speech
vulgus, -i, *n.*, the public
vulgo, *adv.*, in public, before the world

FOR FURTHER INFORMATION

Michael C. Alexander, "Hortensius' Speech in Defense of Verres," *Phoenix* 30 (1976) 46–53. A provocative article that examines the question of whether Verres attempted to defend himself.

Frank H. Cowles, *Gaius Verres; An Historical Study* (*Cornell Studies in Classical Philology* no. 20; Andrus and Church: Ithaca, N.Y., 1917). A full examination of the evidence presented in the *Verrines*; a good discussion of Verres and Cicero as art connoisseurs.

Sally Davis, "Teaching Students to Write Critical Essays on Latin Poetry," *The Classical Journal* 85 (1990) 133–138. A very helpful discussion on how to recognize various stylistic devices and the effect of these devices in a Latin passage.

F. W. Hall, ed., *The Fourth Verrine of Cicero* (Macmillan: London, 1959). Now out of print, this commentary contains useful essays dealing with Verres' career, the legal system and procedure in a criminal trial, and the condition of Sicily.

T. N. Mitchell, translation and commentary, *Cicero Verrines II.1* (Aris & Phillips: Warminister, Wiltshire, England, 1986). An excellent introduction to the trial of Verres with reference to recent scholarship on the period.

Elizabeth Rawson, *Cicero: A Portrait* (Allen Lane: London, 1975). A balanced account of all aspects of Cicero's life; closely based on the ancient sources.

Elizabeth Rawson, *Intellectual Life in the Late Roman Republic* (The Johns Hopkins University Press: Baltimore, Maryland, 1985). Chapter 13 gives interesting insight into Roman taste in the fine arts, including architecture and sculpture.

Lily Ross Taylor, *Party Politics in the Age of Caesar* (University of California Press: Berkeley, 1949). Chapter 5 provides a lively account of the pretrial obstacles Verres' supporters put in Cicero's way. A bit out-dated but still of interest.